maria von blumencron

am ende der welt ist immer ein anfang

roman

Maria von Blumencron
Am Ende der Welt ist immer ein Anfang

Lektorat: Ursula Kollritsch
Projektleitung: Anne Petersen

info@j-kamphausen.de
www.weltinnenraum.de
Umschlag: Kerstin Fiebig, ad department
Innensatz: Sabine Schiche, ad department
Fotografie Umschlag Rückseite: Steffi Behrmann

Druck & Verarbeitung:
Westermann Druck Zwickau

Bibliografische Information der Deutschen Nationalbibliothek
Die Deutsche Nationalbibliothek verzeichnet diese Publikation in der Deutschen Nationalbibliografie; detaillierte bibliografische Daten sind im Internet über http://dnb.d-nb.de abrufbar.

2. Auflage 2017

ISBN print 978-3-95883-164-3
ISBN eBook 978-3-95883-165-0

Dieses Buch wurde auf 100% Altpapier gedruckt und ist alterungsbeständig.
Weitere Informationen hierzu finden Sie unter www.weltinnenraum.de

maria von blumencron

am ende der welt ist immer ein anfang

roman

AURUM

Wenn du deine Biografie
auf eine Briefmarke schreiben kannst
und immer noch Platz ist,
möchte ich dich treffen.

Sri Mooji

Für

S. J. D.

Für

H. A. M.

Für

P. D. L.

Für

Papa und Mama

Für

Ihro Hochwohlgeboren

Wolken-Oma Freifrau von Blumencron

„Bonjour, ich bin eine Autorin aus Deutschland. Gestern habe ich den letzten Punkt unter mein neues Buch gesetzt und müsste noch schnell ein Vorwort dazu schreiben. Haben Sie vielleicht ein warmes Plätzchen für mich?"

„Bien sûr! Enchantée! Kommen Sie mit! Was wird das denn für ein Buch, wenn ich fragen darf?"

„Eine fiktionalisierte Lebensbiografie, meine Geschichte ... und ein Roadmovie."

Liebe Leser und Leserinnen!
Liebe Freunde und Freundinnen!
Liebe Bluts- und liebe Seelenverwandte!
Liebe Unbekannte!

Seit zweieinhalb Jahren befinde ich mich auf Durchreise. Diese Zeilen schreibe ich auch von unterwegs. Aus der hübschen Stadtbücherei von Mirepoix.

Mirepoix ist ein malerisches Städtchen in Südfrankreich mit alten Fachwerkhäusern auf hölzernen Arkaden. Im Mittelalter war Mirepoix eine Hochburg der Katharer, jener aufständischen Christen, die sich nicht nur gegen die pervertierte Kirche in Rom, sondern auch gegen das französische Königreich auflehnten. Dies war die Geburtsstunde der Inquisition ...

Warum ich ausgerechnet im Land der mittelalterlichen Aussteiger gelandet bin, davon erzählt dieses Buch. Denn Sie halten das Lebensbekenntnis einer unverbesserlichen Weltverbesserin in den Händen, die ihr eigenes Leben vor einigen Jahren gegen die Wand fuhr. Totalcrash. Ohne Vollkaskoversicherung. Und dummerweise schleppt der

ADAC nur liegen gebliebene Autos, nicht aber gestrandete Kulturschaffende von den Standstreifen des Lebens ab.

Was aber tun, wenn der Kühlschrank wochenlang leer bleibt und einem der Sprit ausgeht, um weiter ein funktionierendes Rädchen im Getriebe dieser Gesellschaft zu sein? Wenn man nur noch ein zerbröckeltes Leben in seinen Händen hält und einen Laptop dazu? Als Autorin war der Fall klar. Und da ich nichts mehr zu geben hatte, außer meinem Leben, habe ich mit meinem alten Apple die Trümmer aufgesammelt und neu sortiert. Was am Ende herauskam, war erstaunlicherweise kein Drama, sondern eine unterhaltsame Komödie.

Diese Erfahrung möchte ich mit Ihnen teilen:

Wenn es Ihnen so richtig mies geht; wenn gar nichts mehr läuft, außer der Nase; wenn der Geldautomat Ihre Karte verschluckt oder der Zwangsvollstrecker einen Kuckuck an Ihren Flachbildschirm kleben möchte. Wenn Sie Ihren Job, Ihr Erbe und Ihre Sehkraft leichtfertig verspielt haben; wenn Ihre Hormone verrücktspielen und der Vermieter mitten im Winter Eigenbedarf ankündigt; wenn Ihr Haus geflutet und ihre Liebe von einem Orkan weggefegt wird; wenn kein Hausmittel mehr gegen all die Versagensängste hilft ... spätestens dann ist es Zeit, sich eine Auszeit aus den Dramen des Lebens zu nehmen, sein Engagement an den staatlichen Bühnen der Welt niederzulegen und im Zuschauerraum Platz zu nehmen. Um sich den ganzen Wahnsinn einmal von außen anzusehen.

Mit dem gewissen Abstand werden auch Sie einer Meisterkomödie zuschauen.

„Das Traurige ist nur dann traurig, wenn es auch schön ist“, heißt es in Russland.

„Das Schöne leuchtet nur dann, wenn es auch lustig ist“, sagt Lucy, die Sie bald kennenlernen werden.

Je öfter Sie stolpern, je tiefer Sie fallen und je fürchterlicher Sie sich dabei blamieren, desto besser für die Geschichte. Lachen Sie über sich selbst, als wären Sie Bridget Jones, Mr. Bean und Meg Ryan in einem! Und wenn Sie dazwischen auch mal weinen müssen ... gut so! Denn Tränen sind das Salz unserer Erde. Regenbögen werden aus Licht und Wasser gemacht. Sie sind die Triumphbögen unserer Seele, die immerzu nach neuen Erfahrungen strebt.

Mein Leben bis hierhin habe ich als Roman niedergeschrieben. Denn wer sich nackt auf die Bühne stellt, sollte dabei wenigstens gut gekleidet sein und auch die anderen Spieler nicht bloßstellen – besonders die „Schattenfiguren“, unsere vermeintlichen Feinde, die in Wahrheit unsere wichtigsten Lehrer sind.

Was also ist nun wahr und was ist erfunden?

Die Antwort ist einfach: Dort, wo es galt die Besetzung meines Roadmovies zu schützen, habe ich mich entschieden wahrhaftig, statt entblößend zu sein. Und was die „ultimative Wahrheit“ betrifft, so findet sich diese sowieso meistens zwischen den Zeilen. Was wir für die Realität halten, ist nur das Spiel auf der Bühne. Ein sich stets wandelnder Ausdruck. So flüchtig wie die Wolken am Himmel. Wahr sind ... der unendliche Raum, aus dem all das geboren wird und die Liebe, die uns und unsere Geschichten erschafft.

Und wenn es am Ende ganz egal ist, dann ist es mir tatsächlich gelungen, eine gute Geschichte zu schreiben.

Draußen ist es dunkel geworden. In wenigen Minuten schließt die Bücherei von Mirepoix ihre Türen. Die netten Bibliothekarinnen haben inzwischen meinen Namen gegoogelt und sind nun ganz aufgeregt, dass eine „echte Autorin“ ausgerechnet in ihrem kleinen Lesesaal Zuflucht vor dem Winter gesucht hat.

„Würden Sie denn auch für eine Lesung zu uns kommen?“

„Gerne. Sobald mein Buch in die schönste Sprache der Welt übersetzt ist.“

Das Leben geht also weiter. Die erste Lesung ist schon gebucht. Zumindest in Frankreich.

Haben Sie eine schöne Reise!

Maria von Blumencron
Mirepoix, 21. Januar 2017

TEIL 1

DEUTSCHLAND

Wer bin ich, wenn alles wegbricht?

Der Wind in den Tannen

Wolken-Omas Garten war das Paradies meiner Kindheit. Von einem wackeligen Holzzaun umgeben, gab er meiner kleinen Welt einen sicheren Rahmen, war aber auch durchlässig für die Tiere des angrenzenden Waldes. In der Abenddämmerung kamen immer die Rehe, um Futter aus Großmutters Krippe zu holen. Regungslos standen sie zwischen den Tannen und blickten mich mit ihren großen, wachsamen Augen an. Nur das Zucken ihrer Flanken verriet, dass sie auf dem Sprung waren. Ein kostbarer Augenblick, dann würden sie wieder weg sein. Das Klappern eines Topfes in der Küche, ein leises Rascheln im Brombeerstrauch – und schon tauchten sie wieder ab in das dunkle Geheimnis des Waldes. Es war verboten, ihnen zu folgen. Noch war ich zu klein für die Welt jenseits des Zaunes.

Eines Tages kam ich auf die Idee, auf seine morschen Bretter zu klettern. Ich streckte meine Arme nach den untersten Ästen einer ausladenden Tanne und zog mich hinein in ihr duftendes Reich. Ast für Ast stieg ich weiter. Die Nadeln des Baumes zerstachen die Hände, das dünne Geäst zog Kratzspuren durch mein Gesicht. Dafür aber kam der Himmel immer näher und näher. Gleich würde ich nach den Wolken greifen, die so weiß waren wie Großmutters Haare.

Im Wipfel angekommen, setzte ich mich in den obersten Ast und schlang Arme und Beine um den sich verjüngenden Stamm. Dann legte ich meine Wange an seine Rinde, die warm war von der Größe des Sommers. Die Welt hier oben war endlos und weit. Der Wald dehnte sich bis zu den Bergen, deren Gipfel auch im Sommer vom Schnee weiß bedeckt waren. Ich sah das Kreuz am höchsten Punkt und unterhalb davon die kleine Kapelle. Schnaufend arbeitete sich die Zahnradbahn dem Tunnel entgegen. Bevor sie im schwarzen Loch des Berges verschwand, stieß sie noch kleine Dampfwolken aus. Wohin fuhr sie? Bestimmt lag auf der anderen Seite des Berges eine große Stadt, die sich in ein Meer aus pulsierenden Lichtern verwandelte, sobald der Mond aufgegangen war. Vielleicht lebte dort meine Mutter? Vielleicht war sie über den Schneeberg dorthin gegangen? Ich drückte meine Brust gegen den Stamm, um ihr Herz im Herzschlag des Baumes zu spüren. Ich atmete den Geruch seiner Rinde, der süß war vom Harz. Es duftete nach ihrem goldenen Haar. Wenn der Wind von den Bergen herabkam, wurde die Welt um mich herum flüssig und die Wälder begannen zu leuchten. Ich schloss meine Augen und ließ mich vom Atem meiner verschwundenen Mutter wiegen …

45 Jahre später …

„Maria! Bella! Wir haben so auf dich gewartet! Come stai!? Wieder zu Besuch in Hamburg?“

Guiseppe scheint sich wirklich zu freuen. Auch Pedro, Feline und der Chef des Hauses umarmen mich herzlich. Als wäre ein geliebtes Familienmitglied von einer ausgedehnten Weltreise wieder zurück ins La Mama gekommen. Das La Mama ist das Stammlokal von Rocco Brigatoni – meinem Medienanwalt und … meiner glamourösen Fernbeziehung in Hamburg. Laut Frederik ist Rocco auch mein „wirtschaftlicher Selbstmordfaktor auf Raten“.

Frederik, kurz Fredde genannt, ist mein Steuerberater. Er hat mir dringend aufgetragen, bei meiner Rückkehr nach Köln die Buchhaltung des letzten Jahres aus Hamburg mitzubringen. Mehrfach hatte er Roccos Sekretariat gebeten, ihm die Ordner mit meinen Rechnungen und Belegen zukommen zu lassen. Dort hieß es, das habe noch Zeit: „Kein Grund, da unten in Köln Panik zu schieben."

Seit einem Jahr kümmert sich Rocco Brigatoni um meine finanziellen Angelegenheiten, damit ich mich voll und ganz auf meine künstlerische Arbeit konzentrieren kann: Drehbücher, Filme und Keynote-Vorträge. Da bleibt kaum Zeit für einen Künstler, regelmäßig einen prüfenden Blick in die Bankkonten zu werfen. Das erledigt jetzt Roccos Kanzlei. Viele meiner Kollegen beneiden mich darum. Sogar Hank, mein „Exmann" meinte zuletzt melancholisch: „Du brauchst dir keine Sorgen mehr um deine Zukunft zu machen. Mit dem Typen bist du fein raus."

Doch Fredde sieht das alles etwas anders. Nachdem er über seine Halbbrille hinweg einen kurzen, professionellen Blick in meine Kontoauszüge und Kreditkartenabrechnungen geworfen hatte, begann er unangenehme Fragen zu stellen. Vor allem zu den zahlreichen La Mama-Abbuchungen: „Dein Investment in Pizzen sprengt jeden Rahmen. Fütterst du dort oben eine zehnköpfige Flüchtlingsfamilie durch?"

„Nein", antwortete ich mit hochrotem Kopf. „Wenn ich in Hamburg bin, wohne ich in einer von Roccos Steuersparimmobilien. Die Bewirtungen sind quasi ein Ausgleich für meine Unterbringungskosten."

Die Wochenend-Einladungen in angesagte Nordsee-Spas

und meine Ausgaben für Push-Ups und Strapse erwähnte ich lieber nicht. Obwohl ich sie ehrlich gestanden auch gerne steuerlich absetzen würde.

Fredde reckte seinen Hals wie ein Vogel aus den Schultern heraus und sein wachsamer Blick suchte über die Halbbrille hinweg scheinbar nach einem Zugang zu meinem gesunden Menschenverstand: „Verzeih, wenn ich indiskret nachfrage: Aber dieser Herr Brigatoni ... ist doch dein Freund? Also dein aktueller Partner, kann man das so sagen?"

Mein Gott. Wie soll ich einem soliden Steuerberater kurz und übersichtlich meine chaotischen Lebens- und Liebesverhältnisse erklären? Als gut: Rocco lebt von seiner Frau getrennt, ist aber offiziell nicht geschieden, um seine katholische und leider herzkranke Mutter in Sizilien nicht unnötig früh unter die Erde zu bringen. Kommt zweimal im Monat Sohn Nino zu Besuch, muss ich in eine von Roccos Steuer-Immobilien ausweichen. Damit die „familiäre Ordnung" gewahrt bleibt. So ist das halt bei den Italienern.

Ich hingegen lebe mit meinem „Exmann" und unserem Sohn Johannes in einer Eltern-WG. Das erspart unserem Kind ein frühzeitiges Pendlerdasein und kostengünstiger ist es allemal auch. Ein geniales Modell! Einziger Haken: Rocco weiß nichts davon. Er sollte es auch besser niemals erfahren. „Je kleiner der Italiener", so heißt es, „desto größer die Eifersuchtsanfälle." Deshalb reise ich jede Woche zu ihm nach Hamburg, ohne auf fällige Gegenbesuche zu drängen.

„Deine Fahrtkosten Köln–Hamburg–Köln belaufen sich auf mehr als 400 Euro pro Monat. Und hier ... diese Abbuchung von Lufthansa über 383 Euro ... Hatte das auch was mit Hamburg zu tun?"

Autsch. Fredde hat ein großes Talent seinen Finger immer genau in die Wunde zu legen.

„Ja ... äh ... nein ... äh ... das war ... London."

„London?"

„Verbuch es bitte unter ... äh ... privat", stammelte ich.

Zum Glück beließ es Fredde dabei. Aber nicht ohne eine letzte Warnung vom Stapel zu lassen: „Als Freund der Familie fühle ich mich verpflichtet, dich auf dein sorgloses Ausgabeverhalten aufmerksam zu machen."

„Betrachte es als Investment in meine Zukunft", holte ich mit dem letzten Funken innerer Überzeugungskraft aus: „Rocco hat gute Kontakte in die Hamburger Filmszene!"

„Du weißt aber schon, dass du am Ende deines Dispokredits bist?"

Ich verstummte. Schon wieder am Ende des Dispos. Mein ganzes Leben scheint sich am Rande dieser magischen Grenze zu bewegen. Obwohl ich seit 25 Jahren hart arbeite und auch schon große Umsätze gemacht habe. Aber das Geld bleibt irgendwie nie bei mir hängen. Es rieselt lautlos durch meine Finger, ohne Spuren zu hinterlassen. Es fließt an mir vorbei, als wäre ich eine vergessene Insel mit einem Geldfluss, der irgendwo mündet – nur nicht auf meinem Konto.

„Maria! Que bella! Schön wie immer! Wir haben dich so vermisst!" Schwungvoll verteilt Guiseppe die Speisekarten an unserem Tisch. Nur ich bekomme keine. Ich bestelle immer dasselbe und als ausgekochter Kellner-Profi weiß Giuseppe natürlich Bescheid: „Einmal eine kleine gemischte Vorspeisesalate und eine aqua minerale con gas?"

Schon als Kind beeindruckte ich die livrierten Kellner in

den traditionellen Hofbäckereien Wiens mit meiner großen Bescheidenheit. Um den Geldbeutel meines Vater nicht zu belasten, orderte ich bei Familienausflügen heldenhaft ein Glas Soda Zitrone, um den anderen blutenden Herzens beim Verzehr ihrer Sachertorten, Donauwellen und Profiterole zuzuschauen.

Im La Mama haben sie auch Profiterole. Und ich könnte mir diese herrlichen Windbeutel mit heißer Schokoladesauce jetzt einfach bestellen! Doch ich setze mir gerne ein Limit von 50 Euro pro Abend. Und wenn Rocco einen Bobby Burns als Aperitif, einen halben Liter Cabernet Sauvignon zum Chateaubriand und als Absacker noch einen doppelten Espresso bestellt, dann reicht das Geld nicht mehr für meine Profiterole.

Schon gar nicht, wenn Roccos Sohn zu Besuch ist. Selbstverständlich lade ich Nino dann auch ein! Oder soll der arme Junge alleine zu Hause auf dem Sofa zurückbleiben?

Heute hat Nino seine neue Flamme mit ins La Mama gebracht. Claire. Ein Mädchen aus gehobenem hanseatischen Haushalt, wo noch Wert auf Qualität beim Essen gelegt wird. „Als Vorspeise bringen Sie mir bitte die Baby-Calamari auf Rucolasalat ... Danach den Seeteufel auf Weißweinschaum ... und zum Dessert die Crème brulée. Danke."

Rocco lässt es mit seinem gewohnten Rundum-Wohlfühl-Programm krachen und Nino scheint mit seinen 16 Jahren und 1,95 Meter gerade an einem stark erhöhten Energieumsatz zu leiden: Zur Vorspeise wählt er die Spaghetti à la vongole und danach das von Guiseppe wärmstens empfohlene Risotto – als Beilage zum teuersten Gericht dieses Tages: die in Honig marinierten Hirsch-Filetspitzen! Als

Dessert nimmt Nino die Profiterole ins Visier. Vielleicht ergibt sich für mich ja die Chance, einen Happen abzubekommen.

Guiseppe notiert die Bestellung mit glühenden Wangen und ich bete innerlich um ein Wunder: Möge der liebe Gott alle Zahlen in der Speisekarte auf das Preisniveau einer Kölner Frittenbude herabpurzeln lassen! ... Da schickt sich Claire an, Guiseppe noch einen Minz-Hollunder-Fizz als Aperitif nachzuwerfen und Rocco rundet die Bestellung großzügig auf „Apéro für alle" auf.

„Maria ist Filmemacherin", eröffnet Nino das Gespräch dieses Abends, um Claire zu beeindrucken. Vergeblich versuche ich zu erwähnen, dass ich nur ein unbedeutendes Sternchen am deutschen Medienhimmel bin. Zwar habe ich einige preisgekrönte Himalaya-Dokumentationen gedreht, jedoch mit meinem ersten Spielfilm vor ein paar Jahren eine Bruchlandung hingelegt, weil mir die Autorität fehlte, einem 120-köpfigen Team meine Vision zu vermitteln. Da ich mit 35 Jahren aufhörte innerlich zu reifen und äußerlich zu altern, werde ich in Studios und an Filmsets in der Regel für die Praktikantin gehalten. Das schillernde Meisterwerk in meinem Kopf fand sich auf der Leinwand als deutsches Kammerspiel wieder. Doch das wenige scheint zu reichen, um Eindruck zu schinden. Zumindest bei einer 16-jährigen hormonzerzausten Privatschülerin. Beim Zauberwörtchen „Film" weiten sich Claires Augen dramatisch. „Oooooh!", ruft sie begeistert. „Darf ich in deinem nächsten Film mitspielen? ... Und besorgst du mir bitte ein Autogramm von Matthias Schweighöfer? Der ist doch gerade solo, oder? ...

Leidet Keira Knightley tatsächlich an Magersucht? Wie alt sollte man sein, um Germanys Next Topmodel zu werden und vor allem: Wie dünn muss der Oberschenkelumfang sein?!“

Ich habe gelernt, bei Small Talks dieser Art kompetent Auskunft zu geben. Seit meiner glamourösen Fernbeziehung mit Rocco kaufe ich mir am Bahnhofskiosk regelmäßig die Gala. Denn schon beim Schreiben eines Drehbuches sollte man eine präzise Vorstellung von der Besetzung des Filmes haben. Aktuell arbeite ich an einem Drehbuch über die letzte französische Königin Marie Antoinette.

„Soll das Volk doch Kuchen essen, wenn es kein Brot hat!“, sagt Rocco und erhebt theatralisch sein Glas.

„Nein!“, rufe ich empört. „Das hat Marie Antoinette nie gesagt! Das haben ihr männliche Geschichtsschreiber in den Mund gelegt! Natürlich war ihr Lebensstil exzentrisch und verschwenderisch. Aber letztlich wurde sie zum Opfer von Intrigen und Verleumdungen, weil die Französische Revolution eine Hassfigur brauchte! Als wäre Marie Antoinette alleine für den Hunger in ihrem Land verantwortlich gewesen! Sie wurde zur am meisten verachteten höfischen Person ihrer Zeit stilisiert! Und sie geistert bis heute als ‚Madame Déficit‘ durch unsere Geschichtsbücher. Die letzten Worte, die Marie Antoinette TATSÄCHLICH sprach, waren jene am Schafott. Zu ihrem Henker, dem sie versehentlich auf den Fuß getreten war: ‚Mein Herr, ich bitte Sie um Verzeihung, ich tat es nicht mit Absicht.‘“

„Tolle Geschichte!“ Rocco zeigt sich beeindruckt von meinen Recherchen. „Daraus schnüren wir eine fette europäische Coproduktion. Mit internationaler Besetzung.“

Mein Herz rast und meine Wangen beginnen zu glühen. „Ich finde, der König müsste mit einem französischen Newcomer besetzt werden wie Pierre Boulanger oder Louis Garrel!"

„Was hältst du von der Bellucci als Marie Antoinette?", wirft Rocco routiniert weltläufig ein.

„Monica Bellucci?", frage ich erstaunt. „Ist die nicht etwas zu ... ähm ... alt? Ich meine Marie Antoinette war 14, als sie mit dem 15-jährigen Dauphin von Frankreich verheiratet wurde!"

„Das kriegt die Bellucci schon hin. Sie schaut besser aus denn je. Ihr Agent ist übrigens ein alter Schulfreund von mir."

Das sind die Momente, für die es sich lohnt, nach Hamburg zu kommen. In der Mönckebergstraße habe ich insgeheim schon Ausschau nach einem Kleid für die Verleihung des Deutschen Filmpreises gehalten. Aus kirschroter Seide sollte es sein. Dazu als Kontrast klobige Stiefel, an deren Sohlen die Erde eines westfälischen Ackers klebt. In meiner Dankesrede mache ich Rocco einen Heiratsantrag: „Du bist der GRÖSSTE! Sposami! Heirate mich!"

Darsteller, Team und die ausführenden Produzenten werden mit besonderem Dank bedacht sowie die Jury und last but not least ... der liebe Gott: „I LOVE YOU!!!"

Ich finde, man sollte zu seinem Glauben stehen. Immerhin bedankte sich Sängerin Cher 1988 anlässlich der Oscar-Verleihung sogar bei ihrem Frisör.

Claire ist so hingerissen von meinen Celebrity-Stories, dass der Seeteufel auf ihrem Teller unangetastet bleibt. Als Guiseppe mit dem Dessert kommt, ist der Fisch kalt. Er will das gute Stück in der Küche noch mal auf den Grill legen lassen. Doch Claire verzichtet: Sie muss dringend abnehmen – jetzt, da Matthias Schweighöfer gerade mal solo ist! Der arme Seeteufel ist also umsonst gestorben und 24 Euro in den Ofen geschossen. Mein Magen knurrt, als Claire mit dramatischer Geste die „letzte Crème brulée ihres Lebens" ansticht und Nino gefrustet seine Profiterole alleine verschlingt: Dieser Abend läuft für uns beide nicht rund. Es wird Zeit, die Rechnung in Auftrag zu geben: „Il conto, per favore!"

Auf Italienisch fällt es mir leichter. Denn in der Welt, in die ich hineingeboren wurde, wird der Dame die Menükarte ohne Preisangaben gereicht, damit ihre Stimmung nicht von schnöden Zahlen getrübt wird und sie sich ganz ihrer Aufgabe hingeben kann, den Herrn mit Schönheit, Charme und geistiger Anmut zu verzücken. Immerhin bringt Guiseppe noch eine Runde Gratis-Averna: „Auf Kosten des Hauses, naturalmente!"

Unser Tisch hat sich für das La Mama gelohnt und mit einem Schuss Alkohol im Blut ist der Kunde auch nicht mehr so kleinlich beim Trinkgeld: Die 188,50 Euro runde ich locker auf 200 Euro auf. Es fühlt sich großartig an, großzügig zu sein! Es schenkt mir für einen kurzen Moment das Gefühl, mithalten zu können mit den Schönen und Reichen der Hansestadt. In Köln gehe ich dann mit Hank und Johannes auf einen Döner zum Türken ...

Hank und ich waren kein klassisches Paar. Weil wir uns nie wirklich zueinander bekannten. Zumindest nicht zeitgleich. Als ich an einer Hochzeit interessiert war, war Hank nicht so weit. Und als mir Hank einen Heiratsantrag machte, hatte sich mein Herz bereits in verworrenen Liebschaften verheddert.

Wir konnten nicht miteinander, wir konnten aber auch nicht ohne einander. Und so hat das Schicksal entschieden. Ich wurde schwanger – in einem Moment, als wir wieder einmal beschlossen hatten, getrennte Wege zu gehen. Doch wir freuten uns beide und blieben zusammen, um unserem Kind ein gemeinsames Zuhause zu schaffen.

Am Stadtgarten von Köln bezogen wir eine Altbauwohnung mit großem Balkon und viel Platz für unsere zwei unterschiedlichen Leben. Als Elternpaar über jegliche Beziehungs- und Ehekrisen erhaben, hielten uns viele im Viertel für das ideale Traumpaar.

Mit einer Hilfsorganisation für Tibet und dem dazugehörigen Laden setzten wir sogar noch ein geistiges Kind in die Welt. Eigentlich waren Hank und ich als Team immer erfolgreich. Nicht im „großen Stil“, aber in einem „passenden Rahmen“. Und eigentlich waren Hank und ich zusammen auch irgendwie glücklich. Doch mir fehlte die Gabe, dieses Glück zu erkennen, es zu schützen und zu verankern.

Dann lernte ich Rocco kennen. Als ich ihn das erste Mal in seiner Villa in Hamburg besuchte, lag sein Bett voll mit Geschenken! Er sagte: „Wer in der Medienbranche groß rauskommen will, kann nicht in verwaschenen Jeans auf dem Filmset rumlaufen.“

Leider war die Hälfte der Edel-Klamotten, die ich aus den Geschenkpaketen herausholte, zwei Nummern zu groß. Ich war sicher, wir würden sie am nächsten Tag gemeinsam umtauschen ... Dies war die Nacht, in der mein kontinuierlicher Abstieg begann. Ich verkaufte meine Seele und bekam nicht einmal die versprochenen Klamotten dafür: Rocco brachte die 38er-Sachen in den Laden zurück, ohne mit den passenden Größen wiederzukommen. Aus Frust darüber erstand ich in Köln meine erste amtliche Damenhandtasche. Bisher war ich nur mit Rucksäcken, Seesäcken und bunt bedruckten Kampagnen-Stofftüten durch das Leben gelaufen. Doch nun wollte ich in der glamourösen Welt der erfolgreichen Medienmacher mitspielen und dachte, das geht nur mit passender „It-Bag" und dem entsprechenden Mann an meiner Seite. Diesen galt es bei Laune zu halten. Rückblickend gesehen müsste ich die Handtasche steuerlich absetzen können. Als Investition in „Lucy". Das feuerrote Teil ist nämlich in ihren Besitz übergegangen.

Lucy ist die Frau, in die ich mich verwandle, wenn ich mit Rocco einen „privaten Termin" habe. Rocco liebt es Termine zu machen – sei es bei Gericht, beim Italiener oder im Bett. Er fühlt sich nur dann als ganzer Kerl, wenn sein Zeitplaner voll ist. Termine sind die Essenz seines Lebens. Auch beim Sex. Weil Liebe aber frei ist und sich nicht verabreden lässt, muss ich mich für unsere „Romantik-Termine" verwandeln. Vor allem, wenn diese in Roccos Steuersparimmobilie ausquartiert werden. Denn im Gegensatz zu mir funktioniert Lucy auch im sanierten Waschbeton der 70er-Jahre.

Nach dem Gratis-Averna muss Claire in das elterliche Anwesen nach Blankenese chauffiert und Nino in Roccos Villa nach Harvestehude gebracht werden.

„Punkt 11.00 Uhr in der Wohnung!“, ruft Rocco und wirft mir den Schlüssel zu, bevor er mit seinem gelben Maserati und der schicken Jugend auf den Nappaleder-Rücksitzen davonrauscht.

Ich trotte im Regen mit hochgeschlagenem Mantelkragen zur U2 in Richtung Billstedt. Pitschnass und in schwer unterzuckertem Zustand ist es nahezu unmöglich mit den neuen Hamburger Fahrscheinautomaten klarzukommen. Außerdem muss ich dringend aufs Klo. Ich steige also heute ausnahmsweise mal ohne Fahrkarte ein ... und werde prompt zwischen „Rauhes Haus“ und „Horner Rennbahn“ als asoziale Schwarzfahrerin aus dem Wagen gezogen. Die 40 Euro Bußgeld kommen also auch noch on top. Ein toller Abend.

Um 22.43 Uhr komme ich völlig abgehetzt in Roccos Steuersparbude an. In siebzehn Minuten muss Lucy startklar sein. Das reicht weder, um die verletzende Anonymität des Mini-Apartments mit drei Packungen Räucherstäbchen zu kaschieren noch um sie in einem Meer von Vanille-Duftkerzen zu ertränken.

22.45 Uhr. Nur noch fünfzehn Minuten für meine Transformation. Ich springe aus meinen Klamotten und kippe aus Lucys It-Bag die nötigen Utensilien für diesen Abend aufs Bett. Rocco hat sich für heute, passend zu Marie Antoinette, die schwarzen Rokoko-Strapse gewünscht. Mit zitternden Fingern versuche ich die halterlosen Netzstrümpfe am Gürtel zu befestigen. Doch die Verschlüsse sind so klein und meine Augen so altersweitsichtig, dass bereits das Anlegen in einem unbeholfenen Gefummel ausartet.

Um 22.58 Uhr klingelt es. Zwei Minuten zu früh! Selber schuld. Genervt steige ich aus dem Rokoko-Zeitalter aus. Es gibt Situationen, da muss man als Frau auch mal in Minirock und High Heels genügen. Zwar leide ich seit meinem letzten Rumgestöckele auf der Berlinale an einer Arthrose im rechten Zeh, aber für einen effektvollen Lucy-Auftritt schaffe ich es gerade noch, auf meinen 15-Zentimeter-Stilettos unfallfrei durch den Flur zur Wohnungstür zu gelangen. Als ich sie öffne, steht Rocco bereits mit einer Flasche Champus davor. Für einen kurzen Moment fühle ich mich wie Julia Roberts, würde mich mein schmerzender Zeh nicht gnadenlos daran erinnern, dass ich dreißig Jahre zu alt für die Besetzung von „Pretty Woman" bin.

Und genau aus diesem Grund sollte ich meine Ausgaben für Lucy auch steuerlich absetzen können! Anlass: Unter erschwerten Bedingungen Arbeitsmoral und Laune des Geschäftspartners erhalten.

Ich fürchte nur, Fredde sieht das etwas anders. Nach unserem letzten Meeting in Köln, hat er mir noch eine SMS hinterhergeschickt. In Großbuchstaben: DIE BUCHHALTUNG AUS HAMBURG MITBRINGEN! DEIN SOHN BRAUCHT EINE SOLVENTE MUTTER!

Es sind seine Worte, die mich in dieser Nacht nicht einschlafen lassen. Sie geistern durch meinen Kopf, sie blasen meine verstopften Gehirnwindungen frei und münden in einer erschreckenden Einsicht: Ich habe meine kleine WG-Familie in Köln an einen sizilianischen Kleinmafiosi verraten. Was tue ich hier eigentlich?

Ich wollte ein wahrhaft leuchtender Stern an Deutschlands Medienhimmel werden und wurde zum Sternchen an Roccos Seite, das im Windschatten eines untersetzten Mannes Sicherheit suchte. Es war nicht Liebe, die mich in seine Steuersparbude führte, sondern meine uralte, tief sitzende Angst, irgendwann in der Gosse zu landen. Intuitiv hat Rocco ein Netz aus Verträgen geschaffen, um mich lebenslänglich an sich zu binden: Er hält meine geistige Festplatte in seinen Händen. Gleichzeitig bin ich in einem Spinnennetz aus immer weiter wachsenden Schulden gefangen. Denn Roccos Lebensstil ist viel zu teuer für mich und eines ist klar: Seine tollen Schulfreunde kennen Monica Bellucci auch bloß vom Bildschirm. Selbst der heiße Draht in die Hamburger Filmszene ist nichts weiter als heiße sizilianische Luft.

Ich habe Sehnsucht nach Johannes. Meinem 11-jährigen Sohn. Jenem Wesen auf dieser Erde, das ich am innigsten liebe. Ich könnte jetzt einfach aufstehen, mich anziehen und um 4.37 Uhr die erste U-Bahn in Richtung Hauptbahnhof nehmen. Ich mach es nicht. Zu groß ist die Angst vor den Konsequenzen. Der Bruch mit Rocco bedeutet Chaos, Verwüstung und unüberschaubare Schulden. Wie gelähmt bleibe ich in einem Bett liegen, das ich mit Profiterole, Filetspitzen und überteuerten Pizzen bezahle. Ich glaube, ich sollte mich kurz mal bei Ihnen vorstellen: Ich bin Maria. Die dümmste Frau dieser Welt. Ich verkaufe mich und bezahle auch noch dafür.

Da spüre ich, wie sich ein Teil meiner Seele aus mir herauslöst. Ein kleines, weißes Licht taucht aus meinem

Brustkorb auf und fliegt wie ein Vogel davon. Kurz schwebt es noch über der Vorhangstange, als überlegte es doch wieder zu mir zurückzukommen ... und schlüpft dann leicht wie ein Luftzug durch den Spalt des geöffneten Fensters ins Freie.

Vor meinem geistigen Auge bricht die Erde entzwei. Aus tiefschwarzen Abgründen greifen schlangenartige Monster nach mir, um mich in ein Meer aus Schuldgefühlen und bitterer Reue zu ziehen. In meinen Ohren tobt ein Orkan. Unendliche Angst lähmt meine Glieder.

Da steht plötzlich eine riesige Gestalt aus weißem Licht vor mir und bannt die inneren Bilder des Schreckens. Ein Wesen ohne Kopf und ohne Beine. Ein mächtiger Kubus. Er reicht vom Boden bis in den Himmel. Es gibt keine Decke mehr in diesem Zimmer. Es gibt kein Dach mehr in diesem Haus.

Ich sitze aufrecht im Bett. Zu Tode erschrocken und gleichzeitig ergriffen. Mein Mund öffnet sich wie von alleine, um den Odem des riesigen Lichtkörpers zu empfangen. Er atmet im Gleichklang mit dem Universum. Er spricht zu mir. Aber nicht in Worten. Die machtvolle Erscheinung offenbart sich in einer Sprache, die mir vor langer Zeit einmal vertraut war. Eine Sprache jenseits unseres Verstandes. Vergeblich versuche ich mich zu erinnern. Ich beginne zu weinen. Verzweifelt über meine Begrenztheit. Verzweifelt darüber, die Botschaft der jenseitigen Welt nicht verstehen zu können.

Da wachsen aus der Mitte des Wesens zwei Arme. Sie vollführen eine Bewegung, eine sich wiederholende Form. Ich erkenne darin eine liegende Acht. Das Symbol der

Unendlichkeit. Die Lichtsäule gibt mir ein Zeichen! Ich lasse die Botschaft in mich hineinfallen. Das Unaussprechliche jenseits meines Verstandes ... ich atme sie ein. Mit jedem Atemzug wird sie klarer ... und lässt sich doch nicht in menschliche Worte fassen. Die erhabene Lichtgestalt verblasst vor meinen Augen ... und ist schließlich wieder verschwunden. Das Zimmer hat wieder eine Decke. Das Haus hat wieder ein Dach. Von der anderen Betthälfte ist ein leises Schnarchen zu hören. Rocco hat nichts von den Vorgängen in seinem „Liebesnest" mitbekommen.

Wie Wolken-Oma einen Dieb aus unserem Garten vertrieb

Einmal stieg nachts ein Dieb bei uns ein. Da griff Wolken-Oma nach der großen Heugabel über dem Kamin und jagte den Dieb aus unserem Haus. Er rannte blindlings durch den Garten direkt in Großmutters Wäscheseil, das zwischen zwei Bäumen aufgespannt war. Wie bei Räuber Hotzenplotz schleuderte es den Dieb zurück und er fiel rücklings zu Boden.

Mit weit aufgerissenen Augen blickte er zu Wolken-Oma hoch, die mit wehendem Nachthemd und gezückter Heugabel über ihm stand und mit machtvoller Stimme rief: „Wage es bloß nicht, dich noch mal hier blicken zu lassen!"

Da rappelte sich der feige Dieb hoch, griff nach seinem Hut, rannte davon und setzte nie wieder einen Fuß in Großmutters Paradiesgarten.

Der Alfa Romeo Spider

Es ist mitten in der Nacht, ich rase mit einem roten Alfa Romeo über die A1 und im NDR Nightclub laufen die Beatles: „Baby you can drive my car ..." Herrlich! Es gibt mir für einen kurzen Moment das Gefühl, wieder Herrin meines Lebens zu sein ... Wäre da nicht im Kofferraum dieser Wäschekorb ... Und wäre der doch bloß mit Schmutzwäsche gefüllt ... und nicht mit Rechnungen, Kontoauszügen und Ausgabebelegen.

Als Rocco heute Morgen um 6.30 Uhr mit seinem Maserati nach Harvestehude davonbrauste, um Nino ins Lycée zu chauffieren, beschloss ich, mich auch um die Zukunft meines Sohnes zu kümmern. Also fuhr ich nach meiner ersten von Rocco verordneten Schreibeinheit gegen Mittag mit der U2 in seine Kanzlei, um endlich meine Buchhaltung zu holen.

Was Roccos Sekretärin mir überreichte, raubte mir für mehrere Sekunden den Atem: ein Korb voll mit ungeordnetem Papier. Rechnungen, Quittungen, handgeschriebene Belege, alles durcheinander.

„Ich muss sofort mit Herrn Brigatoni sprechen!", rief ich ganz außer mir.

Doch Rocco hatte sich hinter wichtigen Terminen verbarrikadiert und war erst abends für mein „Kindergarten-Problem" gesprächsbereit. Ich war richtig sauer ...

„Ich dachte, ihr kümmert euch um meine Buchhaltung!"

„Tun wir auch! Aber alles zu seiner Zeit, Bella bionda!"

„Ich zahle dafür wie jeder andere Mandant! Und ich bin NICHT blond!"

„Blond ist man im Herzen. Und nicht auf dem Kopf."

„Rocco, das Finanzamt sitzt mir seit Wochen im Nacken!"

„Das tun sie doch immer! Bei jedem. Ist doch gar kein Problem! Dein Steuerberater beantragt eine Fristverlängerung, du zahlst 150 Euro Verspätungszuschlag und schon ist die Sache wieder paletti."

„Ich habe aber keine Lust mehr ständig für irgendwas Strafe zu zahlen, was ICH NICHT verursacht habe!"

„Was soll das heißen???" Nun wurde Roccos Stimme unangenehm scharf. „Dass wir hier in Hamburg unsere Arbeit nicht machen?!"

Damit hatte er mich. Und schon ruderte ich wieder zurück: „Nein, das will ich nicht sagen. Natürlich nicht! ... Es wäre mir nur lieber ... Rocco, es tut mir so leid! Aber ich glaube, ich sollte meine Buchhaltung lieber selber sortieren. Ihr seid hier soooo im Stress mit euren Terminen und eurer Arbeit. Und für mich ... für mich steht zurzeit ohnehin kein wirklicher Auftrag an. Oder?"

Meine Stimme hatte zu zittern begonnen. Doch etwas Hoffnung schwang immer noch mit. Ein schwacher Funke, nach dem Rocco griff, um wieder die Flamme der vollkommenen Hingabe in mir zu entzünden: „Ich habe heute mit Bellucis Agentur gesprochen. Sie sind ganz heiß auf den Stoff. Du musst jetzt schnell ein Exposé schreiben, das lassen wir übersetzen und nächste Woche hat es die Monica schon auf dem Tisch ... Na, was sagst du nun zu mir?"

„Fantastisch! Einzigartig! Rocco, du bist der Größte!"

Schluchzend fiel ich meinem Retter vor einem „zu kleinen Lebensentwurf" um den Hals. Vor Dankbarkeit, Erleichterung und auch vor Reue, an seinen großartigen Kontakten gezweifelt zu haben. Es braucht einfach Zeit, Projektmeilensteine zu setzen. Kein Star ist einfach vom Himmel gefallen. Hoch professionelle Macher wie Rocco müssen erst mal mühsam den Acker für Erfolge bereiten. Bis dahin hat der Künstler halt eine gewisse Durststrecke.

Das werde ich Fredde auch noch klarmachen.

„Trotzdem solltest du jetzt schleunigst deine Buchhaltung nach Köln schaffen."

„Rocco könnte aber denken, dass ich ihm misstraue."

„Was er denkt, spielt keine Rolle. Denk du an dein Kind!"

So weit steht es mittlerweile um mich: Ich führe innere Dialoge mit Fredde. Um die Stimme meines Steuerberaters zum Schweigen zu bringen, schleppte ich erst mal den Wäschekorb aus der Kanzlei. Wie aber sollte ich diese Großbaustelle mit dem ICE nach Köln bringen?

Da kam mir Rocco großzügig entgegen. Wahrscheinlich war er froh, den Wäschekorb los zu sein, er passte auch so gar nicht in sein repräsentatives, getäfeltes Hamburger Advokatenambiente.

„Nimm meinen alten Alfa Romeo. Der steht sowieso nur in der Garage herum. Kann sein, dass die Elektrik etwas zickt und die Heizung nicht angeht, aber wer im Himalaya klarkommt, wird auch das überleben."

Die Nadel des Tachos klettert zitternd der 200-Stundenkilometer-Marke entgegen und eine Flut von Gedanken flitzt mit den weißen Fahrbahnmarkierungen an meinem Gesichtsfeld vorbei: Ich brauche dringend einen bezahlten Auftrag, um in Köln die nächste Miete zahlen zu können. Doch wie es aussieht, muss ich erst einmal meine

Buchhaltung in Ordnung bringen. Und am Ende der ödesten aller Tätigkeiten wird mich kein fetter Scheck erwarten, sondern eine satte Steuernachzahlung an das Finanzamt. Genau genommen fahre ich also eine tickende Zeitbombe nach Hause.

Wie könnte ich meinen Kostenapparat senken? ... Die erste Maßnahme, die mir einfällt: aus der katholischen Kirche austreten. Warum Steuern für einen Verein bezahlen, der uns Frauen von den wirklich interessanten Jobs im Klub fernhält? Wie Priesterin, Kardinälin oder Päpstin.

Bis heute beruft sich die Kirche bei ihrer männerzentrierten Besetzungspolitik darauf, dass Jesus ja auch bloß zwölf männliche Jünger um sich geschart hat.

Die Wahrheit jedoch ist: Dem schönen Wanderprediger sind weitaus mehr Menschen durch die Wüste gefolgt als zwölf bärtige Männer! Seine Bewegung war eine Revolution! Auch Frauen haben ihre Familien verlassen, um Jüngerinnen zu werden. Weil Jesus mit dem „Himmelreich Gottes" die Gleichheit ALLER Menschen verkündete.

Doch unter der Feder der frühen Kirchenväter sind alle diese Frauen aus der Bibel verschwunden. Apostelinnen wurden auf Papier in Männer verwandelt und die berühmteste Jüngerin der Jesusbewegung, Maria Magdalena, geistert bis heute als Prostituierte durch unser kulturelles Bewusstsein: Eine leidende Jungfrau und eine „sündige Lucy" sind die großen weiblichen Vorbilder, die uns die katholische Kirche anbietet. Gefolgt von einer Armee heldenhafter Märtyrerinnen, deren schauderhafte Geschichten mich schon als Kind schwer beeindruckten.

Oh Mann, ich sollte mich besser beeilen. Um 8.00 Uhr muss ich in Köln sein! Ich habe Hank versprochen, unseren Laden zu putzen. Heute Abend findet dort ein Klangschalen-Konzert zugunsten tibetischer Flüchtlinge statt.

Fast zwei Millionen Euro Spenden haben wir in den letzten zehn Jahren gesammelt. Ehrenamtlich versteht sich! Doch eine Vereinsputzfrau lässt unsere Satzung nicht zu. Und so müssen die Böden auch ehrenamtlich geputzt werden. Von den Gründungsmitgliedern, versteht sich. Da diese über ganz Deutschland verteilt leben, bleibt das Putzen am harten Kern in Köln hängen: an Hank und mir ... Und das ist im Grunde wundervoll! Denn Putzen erdet. Es bringt mich im wahrsten Sinne des Wortes immer wieder auf den Boden der Tatsachen zurück, wenn ich von meinen glamourösen Abenteuern in Hamburg ins beschauliche Köln zurückkehre.

Die Nadel auf dem Tacho klettert weiter und weiter. Als ich die 220-Stundenkilometer-Marke überschreite, brummt auf dem Beifahrersitz mein Mobiltelefon ...

„Hola, Maria!“, ruft Naupany am anderen Ende der krachenden Leitung, die sich um den halben Erdball spannt. Naupany Puma ist Inka-Priester und ein sehr guter Freund.

„Hola Naupany!“, antworte ich erfreut, ohne den Fuß vom Gas zu heben. „Wo bist du?“

„Am ... krrr ... Misa ... krrr ...“

„Wo?“

„Am ... Rio ... krrr .... hualli.“

„Peru?“

„Nein, in Ecuador! ... krrr ... Priester getroffen und Stammesälteste von ... krrr ...“

„Wie spannend! Da wäre ich gerne dabei gewesen!"

„Maria! Paja Mama, unsere Erde brauchen ... krrr ... Heilung. Heilung von die Wunde, die geschlagt ist von ... krrr ... Conquista."

Ich rieche etwas Verbranntes im Auto. Doch ich wage es nicht, Naupany jetzt zu unterbrechen: Immerhin hat der kulturelle Völkermord im Zuge der Eroberung Süd- und Mittelamerikas 70 Millionen Menschen der indianischen Urbevölkerung das Leben gekostet.

„Machen im Sommer große Heilungszeremonie in ... krrrr ..."

„Wo?"

„Krrr ... Spania ... krrr ... Laden ein aus jedem Land von die Europa eine Vertreter von die katholische Kirche."

„Oh!"

„Habe vorgeschlagen dich für die Vertretung von Deutschlande und Österreich!"

„Wooooow!"

„Wirst du komme, Maria?!"

„Na klar! Natürlich komme ich."

Was für eine Ehre, im Namen der katholischen Kirche bei den indigenen Stämmen Amerikas um Vergebung zu bitten! Die Eroberung des amerikanischen Doppelkontinents offenbarte das gesamte Gewaltpotenzial der christlichen Missionsgeschichte. Bis heute hat sich die Kirche nicht bei den Nachfahren der Indianer entschuldigt. Schon sehe ich mich in nächtlicher Zeremonie zu den Trommeln der Priester und federgekrönten Schamanen ekstatisch den Kopf zur Erde neigen, wenn im Rauch der Feueropfer ihre Ahnen erscheinen: „Montezuma, König der Azteken! Atahualpa, König der Inka! Ich bitte euch: Vergebt unseren machthungrigen Ahnen!"

Tränen rinnen mir übers Gesicht ... ich beginne zu husten. Ich sehe nichts mehr. In Roccos Alfa Romeo hat es zu qualmen begonnen.

Es mag kleinlich erscheinen, sich an so einem entscheidenden historischen Wendepunkt den schnöden Problemen des Alltags zu widmen. Aber ich kann die bedrohlichen Vorgänge in diesem Auto keine Sekunde länger mehr ignorieren. Ich sehe vor lauter Rauch die Fahrbahn nicht mehr. Keine Ahnung, was hier gerade geschieht. Ich weiß nur: Ich rase mit 240 Sachen blind über die A1.

„Das Auto brennt!", rufe ich in den Amazonas und navigiere den schlingernden Wagen mit gehaltener Bremse in die erahnte Richtung des Standstreifens.

„Ich ... krrr ... für dich!", höre ich Naupany noch rufen, bevor das Auto zum Stehen kommt und ich um Atem ringend ins Freie stürze. Ich springe über die Leitplanke auf die gefrorenen Furchen eines niedersächsischen Rübenackers und gehe in Deckung. Gleich wird der rote Alpha Romeo explodieren! So ein Mist! Mein Laptop! Ich muss vorher noch meinen Laptop aus dem Auto herausholen. Seit mindestens 365 Tagen habe ich kein Back-up mehr von meinen Drehbuchentwürfen gemacht. Ganz zu schweigen von den Spendenbriefen für unseren Verein und den Warenbestellungen für den Laden. Soll die Arbeit eines ganzen Jahres hier vor meinen Augen verbrennen? Todesmutig nähere ich mich dem Wagen, öffne die Beifahrertür, schnappe meinen Laptop und springe hinter den magischen Schutz der Leitplanke zurück. Da fällt mir der Wäschekorb auf dem Rücksitz ein. Wenn ich die Buchhaltung jetzt nicht nach Köln bringe, wird das Finanzamt mein Einkommen schätzen.

Und das wird wohl kaum zum Vorteil der Steuerzahlerin sein. Heldenhaft rette ich auch den Wäschekorb vor dem Feuertod.

Wo bin ich hier überhaupt? Schon an Münster vorbei? Als Erstes rufe ich Hank an: „Ich stehe auf der A1! Mit einem brennenden Alpha Romeo! Kannst du mein Handy orten und dem ADAC die Koordinaten durchgeben? Biiittteee!"

Zu meinem Glück ist Hank immer erreichbar und erinnert mich regelmäßig an die vier Eckpfeiler des Lebens: ADAC-Mitgliedschaft, Riester-Rente, Lebensversicherung und einmal im Monat den Termin bei meiner Psychotherapeutin. Oh Mist! Hätte ich nicht gestern Termin gehabt? Na zum Glück hört wenigstens der Alfa auf zu qualmen.

Ich setze mich auf den Wäschekorb, damit der Wind meine Steuerbelege nicht über die holländische Grenze trägt und vergrabe meinen Kopf in den Händen: Nicht auszumalen, was die Reparatur des Wagens kosten wird! Was ich auch tue, um Roccos Spinnennetz zu entkommen ... ich gerate immer tiefer in seine Schuld. Ich zahle und zahle und zahle. Wofür eigentlich?

Als Rocco vor zwei Monaten völlig unverhofft und erschreckend kurzfristig seinen ersten Wochenendbesuch in Köln ankündigte, geriet ich in Panik. Bislang war er ja über meine besonderen „Lebensumstände" noch nicht aufgeklärt worden. Nun konnte ich aber Hank und Johannes schlecht in ein Hotel ausquartieren! Erstens hat auch Hanks Hilfsbereitschaft Grenzen und zweitens hätte ich fünf Möbelpacker gebraucht, um alle Spuren unseres Familienlebens verschwinden zu lassen.

„Buch' doch auf Airbnb eine Wohnung und wir machen in drei Stunden eine richtig coole Maria-Bude daraus!", riet meine beste Freundin Walter.

Da ich aktuell keine beste Freundin in Köln habe, hat mein guter Freund Walter diese besondere Vertrauensrolle in meinem Leben übernommen. Ich teile alle Geheimnisse und vor allem meinen ganzen persönlichen Wahnsinn mit ihm.

„Super Idee, du bist genial!"

Um Rocco zu beeindrucken, buchte ich also für das Wochenende einen Rheinloft mit spektakulärem Ausblick auf die beleuchteten Brücken der Stadt. Den ganzen Freitagnachmittag arbeiteten Walter und ich an der Authentizität meiner schicken Wohnungsattrappe, schleppten Tibet-Bildbände und Jesus-Sachbücher heran, füllten das Bad mit biologischen Aufbaucremes, die Spüle mit ökologisch abbaubaren Produkten und tauschten in der Toilette das Designertoilettenpapier mit Goldprägung gegen ungebleichtes Recyclingpapier aus. Schränke und Schubladen wurden mit Unterwäsche und Klamotten gefüllt und die futuristischen Gemälde in der Besenkammer versteckt. Stattdessen hingen nun demonstrativ Kleinkinderfotos von Johannes und meinen sechs tibetischen Patenkindern an allen Wänden, um Rocco dezent daran zu erinnern, dass ich auch zahlreiche Kinder durchzufüttern hatte. Zum Schluss versprühte Walter noch mein französisches Lieblingsparfum in allen Ecken der Wohnung: L'Air du Temps.

Um 19.57 Uhr waren wir fertig. Es blieben genau drei Minuten für meine obligatorische Transformation. Dafür musste ich Walter, für meinen Geschmack viel zu brutal, aus meiner neuen Wohnung werfen. Am Aufzug stieß er prompt mit Rocco zusammen. Ich stellte ihn kurz als den Hausmeister vor, mixte Rocco noch schnell einen Drink und verschwand mit Lucys It-Bag ins Designerbad.

Drei Wochenenden später kam es noch schlimmer: Rocco hatte offenbar Gefallen an meinem Kölner Lifestyle gefunden und erneut seinen Besuch angekündigt. Diesmal noch kurzfristiger. Er rief mich auf dem Weg zum Hamburger Flughafen an: „Um Punkt 19.00 Uhr bin ich da, Bella. Ich hoffe, du bist dieses Mal bereit."

Verzweifelt rief ich den schwulen Besitzer „meines" Rheinlofts an, doch das Apartment war bereits an ein Pärchen aus London vergeben. Ich flehte ihn an, sein Wohnobjekt gegen einen saftigen Aufpreis mir zu überlassen. Doch der Vermieter hatte keine Lust auf solche Spielchen. Eine andere Lösung musste her! Dringend. In höchster Not bezog ich meinen klasse Kölner Kumpel Karl, von mir kurz K. K. K. K. genannt, in meine Überlegungen ein. Hier war Gehirnakrobatik auf höchstem Niveau angesagt und immerhin ist K. K. K. K. Corporate-Filmproduzent und konzeptioneller Berater für Business-Theater.

„Du könntest schnell ein SPA-Wochenende in Holland buchen", war seine erste Idee. Grandios! Allerdings ...

„Da waren wir schon."

„Wie wär's mit Prag? Ist zurzeit DIE Romantikstadt für Verliebte."

„Hm." Meine Begeisterung für osteuropäische Himmelbetten hielt sich in Grenzen. „Kannst du mal schnell schauen, um wie viel Uhr der nächste Flieger nach London abrauscht?"

Tatsächlich gab es ihn: den rettenden Abflug aus dieser Stadt – genau eine halbe Stunde nach Roccos Ankunft aus Hamburg.

Mit Lucys Designertasche und zwei Flugtickets in der Hand empfing ich Rocco am Flughafen Köln-Bonn: „Schatz! Ich habe eine Riesenüberraschung für dich! ... Wann warst du das letzte Mal in Madame Tussauds Wachsfigurenkabinett?“

Nun sitze ich unter einem sehr klaren Sternenhimmel schlotternd vor Kälte auf all diesen Kosten, die meine Verschleierungsmaßnahmen verursacht haben und schaue mir Roccos kaputten Alfa Romeo an. Wer trägt die Schuld am tragischen Ende des Wagens? Die kaputte Elektrik, mein Fahrstil oder mein schlechtes Karma? Oder alles zusammen? Was auch immer die Ursache des Totalschadens ist: Er hat das Spinnennetz, in dem ich mich verfangen habe, noch dichter gemacht.

Gott ist es egal, ob es ihn gibt oder nicht

Ich rate jedem Typen, der Probleme hat, auf Partys oder Feuerwehrbällen eine Frau anzusprechen, sich beim ADAC-Abschleppdienst als Mitarbeiter zu bewerben. Er wird der Star des Standstreifens sein, der Ritter des größten weiblichen Albtraumes: nachts auf der Autobahn zu stehen und keine Ahnung zu haben, in welchem Geheimfach des Wagens sich das obligatorische Warndreieck versteckt hat.

Heulend vor Erleichterung fiel ich dem kompakten Mittvierziger um den Hals, der mit seinem leuchtend gelben Abschleppwagen angerückt war.

„Der Alpha wird doch wieder, oder?", fragte ich ihn, während ich mich auf dem vorgewärmten Beifahrersitz vom Schreck der vergangenen Stunde erholte. Bedauernd schüttelte er seinen Kopf: „Nö. Den Kandidaten können sie nur noch auseinanderschrauben und die Einzelteile im Netz verkaufen."

Ich versuchte mir lieber nicht vorzustellen, wie es sein würde, Rocco bei meinem nächsten Hamburg-Besuch einen Schubkarren voller Ersatzteile in die Garage zu stellen. Immerhin organisierte mir mein Ritter vom ADAC noch in derselben Nacht einen schicken, silbernen Mietwagen. Und so kamen Buchhaltung, Laptop und Lucys It-Bag gerade noch rechtzeitig im Belgischen Viertel an.

Das Belgische Viertel ist das „Buddha-Dreieck" von Köln. Hier leben viele Künstler, Medienleute, Osho-Anhänger, Arbeitslose und die bunten Papageien, die vor einigen Jahren aus dem Zoo ausgerissen sind, sich im Stadtgarten niedergelassen und dort munter vermehrt haben. Es ist der Stadtteil mit der höchsten Dichte an Cafés, Bioläden, Yoga-Zentren und buddhistischen Vereinen in Köln.

Vor vielen Jahren haben Hank und ich für das ZDF die Flucht von sechs tibetischen Kindern dokumentiert, die von ihren Eltern für eine bessere Zukunft über den Himalaya zum Dalai Lama nach Indien geschickt worden waren. Die Reportage brachte meiner beruflichen Vita zahlreiche Filmpreise ein. Und so hielten wir es für unsere heilige Pflicht, uns um das weitere Schicksal dieser sechs Kinder zu kümmern. Sie leben heute in Deutschland, um ihre Studien und Ausbildungen zu machen.

Über die Jahre haben wir für weitere hunderte tibetische Kinder und Jugendliche Paten gefunden. Als die Verwaltungsarbeit nicht mehr vom Küchentisch zu erledigen war, mieteten wir im Belgischen Viertel ein Vereinsbüro an und stellten eine Fachkraft ein.

Es war die Zeit, in der ich mit Johannes Kaufmannsladen spielte und Euroscheine als Spielgeld kopierte. So kam ich auf die Idee, in die Auslage unseres Vereinsbüros tibetische Mitbringsel zu legen. Tatsächlich kamen die ersten Kunden, um „Räucherstäbchen für Tibet" zu kaufen. Aus dem Erlös brachte ich von meinen Abenteuern und Dreharbeiten im Himalaya noch mehr Räucherstäbchen und Gebetsfahnen mit. So wuchs neben dem Verein wie von selbst noch ein Laden. „Tibet-Laden" nennen ihn die Leute im Viertel und freuen sich, neben den exotischen Paradiesvögeln noch so etwas „Buntes" zwischen den grauen Häuserfronten zu haben.

Als ich um Punkt 8.00 Uhr die Tür zum Laden aufschließe, stoße ich gegen drei große Pakete, an denen eine Nachricht von Hank klebt: „Bin beim Elternsprechtag. Kannst du dich bitte um die Klangschalen kümmern?"

Gestern Abend sind 50 Klangschalen aus dem Himalaya eingetroffen. Sie müssen ausgepackt, geputzt, getestet, gewogen und mit Preisen gekennzeichnet werden, bevor die ersten Kunden darüber fallen und sich den Hals brechen werden.

Schnell hole ich mir noch einen Latte Macchiato vom Büdchen – mit einem Schuss Macadamia für meinen immer tiefer sinkenden Blutzuckerspiegel.

Oooooohm ... Kurze Zeit später schlage ich mit einem hölzernen Klöppel gegen die Legierung zwölf kostbarer Metalle und ziehe den Ton mit leichtem Druck an der Kante zu einem lang vibrierenden Klang. Die Qualität der Schwingung und das Gewicht einer Schale entscheiden über den Preis ... Oooooohm ... Nach der 13. Klangschale kündigen sich die ersten Anzeichen einer fiesen Migräne an: Es ist 9.28 Uhr und der Laden sieht aus wie Tibet nach dem Einmarsch der Roten Armee.

Da öffnet sich zum Gebimmel einer Himalaya-Yak-Glocke die Tür. Zum Glück ist es kein Kunde, sondern der Postbote mit einem erschreckend hohen Stapel Papier. Vereinspost, Geschäftspost, Privatpost und obenauf ein Brief mit schwarzer Umrandung.

„Schönen Tag noch", sagt er und verschwindet schnell wieder hinaus in die geschäftige Klangkulisse eines erwachenden Tages.

Mit zitternden Händen öffne ich das gerahmte Kuvert ... und kann nicht glauben, was dort steht: Sophie ist tot. Die wundersame, besondere, einzigartige Sophie. Die schönste Frau des ganzen Viertels. „Ein tragischer Unfall hat sie aus unserer Mitte entrissen", steht hier. Es trauern ihre drei Kinder und deren drei Väter. In drei Tagen findet am Melaten-Friedhof die Beerdigung statt.

Wie betäubt setze ich mich auf eine der Kisten. Liegt es an meiner durchwachten Nacht oder an dieser schrecklichen Nachricht, vielleicht auch an beidem ... Ich spüre meine Hände nicht mehr. Meine Glieder sind taub. Ich bin wie von Watte umgeben. Das Karussell meines Lebens steht plötzlich still. Und auch die Klangschalen klingen nicht mehr. Die Zeit löst sich auf.

An einem der noch ungeöffneten Klangschalenpakete hinterlasse ich eine Nachricht an Hank: „Sophie ist tot, ich kann nicht mehr."

Dann schließe ich den Laden und lasse das Rollgitter herunter. Heute werden keine Klangschalen mehr zugunsten verfolgter Tibeter verkauft. Heute wird kein Spendenaufruf für Flut- oder Erdbebenopfer versendet. Heute werden keine Patenschaften für Flüchtlingskinder geschlossen. Heute wird kein Klo mehr geputzt und auch kein Boden gewischt. Wenn Gott seinen Job nicht tut, warum soll ich dann die Welt verbessern?!

Die Wolken hängen tief über der Stadt. So tief wie die Betondecke einer Kölner Mietwohnung, Baujahr knapp nach dem Krieg. Wie soll die Sonne hier noch eine Lücke finden, um die letzten Reste des ergrauten Schnees von den Rändern der Bürgersteige zu brennen?

Mit wackeligen Beinen nehme ich Kurs auf den größten Baum des Stadtgartens, den wir im Viertel den „Mammutbaum" nennen. Im Schatten seiner ausladenden Äste schlugen wir an milden Sommerabenden unsere geblümte Picknickdecke auf, als Johannes noch klein war, spielten Fangen und Abschlagen. Glanzlos steht der alte Herr heute da. Die Stürme des Herbstes haben das prachtvolle

Blattwerk aus seiner Krone gerissen. Die Kälte des Winters hat seine Lebenssäfte verzehrt. Ich suche die Kraft seines Stammes. Doch auch sein inneres Licht scheint heute erloschen zu sein.

„Sie war dreifache Mutter!“, rufe ich vorwurfsvoll zu ihm hoch. „Ist das nicht Grund genug, um hierbleiben zu dürfen?“

Bäume, heißt es, seien Antennen ins Universum. Vielleicht hört mich ja jemand.

Warum sterben die Schönen, Genialen und von der Muse Geküssten immer zu früh? Und warum leben Psychopathen prinzipiell immer zu lange?

Puschkin starb mit nur 37 Jahren bei einem Duell. Während Stalin 66 Jahre alt wurde. Zeit genug, um 20 Millionen Menschen ermorden zu lassen. Wo ist der Sinn? Mozart erschuf in nur 45 Jahren die schönsten Kompositionen aller Zeiten! Mao hingegen wurde fast doppelt so alt. Auf seiner „Liste“ stehen 25 Millionen Opfer. Trotzdem wird in China gerade die größte Statue für diese internationale Diktator-Ikone aufgebaut. Die wird bestimmt kein Erdbeben umreißen! Denn auch Naturkatastrophen schlagen mit Vorliebe im Leben der Armen und Ungeschützten zu. Warum starb Idi Amin erst mit 75 Jahren an Nierenversagen? Und Prinzessin Diana so früh? Auch sie wurde von einem Unfall „aus unserer Mitte gerissen“. Mit 36 Jahren. Wie Sophie. Wer ist für diese unmenschliche Logik verantwortlich?

„Was war euer Problem?“, rufe ich in den trüben Himmel hinein. „Dass sie ihre eigene Art hatte zu leben?

Keiner antwortet mir. Weder der Baum noch das Mammut. Eine maßlose Wut steigt in mir auf, ich trete mit aller Kraft gegen den Stamm. „Gott gibt es gar nicht!“, rufe ich in die blattlose Krone des Baumes. Doch die Natur bleibt heute wortlos und stumm. Mein Fuß schmerzt. Ich humple nach Hause. Mit einer erschreckenden Einsicht: Gott ist es egal, ob es ihn gibt oder nicht.

Hank hat vergessen, die Heizung in meinem Zimmer anzumachen. Es ist eiskalt.

Wie riesige Spielzeugwürfel stehen meine Umzugskartons übereinandergestapelt auf dem Parkett und warten darauf, gefüllt zu werden.

Nach meinem Notfalleinsatz im Londoner Wachsfigurenkabinett habe ich zum ersten Mal ernsthaft über getrennte Wohnungen nachgedacht. Prompt kündigte unser Vermieter Eigenbedarf an. Man muss echt aufpassen, an was man so denkt. Denn offenbar erschaffen wir unsere Realität schneller als wir es uns vorstellen können. Nächsten Monat werden Hank, Johannes und ich unsere gemütliche WG auflösen und unser Familienleben auf zwei Lebensräume aufteilen müssen.

Was für ein Glück, dass unser türkischer Bäcker Hakan, bei dem alle wichtigen Informationen des Viertels zusammenlaufen, sofort eine Lösung parat hatte:

„Zwei Häuser weiter wird eine Wohnung frei. Und im Haus gegenüber steht auch schon länger was leer.“

Wir bekamen die Wohnungen.

„Und zu wem geht Johannes?“, fragte ich Hank, obwohl die Antwort längst klar war. „Zu mir natürlich. Du bist doch ohnehin nie zu Hause.“

Wie wird es sein? Plötzlich an zwei verschiedenen Ufern eines Flusses zu leben, durch den morgens und abends der Berufsverkehr fließt.

Ich drehe die Heizung hoch und lege mich samt meiner Kleider auf meine marokkanische Matratze. Hank hat recht. Bis heute bin ich nicht angekommen auf diesem Planeten. Ich bin nirgendwo wirklich zu Hause. Ein schwereloses Wesen zwischen den Welten ... wie Sophie.

Ich schließe die Augen. Da kommt sie mir durch einen schwarzen Tunnel entgegen. Wie damals vor etwa fünf Jahren, als sie das erste Mal in unserer Straße auftauchte. Eine Erscheinung aus einer anderen Zeit. Eine Elfe, die durch unser Viertel tanzte wie durch einen lichtdurchfluteten Hain. Ihr Gang war federnd und leicht, als würden die Füße statt Beton das weiche Moos eines Waldbodens berühren. An ihrer linken Hand hüpfte ein kleines, rothaariges Mädchen. An ihrer Rechten ein blonder Faun. Aus dem bunt gewebten Tuch, das sie um ihre Schultern gebunden hatte, blickte der schwarz gelockte Schopf des jüngsten Kindes hervor.

Ich war fasziniert von ihrer fragilen und zugleich starken Schönheit und der besonderen Anmutung dieser „heiligen Familie“. Ich war verzaubert, gebannt, schockiert. Für einen kurzen Moment trafen sich unsere Blicke. Dann eilte ich weiter – wie immer gehetzt von irgendeinem Termin. Bevor ich zur Straßenbahnhaltestelle abbog, drehte ich mich noch einmal zu der Elfenkönigin um. Auch sie war stehen geblieben und schickte mir ihr goldenes Lächeln.

Am nächsten Tag, als ich von unserem Balkon nach Johannes Ausschau hielt, sah ich ihn zusammen mit den Kindern der geheimnisvollen Waldelfe spielen. Mit Gänseblümchen und Löwenzahn legten sie einen blühenden Kreis um den Mammutbaum. Sie waren völlig vertieft darin.

„Kennst du die Kinder?“, fragte ich Hank.

„Das sind Arielle und Allari. Sie sind vor einigen Tagen mit ihrer Mutter in unser Viertel gezogen.“

„Sie hat noch ein Baby, stimmts?“

„Ja. Und sie hat allen drei Kindern einen besonderen Namen geben. Der kleinste heißt Anan.“

Gottes Paradiesgarten

Die Sommer waren groß in Großmutters Garten. Frühmorgens schon wachte ich mit den ersten Strahlen der Sonne auf. Dann blickte ich durch die großen, weiten Fenster hinaus in unsere Welt. Wolken-Oma stand, mit einem grünen Schlauch in der Hand, inmitten ihres wogenden Blütenmeeres und ließ bunte Regenbögen von Wasser auf unser leuchtendes Paradies herabfallen. Sie sprach mit den Blumen, den Bäumen und den Seelen der toten Vögel, die gegen die Fensterscheiben unseres Hauses geflogen waren.

Eines Tages begrub ich unter einer klein gewachsenen Fichte eine Amsel und weinte bittere Tränen um sie. „Weine nicht“, sagte Wolken-Oma. „Der Amsel geht es jetzt gut. Ihre Seele fliegt nun durch Gottes Paradiesgarten.“

In dieser Nacht finde ich keinen Schlaf. Ich lausche dem Wind, der seine Runden durch die Bäume des Stadtgartens dreht. Ihre rauschenden Äste geben sich der Naturgewalt hin, wie einst die Tannen in Großmutters Garten. Sie waren die Wächter meiner sternlosen Nächte, als ich noch klein war und Angst vor der Dunkelheit hatte. Ging abends das Licht im Haus aus, lauschte ich, wie der Wind von den Schneebergen herab pfiff und sich die Tannen in seinen Armen zu wiegen begannen. Geborgen im Rauschen dieser machtvollen Windwiege schloss auch ich meine Augen ...

Der Wind in den Tannen wurde zur Grundmelodie meines Lebens. Zur Sehnsucht, mich in Gottes Hände zu legen und wieder Teil eines Ganzen zu sein.

Plötzlich spüre ich etwas in meinem Zimmer. Der Wind hat es durch das offene Fenster getragen. Mit angehaltenem Atem setze ich mich auf. Die dunklen Silhouetten meiner Umzugskartons sehen aus wie offene Särge. Ich lege mich wieder hin und schließe die Augen. Doch etwas in mir hält mich wach ... Da ist jemand. Ich stehe auf und mache das Licht an ...

... Nein, niemand hat sich hinter meinen Kartons versteckt. Ich mache das Licht wieder aus und verkrieche mich unter die Decke. Da spüre ich es plötzlich ganz deutlich: Sophie? Ich höre eine helle Stimme im Rauschen des Windes.

„Lass mich“, sage ich. „Mein Leben ist gerade anstrengend genug. Ich muss dringend mal schlafen.“

Doch Sophie bleibt und mit ihr der Wind in den Bäumen. Ich stehe auf und hole Block und Stift aus der Schublade meines Schreibtisches. Danach geht alles ganz schnell. Wie eine Quelle sprudeln die Worte auf mein Papier.

Sie spricht von ihren Kindern, ihrer Familie, von ihren Freunden und den Menschen, die wir beide gekannt haben. Alle Lebewesen sind miteinander verbunden.

Sie spricht von großen Umwälzungen auf diesem Planeten. Manche würden uns sehr dramatisch erscheinen. Doch die zerstörerischen Kräfte seien Katalysatoren einer Transformation in ein neues Zeitalter. Vielen Menschen bliebe der Sinn dieser Veränderungen verborgen. Zu beschäftigt seien sie mit ihrem Alltag, ihren Sorgen, Pflichten, Terminen, die uns Tag für Tag erfolgreich vom eigentlichen Geschehen auf diesem Planeten ablenken.

Das Rauschen des Windes wird immer mächtiger und stärker. Und irgendwann merke ich: Es ist gar nicht Sophie, die zu mir spricht, sondern die Erde selbst.

Als Mittlerin zwischen dem „großen Bewusstseinsraum" und dem „kollektiven Bewusstsein der Menschen". Zwischen dem Unsichtbaren und der soliden Materie. „Die alte Welt bricht auseinander. Doch die neue Welt wird schon geboren. Sie ist auf feinstofflicher Ebene bereits da. Schau mit dem Herzen und du wirst sehen, was ich meine."

Ich sitze auf meiner Matratze und schreibe ..., bis die Stimme der Erde in mir verklingt. Bis sich der Wind in den Bäumen gelegt hat. Dann schließe ich meinen Block, vergrabe ihn in der untersten Schublade meines Schreibtisches und finde endlich Ruhe.

Die rettenden Graffitis

Als ich am nächsten Morgen aufwache, habe ich hohes Fieber. Dringend bräuchte ich heißen Tee, Zitronen oder Medikamente. Johannes ist in der Schule, Hank versorgt im Laden die restlichen Klangschalen und der Versuch beim Apotheken-Lieferdienst Gripp-Heel zu bestellen scheitert an meiner gesperrten Kreditkarte. Offenbar hat mein letzter Hamburg-Besuch das Limit überschritten.

Ich rufe Rocco an: „Könntest du ein paar Medikamente für mich online bestellen?"

„Du hast meinen Wagen kaputt gefahren."

„Rocco, ich kümmer' mich drum", krächze ich ins Telefon. „Ich werde die Kosten für den Verlust mit den Einnahmen meines „Marie Antoinette"-Drehbuches begleichen!"

„Als ob das jemals was wird!" Die Bitterkeit ist neu in Roccos Stimme.

„Du hast doch gesagt, Belluccis Agentur wartet bloß auf so einen Stoff!"

„Man sagt viel, wenn die Tage lang sind."

„Dann wirst du mein Exposé also nicht übersetzen?"

„Tut mir leid, Maria. Aber wir haben hier wirklich Wichtigeres zu tun. Einer muss ja Geld verdienen."

Die fantastischen Welten, die ich zwischen den Billstedter Waschbetonplatten berauscht vom Traum des sich vor mir aufrollenden roten Teppichs in meinen Laptop hinein getippt habe, lösen sich wie flüchtige Wolkengebilde auf ...

Ich werde von Schüttelfrost und Existenzangst gebeutelt. Eine Wärmflasche täte jetzt gut. Doch ich fühle mich zu schwach, um aufzustehen und durch den langen Flur in unsere Küche zu gehen. Also ergebe ich mich und lasse mich fallen. Immer tiefer ins Bodenlose hinein. Bis an den Beginn meiner Welt. In eine Zeit, in der alles noch gut war. Als ich unter Großmutters weitem Wolken-Mantel ganz leicht wurde und der Wind mich auf die Köpfe der Blumen hob ...

Ich spüre das Kribbeln der Grashalme an meinen Beinen. Die Sonne wärmt meine Haut. Ich stehe mitten in einer blühenden Wiese. Die Berge um mich herum sind strahlend und nah. Als wollten sie sich von mir verabschieden.

„Zazieeeee!"

Das ist der Name, mit dem Wolken-Oma mich ruft. „Zazieeeee, wir müssen los!"

Sie ruft mich von ihrem VW Käfer aus. Er ist so weiß wie ihr Haar, so weiß wie die Wolkenschafe am Himmel. „Zazieeee!"

Ein sanfter Luftzug richtet den goldenen Haarflaum auf meinen Armen auf. Ich schließe die Augen. Gleich kommt der Wind, um mich auf die Köpfe der bunten Blumen zu heben. Im Wind wird mein Körper ganz leicht. Im Wind kann ich fliegen.

Suchend wandert Großmutters Blick über die Wiese. „Zazieeee!"

„Hier bin ich, Oma, hier!", rufe ich. „Ich stehe auf den Köpfen der Blumen!"

Doch Wolken-Oma sucht mich immer noch zwischen den Gräsern. Da neigt sich die Margerite unter meinen Füßen zum Boden. Ich steige ab und laufe durch das hohe Gras zu Großmutters weißem VW Käfer-Schaf, das uns in die Stadt hinter dem Schneeberg bringt ...

Es ist dunkel geworden. Im Wohnzimmer läuft der Fernseher. Neben meinem Matratzenlager liegt der Stapel noch ungeöffneter Briefe. Hank muss ihn hierhin gelegt haben. Obenauf eine Nachricht von meiner Hausbank:

In diesem Monat sind bereits sechs Lastschriften geplatzt. Die Künstlersozialkasse droht mit Kündigung meines Versicherungsschutzes und auch die nächste Handy-Rechnung steht an. Die Jahresabrechnung für alle Drehbuchtitel, die Rocco vorsorglich schützen ließ, beläuft sich auf 420 Euro. Dabei sieht es aktuell nicht so aus, als würde auch nur ein einziges von all den Wunderwerken in meinem Kopf den Weg auf eine europäische Kinoleinwand finden.

Würde Wolken-Oma noch leben, würde sie jetzt machtvoll einschreiten.

Wolken-Oma war eine große Zauberin. Sie konnte Auto fahren und musizieren zugleich! Als wir das erste Mal in die große Stadt hinter den Bergen fuhren, tauchte an der Peripherie ein Meer von Strommasten auf, deren Leitungen zum Schutz für Tiefflieger mit orangefarbenen Kugeln bestückt waren. Da griff sie nach meiner froschgrünen Flöte und spielte eine Melodie nach den orangenen Noten, die der Wind auf den Stromleitungen zu immer neuen Liedern sortierte ...

Am Stadtgarten rauschen die Güterzüge der Westbahn vorbei. Das Pfeifen der Lokomotiven verbindet sich mit Großmutters Spiel. Es lässt die Wand zum Jenseits ganz dünn werden. Lieber Gott, ich will dieses Leben wieder abgeben, meinen Körper und die Person, die in ihm steckt.

Mit all ihren Wünschen, Talenten und Hoffnungen. Auch wenn mein Weg manchmal nicht leicht war, so glänzte am Horizont immer noch verheißungsvoll eine Zukunft. Doch seit mich ein Teil meiner Seele verlassen hat, ist auch dieses Licht in mir erloschen. Ich will zu Wolken-Oma zurück. In ihren himmlischen Garten. Ich will nichts mehr erreichen in dieser Welt. Nichts mehr verteidigen, nichts mehr beweisen müssen. Nur noch eine kleine Stimme in Gottes unendlichem Chor sein. Eine von Billiarden Frequenzen, die am Anfang der Welt in Schwingung gebracht wurde. Ein kleiner Tropfen im Ozean der alles erschaffenden Liebe: Ziel dieses Lebens verfehlt. Bestimmung nicht erfüllt. Setzen, Sechs! Ordne dich wieder ins Namenlose ein.

Die Schienen der Westbahn sind eine Lösung. Nicht besonders elegant, aber praktisch und naheliegend vor allem. Ich wühle mich aus meinen Decken, schlüpfe in meine Kleider und ziehe meine Stiefel im Flur an. Ich höre Johannes im Wohnzimmer lachen. Wahrscheinlich schauen er und Hank „Hangover 3“.

Ich habe keine Kraft für einen Abschiedsbrief. Aber ein Zeichen für mein Kind wäre gut. Eine Botschaft, die ihm sagt: „Deine Mutter hat dich über alles geliebt.“

Meine Mutter hinterließ nichts als sie ging. Ihr Nachlass: lebenslange Selbstzweifel. Ging sie, weil ich nicht gut genug für sie war?

Im Park ist es windstill. Und doch sprechen die Baumriesen zu mir. Sie erinnern mich daran, dass Johannes in zwei Tagen seinen zwölften Geburtstag feiert. Letztes Jahr hatte er sich noch eine Schatzsuche gewünscht. Sie führte ihn und seine Freunde in die geheimsten Winkel und Öffnungen der alten Bäume. In den hohlen Stämmen versteckte ich Schokolade und in den Ästen die Puzzleteile der zerlegten Schatzkarte. Für eine Abenteuerreise durch die Kölner Botanik ist Johannes mittlerweile zu alt. Auch seine Freunde und Computerspiele sind größer geworden. Ob Schatzsuchen überhaupt noch angesagt sind?

Ich erreiche den düsteren Treppenaufgang, der in Richtung der Bahnschienen führt. Die Wände sind mit buntem Graffiti besprüht, vermutlich von pickligen 10.-Klässlern in Schlabberjeans und Kapuzenjacken. Solche Jungs findet Johannes sicher toll. Die Graffitis auch. Ich stelle mir eine Schatzsuche vor, die von einem Graffiti zum nächsten führt. Johannes und seine Freunde müssten den Schatz anhand einer von mir ausgedachten Graffiti-Route finden. Cool! Und was wäre die Belohnung am Ende der Reise? Eine Truhe mit Schokoladen-Goldmünzen würde nur ein müdes Gähnen entlocken. Richtiges Geld? Zu kapitalistisch. Außerdem ist die Gefahr zu groß, dass einer der Stadtgartenpenner die Truhe noch vor den Jungs findet. Außerdem habe ich selbst keinen Cent mehr. Deswegen bin ich ja unterwegs ... zu den Schienen.

„Ich könnte den Creeper entführen“, überlege ich, als ich mich auf die oberste Treppe des düsteren Aufganges setze, um kurz zu verschnaufen. Creeper ist Johannes’ letztes, in seinem „Jugendzimmer“ noch zugelassenes Kuscheltier: ein viereckiges Computermännchen aus giftgrünem Plüsch.

Ich könnte ihn fesseln, knebeln und zwei lange Smarties-Rollen als Sprengstoff an seinem viereckigen Plüschkörper festbinden. Dann würde ich den Creeper an einem düsteren, unheimlichen Ort verstecken. In einer Parkgarage hier im Viertel. Ich würde unser Auto in der untersten Etage parken und den armen Creeper in den Kofferraum stecken. Bevor ich ihn schließe, mache ich noch ein fieses Erpresser-Foto von ihm.

Nach Torte und Bescherung, wenn Johannes mit großem Jubel die Geschenke seiner Freunde ausgepackt hat, wird es an unserer Wohnungstür klingeln. Kurz darauf werde ich mit möglichst geschocktem Gesichtsausdruck und dem Erpresserbrief in der Hand an der Geburtstagstafel erscheinen und diesen meinem Sohn überreichen ...

Wir haben Creeper in unserer Gewalt.
Wenn ihr ihn nicht bis 17.00 Uhr befreit,
fliegt der Sprengstoff samt Creeper in die Luft.

Ich weiß zwar nicht, ob der Spaß politisch korrekt ist – aber soll die miese Weltlage auch noch die Dramaturgie unserer Kindergeburtstage bestimmen? Nein!

Aus dem Umschlag wird Johannes mit glühenden Wangen ein schwarzes Log-Buch herausholen. Mit meinen Graffiti-Aufnahmen, die ihm und seinen Freunden den Weg zeigen werden ...

Diese Graffitis führen euch zu ihm.
Gebt Gas! Ihr habt nicht viel Zeit!
Creepers Leben hängt an einer dünnen Sprengschnur.

Zum Glück habe ich mein Handy mitgenommen. So kann ich auf dem Weg zu den Schienen die besten Graffitis fotografieren. Es ist erstaunlich, wie viele es davon in unserem Buddha-Dreieck gibt! Ich habe nie darauf geachtet. Aber wenn man sie sucht, findet man wahre Kunstwerke darunter. Ich stelle mir vor, wie Johannes und seine Freunde aufgeregt zur Westbahn laufen und bei der Suche nach den richtigen Graffitis mächtig unter Zeitdruck geraten: „Hey, Alter, scheiße! In 43 Minuten fliegt dem Creeper der Zunder um die Ohren!"

Das wird die coolste Schatzsuche aller Zeiten! Ich tauge vielleicht als Mutter nicht viel. Aber für Actionszenen bin ich genau richtig! Zum Abschlussfest der Grundschule sagte mir Johannes' Lehrerin: „Sie waren nur selten anwesend. Aber wenn Sie da waren, war es immer sehr unterhaltsam!"

Endlich habe ich die Westbahn erreicht. Ein hoher Zaun trennt den Park von den Schienen. Er ist mir noch nie aufgefallen. Wie soll ich da rüberklettern? Was, wenn ich mit meiner Pyjamahose an den Zacken des Zaunes hängen bleibe, ausrutsche und genau an der Hauptschlagader aufgespießt werde? Johannes sollte seinen Geburtstag lieber mit einem fiesen Erpresserbrief als mit einer Todesanzeige im Kölner Stadtanzeiger feiern. Und ich sollte schnellstens zurück in mein Bett.

Auf dem Rückweg gehe ich noch einmal an unserem Mammutbaum vorbei.

„Wenn die Erde Kontakt mit mir aufgenommen hat ... wäre es dann möglich, auch mit meiner Mutter zu sprechen?", frage ich ihn.

Tatsächlich kommt Wind auf und es scheint als neigte der alte Herr sein zerzaustes Haupt zu mir herab. Ich setze mich, lehne meinen Rücken an seinen Stamm und schließe die Augen. Dann spreche ich laut in die Nacht ...

„Mutter ... äh ... Mama ... wie auch immer ... Danke, dass du mir dieses Leben geschenkt hast. Ich habe versucht es zu leben, so gut ich konnte. Und ich glaube, ich war echt tapfer dabei. Doch jetzt geht es ohne dich nicht mehr weiter. Ich brauche deine Hilfe. Ich schaffe es nicht mehr ohne dich. Hilf mir! Bitte. Ich brauche dich, um weiterzumachen. Mama ... ich brauche Geld."

Als ich aufwache, habe ich keine Ahnung wie ich nach Hause gekommen bin. Neben meiner marokkanischen Matratze steht eine Kanne mit dampfendem Tee. Aus der Küche ist das Brummen unserer Saftpresse zu hören. Wenig später steht Hank mit einem Glas Orangensaft in der Tür. „Du musst dringend etwas trinken."

Dankbar greife ich nach dem Glas.

„Ich hab dich heute Nacht im Park eingesammelt", sagt Hank ernsthaft um meinen klaren Verstand besorgt.

„Als wir ins Bett gingen, stand deine Zimmertür offen und du warst plötzlich verschwunden. Ich hab dich angerufen, aber du hast nicht abgehoben. Also hab ich wieder mal dein Handy geortet."

„Und wo war ich?"

„Im Park. Unter unserem Baum. Du hast irgendwas von einer Entführung gefaselt."

„Ja, genau! Ich hab die Mega-Idee für Johannes' Geburtstag!"

„Hey, du hättest da draußen erfrieren können!"

„Danke für den Tee."

„Ich geh' zum REWE. Brauchst du noch was?"

„Du könntest mir zwei Kilo Zitronen spendieren. Und eine Packung Gripp-Heel."

Bevor Hank einkaufen geht, bringt er mir noch das Telefon an mein Bett.

„Heute Morgen hat eine Frau angerufen. Sie sagte, sie sei eine Freundin von deiner Mutter."

„Von meiner Mutter?!"

„Ich habe ihr gesagt, dass du noch schläfst."

„Hast du ihre Nummer notiert?"

„Nein. Aber sie wollte sich gleich noch mal melden."

„Du hast weder Namen noch Nummer?!"

Als Hank weg ist, liege ich regungslos im Bett. Ich wage nicht, mich zu bewegen, nicht einmal zu atmen – aus Angst, ich könnte das Klingeln des Telefons überhören. Eine Ewigkeit scheint zu vergehen ... endlich. Das Display zeigt eine ausländische Nummer an.

„Hallo?", frage ich zitternd.

„Zazie?", fragt eine mir unbekannte Stimme am anderen Ende der Leitung.

„Ja?", sage ich leise und spüre einen Schmerz in meinem Herzen: So lange hat mich keiner mehr „Zazie" genannt, dass ich selbst nicht mehr weiß, ob ich das bin.

„Ich heiße Franziska", spricht die Unbekannte am anderen Ende der Leitung weiter. „Du kannst mich aber auch Franzi nennen. Ich bin eine alte Freundin von Frizzi ... deiner Mutter."

Ich bringe kein Wort heraus. Meine Kehle ist wie zugeschnürt.

„Verzeih', wenn ich störe", spricht die Unbekannte am anderen Ende der Leitung weiter. „Seit einem Dreivierteljahr liegt deine Telefonnummer auf meinem Schreibtisch. Du hast letztes Jahr zum Muttertag ein Interview im Radio gegeben – über tibetische Mütter, die ihre Kinder über den Himalaya ins Exil geschickt haben. Ich habe es zufällig gehört. Eigentlich wollte ich dich damals direkt anrufen. Aber ich habe mich nicht getraut. Heute Nacht hatte ich dann die Eingebung, es endlich zu tun."

Ich versuche zu sprechen, doch es stürzt bloß ein unkontrolliertes Schluchzen aus mir. „Entschuldigen Sie bitte", stottere ich ins Telefon. „Aber Sie ... erwischen mich in einem besonderen Moment. Heute Nacht ... heute Nacht habe ich das erste Mal mit ihr gesprochen ... mit meiner Mutter. Verstehen Sie? Ich dachte ... ich dachte, ich kann nicht mehr weiter. Ich habe sie um Hilfe gebeten. Und jetzt ... ausgerechnet jetzt rufen Sie hier an."

Da beginnt auch die Freundin meiner Mutter zu weinen. Wir kennen einander nicht. Wir haben einander noch nie gesehen. Ich weiß nicht, wer sie ist, wie sie aussieht und von wo sie mich anruft.

„Komm zu mir", sagt Franziska, als wir uns beide wieder beruhigt haben. „Ich werde nicht zulassen, dass die Tochter meiner besten Freundin nicht mehr weiterweiß. So etwas darf nie wieder geschehen in dieser Familie."

„Wo sind Sie denn?", frage ich immer noch völlig verwirrt. „Von wo rufen Sie überhaupt an?"

„Ich lebe in Andalusien. Ich betreibe hier einen Golfplatz.

Nimm den nächsten Flieger nach Malaga oder Sevilla und komm hierher! Geht das?"

„Äh, ich bin krank, ich habe Fieber ... Mein Sohn, er hat Geburtstag ..."

„Dein Sohn? Wie schön, wie alt wird er denn?"

„Zwölf."

„Dann hat das Frizzi also auch einen Enkel ... Werd erst mal ganz gesund, Zazie, und feiere dein Kind. Keine Sorge. Ich warte auf dich."

Frizzi und Franzi

Die Felder rund um Malaga sind weiß. Aber nicht vom Schnee, sondern von einem Meer jungfräulich erblühter Mandelbäume. Mit einem kleinen Mietauto fahre ich in Richtung Costa del Sol. Diese Reise zu den Wurzeln meiner Kindheit hat Naupany Puma möglich gemacht.

Nach dem rettenden Anruf der Freundin meiner Mutter meldete sich auch der Inka-Priester aus Ecuador wieder, um sich nach mir und dem brennenden Auto zu erkundigen. Ich habe Naupany alles erzählt. Auch von der extrem gelungenen Schatzsuche zu Johannes' Geburtstag. Die Story von der Entführung Creepers hat er nicht wirklich verstanden. Aber das begriff er sofort: Dass ich Geld brauche, um meine geplatzten Lastschriften zu bezahlen und nach Andalusien zu fliegen. Noch am selben Tag transferierte er mir 1.000 Euro per Western Union aus dem südamerikanischen Urwald. „Vom Erbe meiner Inka-Vorfahren", schrieb er dazu, „Ich weiß, du wirst es uns irgendwann zurückgeben, Maria."

Der Oleander an der Toreinfahrt zu Franzis Golfplatz begrüßt mich in leuchtendem Fuchsia. Ich nehme Kurs auf das Clubhaus, das in einer historischen Finca untergebracht ist. Franzi steht bereits wartend davor.

„Oh, mein Gott. Du bist ja genauso dünn wie das Frizzi", sagt sie, als ich aus meinem „Inka-Mobil" steige. Wir umarmen einander mit Tränen in den Augen.

„Wie lange kannst du bleiben?"

„Leider nur drei Tage. Danach muss ich Steuerbelege sortieren."

„Bestimmt bist du müde von deiner Reise. Magst du dich erst einmal hinlegen?"

„Nein. Ich will, dass du mir ALLES von meiner Mutter erzählst."

„Bei einem Skiurlaub in Tirol sah ich das Frizzi zum ersten Mal", erzählt Franzi, als wir auf der von Palmen und Blumen umrahmten Terrasse ihres Clubhauses sitzen, die Lichtjahre von den österreichischen Bergen entfernt zu sein scheint. „Das muss 1963 gewesen sein. Ich fuhr mit dem Sessellift zum Hahnenkamm hoch. Da bretterte uns plötzlich zu unseren Füßen dieses unglaubliche Wesen über die Lifttrasse entgegen. Mit weit ausgebreiteten Armen. Es war, als würde sie fliegen. Ihre blonden Locken wirbelten durch den Fahrtwind. Sie trug ausgewaschene Jeans und darüber gestrickte Stulpen, die ihr über die Knie reichten. Sie lachte laut, als sie über die Hügel und Hubbel der Lifttrasse sprang. Sie war entfesselt, wild und wunderschön. Nie werde ich dieses Bild vergessen, dieses gurrende Lachen, das aus der Tiefe eines ungebändigten Wesens entsprang. ‚Wer ist das?', fragte ich den Einheimischen, der neben mir im Sessellift saß. ‚Das Frizzi', antwortete er. ‚Oans von de Kinder vom Grafen.'"

Franzis liebevoller Blick auf die verstorbene Freundin fügt all die Puzzleteile, die ich seit dem Tod meiner Mutter akribisch gesammelt habe, zu einer komplexen Persönlichkeit zusammen. Zum Bild eines schillernden Wesens, das mit Schönheit, Talenten und Lebenslust gesegnet war und schließlich an der Erstarrung der Gesellschaft ihrer Zeit und an sich selber zerbrach.

Meine Mutter hieß eigentlich Frederike. Doch im Umfeld des österreichischen Adels war es damals üblich, jungen Mädchen Kosenamen zu geben und sie in der Anrede zu versachlichen. So wurde sie „das Frizzi" genannt und ich zu einem Zazie gemacht – zu einem Neutrum des aristokratischen Verdinglichungsdranges, der anstatt erwachsener Frauen lieber ewige Mädchen heranzüchtet.

Das Glück eines aristokratischen Mädchens erfüllt sich in der Eheschließung mit einem Freiherren, Grafen, Fürsten oder gar Prinzen. Es gilt die Anzahl der Zacken in der Wappenkrone zu mehren, zumindest jedoch diese zu bewahren. Selbst der Untergang der Monarchie im Jahre 1918 hat an diesem System kaum gerüttelt. Bis heute lebt der Adel in seiner eigenen Blase, wachsam darum bemüht diesen fragilen Raum vor dem Verfall zu schützen. Man bleibt unter sich. Vor allem, wenn es um die Wahl des Ehepartners oder der Ehepartnerin geht. Adel verpflichtet und Adel bewahrt. Das Zweite wurde meiner Mutter und mir zum Verhängnis.

Das Frizzi kam als drittes von fünf Kindern zur Welt. Sie war die Lieblingstochter ihres Vaters, des Grafen. Intelligent, witzig, schön und talentiert. Frech und voll ungezügelter Lebensenergie. Die Eltern hatten nicht viel Zeit, sich um ihre Kinder zu kümmern. Zum Erhalt des Schlosses, das an allen Ecken und Enden auseinanderzubrechen drohte, betrieb der Graf eine Pension und einen Golfplatz. So wuchsen das Frizzi und ihre Geschwister in völliger Freiheit im Schlosspark auf. Als kleines Mädchen kletterte das Frizzi bis in die Wipfel der höchste Tannen, während ihr großer Bruder mit schlotternden Knien auf sicherem Boden zurückblieb und zusah, wie seine Schwester im Astwerk verschwand ... bis irgendwann nur noch ihr ausgelassenes Lachen vom Himmel herabfiel.

Nach der Grundschule wurde das Frizzi auf ein katholisches Mädcheninternat geschickt. Mit dreizehn Jahren trat sie in Hungerstreik. Sie konnte das an Regeln festgebundene Leben dort keinen Tag länger ertragen. Sie wollte nach Hause. In ihren Schlosspark. Sie verweigerte jegliches Essen und hatte Erfolg: Das Frizzi beendete seine schulische Karriere ohne jeglichen Abschluss und sorgte von nun an selbst für seine Bildung. Es verschlang die alten Bücher der Schlossbibliothek, diskutierte mit ihrem Vater über Gesellschaft und Politik und schlug den älteren Bruder beim Schach. Es sammelte Wissen und geistreiche Witze, um aus jeder Konversation als strahlende Siegerin hervorzugehen. Vor allem aber malte und zeichnete das Frizzi für ihr Leben gerne.

Das Frizzi war sechzehn Jahre alt, als sie mit weit ausgebreiteten Armen zu Franzis Füßen über die Lifttrasse flog. Ein Jahr später verließ sie das Schloss, um in Wien bei einem Privatlehrer Malerei zu studieren: ein junges, mageres Mädchen mit löchrigen Kniestrümpfen und großen Plänen. Auf einer Künstlerparty lernte sie einen jungen, hübschen Architekturstudenten kennen. Meinen Vater. Wenige Wochen später war das Mädchen mit den Kniestrümpfen schwanger.

Meine Mutter verheimlichte den Eltern ihren gesegneten Zustand. Als vier Monate später die Gräfin nach Wien reiste, um ihre Tochter zu besuchen, stand das Frizzi mit einem Babybauch auf dem Bahngleis. Da es zu spät war, das uneheliche Kind in Gottes Obhut zurückzuschicken, wurde auf dem Schloss schnellstens die Hochzeit arrangiert. Zwar hatte mein Vater weder Geld noch Güter, doch als Freiherr wenigstens ein anständiges Wappen. Das Fest, das der Graf für seine Tochter ausrichten ließ, war groß und rauschend, der Babybauch wurde hinter einem Strauß weißer Lilien versteckt.

Franzi lernte das Frizzi erst nach dem Scheitern der Ehe kennen, nachdem meine Mutter uns bereits verlassen hatte.

„Sie hat dich nicht verlassen“, korrigiert mich Franzi. „Du solltest dieses Wort aus deinem Kopf streichen.“

„Aber sie war plötzlich nicht mehr da.“

„Kannst du dich daran denn noch erinnern?“

„Schon immer trage ich dieses Bild in mir: Sie geht aus dem Zimmer und ich weiß, sie wird nie wieder zurückkommen.“

„Sie hatte versucht, sich das Leben zu nehmen. Ihr wurdet voneinander getrennt. Du musst damals zweieinhalb Jahre gewesen sein."

„Mein Vater hat mir das Scheidungsprotokoll gezeigt: Das Frizzi hat freiwillig auf ihr Sorgerecht verzichtet."

„Sie dachte, es sei das Beste für dich. Es ging ihr nicht gut. Sie war nicht stabil."

„Sie hatte Besuchsrecht. Für jeden Donnerstag. Sie ist kein einziges Mal gekommen."

„Sie dachte, ein klarer Schnitt sei besser für alle. Auch für dich."

„Ich habe meine ganze Kindheit auf einen Besuch von ihr gewartet. Oder auf ein Geburtstagsgeschenk. Doch es kam nicht einmal eine Postkarte."

Franzi erzählt mir von den schlaflosen Nächten meiner Mutter, in denen sie um mich weinte. Immer wieder hatte Franzi versucht, ihre Freundin zu bewegen, mich zu besuchen. Doch meine Mutter schaffte es nicht. Zu tief saß das Gefühl, mich im Stich gelassen zu haben. Zu groß war ihre Angst, erneut zu versagen, zu verletzen und noch mehr Chaos in mein kleines Kinderleben zu bringen.

„Und so beobachtete sie dich aus der Ferne", schließt Franzi ihre Erzählung.

„Sie hat mich aus der Ferne beobachtet?"

„Als dein Vater wieder heiratete, holte er dich nach Wien. Dort bist du in einen Kindergarten gegangen, er lag inmitten eines kleinen Parks. Erinnerst du dich?"

„Ja. Ich habe den ganzen Tag Blumenwiesen und Berge gemalt."

„Du hast auch draußen auf dem Hof gespielt. Meistens hast du ganz oben auf dem Klettergerüst gesessen."

„Woher weißt du das?"

„Das Frizzi hatte sich ein Zimmer in der Nähe deines Kindergartens gemietet. Zwei Straßen weiter. Damit sie dich jeden Tag beim Spielen beobachten konnte."

Ich kämpfe mit den Tränen. Ich stelle mir die magere Gestalt meiner Mutter am Maschendrahtzaun meines alten Kindergartens vor. Sie war also da, als ich auf meiner Schaukel lachend durch den wolkenfreien Himmel flog. Und auch, als ich vom Klettergerüst runterfiel. Wie muss sie sich dabei gefühlt haben?

„Es hat sie fertiggemacht", erzählt Franzi. „Wir machten uns große Sorgen um sie. Ich habe ihr schließlich geraten, dich loszulassen und nach Tirol zurückzugehen."

„Vielleicht war dies der Moment, in dem das Band zwischen uns riss", überlege ich.

„Es ist nie gerissen!", sagt Franzi. „Bis heute nicht. Komm, lass uns eine Runde über den Golfplatz gehen, bevor die Sonne untergeht."

Wie perfekt der Rasen geschnitten ist, über den wir zum höchsten Abschlagplatz wandern. Mit welcher Gelassenheit die Spieler ihre Trolleys hinter sich herziehen.

Wie elegant sie ihre Bälle abschlagen. Und wie unaufgeregt sie diese in ihre Ziellöcher putten. Ich stelle mir ein Leben an der Seite eines hochgewachsenen Grafen oder eines braun gebrannten Wirtschaftsbarons vor. Wie wäre es, nun in knitterfreien Shorts und einem blütenweißen Lacoste-Poloshirt über den gepflegten Rasen zu schlendern und hin und wieder einen Golfball durch die Luft fliegen zu lassen? Kurs nehmend auf ein Loch, das sich mühelos als nächste Station meines Lebensweges definiert. Zwar wurde ich in dieses Umfeld geboren, bin aber schließlich in einem ganz anderen Leben gelandet und komme mir mit meinen ausgewaschenen Jeans und dem Free-Soul-T-Shirt etwas fehl am Platz vor.

„Spielst du Golf?", fragt Franzi.

„Seh' ich so aus?"

„Natürlich nicht", lacht sie. „Deine Mutter war eine exzellente Golfspielerin."

„Gibt es etwas, was sie nicht herausragend konnte?"

„Kennst du ihre Bilder?"

„Sie hat mich gezeichnet, als ich ein halbes Jahr alt war. Ich liege auf dem Bauch, auf meine Arme gestützt und sehe ihr direkt in die Augen. Es ist das einzige Bild, das ich von ihr besitze."

Die Prinzessin aus der Schublade

„Hast du Lust, nach Marbella zu fahren?", fragt Franzi am nächsten Morgen beim Frühstück. „Ich möchte dir gerne ein schönes Kleid schenken. Vielleicht für deine nächste Filmpreisverleihung, was sagst du." Sie zwinkert mir zu.

„Rot würde dir stehen", findet Franzi. „Ein sattes Kirschrot."

Alleine gehe ich gar nicht gerne shoppen. Denn es gab niemanden, der es mir während meiner Teenagerzeit beigebracht hätte. Außerdem gab man nur ungern Geld für mich aus. An Franzis Seite schöpfe ich aus der Fülle. Unermüdlich bringt sie mir neue Beutestücke aus den Showrooms exklusiver Boutiquen in die Kabinen. „Das hier musst du unbedingt auch noch probieren ... Dir steht aber auch wirklich alles! ... Kein Wunder, du bist genauso schlank wie das Frizzi ... Trotzdem solltest du dringend mehr essen." Mit vier vollen Tüten kehren wir abends in Franzis Finca zurück. Es ist wie Weihnachten, Ostern und Geburtstag zugleich.

Ich verbringe drei märchenhafte Tage in Andalusien. Der Meeresboden, über den wir früh morgens schwimmen, schimmert leuchtend türkis. Auf unseren Spaziergängen über der Steilküste lachen wir unsere doofen Männergeschichten in den Wind und malen unsere Traumprinzen in die Weite des Horizonts.

Viel zu schnell verfliegt die Zeit.

Bevor ich abreise, holt Franzi ein Päckchen und ein Kuvert von ihrem Schreibtisch. „Hier ist Geld für deinen Umzug. Richte Johannes ein Zimmer in deiner neuen Wohnung ein. Das Band zwischen euch darf nicht reißen ... Und das hier ist ein Manuskript. Deine Mutter hat es geschrieben. Eine Art Biografie. Leider wurde sie nie veröffentlicht."

„Komme ich auch darin vor?", frage ich aufgeregt.

Bedauernd schüttelt Franzi den Kopf: „Über ihr Kind zu schweigen, war Frizzis Art, die Trennung zu überleben."

Bereits im Flieger nach Köln beginne ich in der Biografie meiner Mutter zu lesen – mit der Hoffnung, mich vielleicht doch noch irgendwo zwischen den Zeilen ihrer Geschichte zu finden ... Doch das Buch meiner Mutter ist eine biografische Fiktion, in der sich die Realität hinter kunstvollen Wortmalereien versteckt. Was hatte sie vor der Welt zu verbergen? Warum konnte sie nicht zeigen, wer sie wirklich war? War sie so tief verwundet worden?

Das Frizzi war ein „It-Girl" ihrer Zeit, ein Enfant terrible des erstarrten Großbürgertums. Die Presse verlieh ihr sogar einen Titel: „Wildeste Gräfin Österreichs". Sie war ein bunter Schmetterling, der mit schillernden Geschichten durch die Boulevardblätter flog. Ich war das Schattenkind, das nie erwähnt wurde. Das keinen Platz im Scheinwerferlicht seiner Mutter bekam. Intuitiv habe ich meine Rolle bereits an jenem Tag begriffen, als aus der Schublade einer Spiegelkommode eine Prinzessin auftauchte, die meine verschollene Mutter war ...

Die Gardinen sind zugezogen, das Ehebett sorgfältig mit einer goldgelben Brokatdecke zugedeckt. Eine Spiegelkommode verdoppelt den Dämmerzustand des Raumes. Leise öffnet Kathi die unterste Schublade.

Kathi ist meine beste Freundin. Wir gehen jeden Tag gemeinsam zur Schule. Denn sie wohnt mit ihrer Mutter im Haus nebenan. Kathis Vater ist vor einiger Zeit zu einer anderen Frau umgezogen. Deshalb muss Kathis Mutter nun arbeiten gehen.

Jeden Nachmittag nach der Schule ist Kathi alleine. Außer ich bin bei ihr zu Besuch.

Heute will sie mir unbedingt etwas zeigen. Sie holt mehrere Journale aus der Spiegelkommode ihrer Mutter und breitet sie behutsam auf der Brokatdecke aus.

Mein Blick fällt auf die Fotografie einer sehr schönen Frau.

Sie sitzt vor einem großen Gemälde. Ein langer Umhang verhüllt ihre Gestalt. Unter ihrem schwarzen Hut leuchten helle Locken hervor.

„Das ist deine Mutter“, flüstert Kathi, als lüfte sie ein streng gehütetes Geheimnis. „Sie ist eine berühmte Malerin.“

Auf einem anderen Bild trägt die schöne Frau enge, rote Jeans und schwarze Stiefel. Sie öffnet ein schmiedeeisernes Tor, das zu einem uralten Anwesen führt.

„Deine Mutter ist eine Prinzessin. Sie lebt auf einem richtigen Schloss!“, flüstert Kathi aufgeregt. Im Gegensatz zu mir konnte Kathi schon im Kindergarten lesen! Ich hingegen hinke den anderen Kindern in der Schule weit nach, weil ich nur Farben zu Bildern, aber keine Buchstaben zu Wörtern zusammenfügen kann.

„Soll ich dir vorlesen?“

Ich nicke stumm und Kathi setzt sich aufs Bett, um mir aus dem glorreichen Leben des schönen Burgfräuleins vorzulesen. Ich kann gar nicht alles verstehen, was Kathi liest, denn ich muss dauernd die schöne Frau auf den Fotos ansehen. Ich traue mich nicht, sie zu berühren. Denn eines ist sicher: Wenn Kathis Mutter von der Arbeit zurückkommt, muss die schöne Prinzessin wieder in der Schublade sein.

Ich habe mich so sehr in der Vergangenheit verloren, dass ich erst in der S-Bahn wieder im Hier und Jetzt ankomme. Wir fahren bereits über den Rhein! Schnell zähle ich meine Gepäckstücke durch ... eins, zwei ... der schwarze Bordkoffer fehlt! Mit Franzis Kuvert, dem Geld und dem Manuskript meiner Mutter. Ich habe meinen Geldkoffer am Flughafen vergessen! Was tun? Notbremse ziehen? Nein. Ruhe bewahren. Beten, warten, aussteigen und mit dem Taxi zum Flughafen zurückfahren.

Als ich dort völlig aufgelöst beim Fundbüro ankomme, lachen mir zwei Kölner Beamte entgegen: „Da hat wohl jemand einen Schreck bekommen. Wat?"

„Haben Sie mein Geld, äh ... meinen Handgepäckkoffer gefunden?"

„Er stand auf der S-Bahn-Station. Am Fahrscheinautomaten."

„Wer hat den Koffer zu Ihnen gebracht?"

„Ein ehrlicher Finder."

„Hat er Ihnen seine Daten hinterlassen?"

„Nein."

„Und das Geld?" – Ich wage es kaum zu hoffen ...

„Wie viel hatten Sie denn dabei? – Nur um sicher zu sein, dass es auch Ihr Koffer ist."

„Ich weiß es nicht. Es ist ein Geschenk. Ich habe noch gar nicht gewagt, in das Kuvert reinzuschauen."

„Können Sie uns denn wenigstens sagen, welche Farbe das Kuvert hat?"

„Rosa. Es steckte in einem mit Maschine geschriebenen Buchmanuskript."

„Möchten Sie denn jetzt wissen, wie viel in dem Kuvert ist?"

Ich nicke und spüre mein Herz im ganzen Körper schlagen.

„7.000 Euro."

„7.000?", wiederhole ich fassungslos.

Vor wenigen Tagen wollte ich mich noch wegen meiner Geldsorgen auf die Schienen der Westbahn legen. Mit Franzis Geschenk werde ich zwar nicht meine Steuerschulden bezahlen können, aber dafür meinen Umzug, die Telefonrechnung und alle anderen offenen Rechnungen auch. Ich werde für Johannes ein Zimmer einrichten und meinen Inka-Kredit bei Naupany Puma begleichen. Aber all das erzähle ich den Beamten vom Kölner Fundbüro lieber nicht.

Frozen François

Rocco dringt gewaltsam in meine neue Wohnung ein, drängt mich in die Küche und richtet seine Pistole auf mich. Er will mich erschießen. Ich habe Todesangst. Gleich werde ich sterben. Er drückt ab. Klick ... Doch seine Waffe ist nicht geladen.

„Hey", denke ich. „Der Typ hat ja gar keine Patronen im Colt!"

Ich laufe los. Einfach an ihm vorbei. Ich laufe die fünf Stockwerke hinunter durch meine Haustür, hinaus auf die Straße ... nach rechts.

„Nein", sagt eine innere Stimme. „Nimm die andere Richtung. Lauf nach links. Dann wird er dich nie wiederfinden. Nie wieder!"

Es ist 6.15 Uhr, als ich schweißgebadet aus meinem düsteren Italowestern aufwache. Um 7.00 Uhr beginnt im Osho-Zentrum die „Dynamische".

Die Dynamische Meditation ist der frühste Frühsport, der im Belgischen Viertel angeboten wird. Und die einzige Meditation, die Hyperaktive wie ich durchhalten. Denn die stille Phase dauert dabei nur zehn Minuten. Den Rest der

Stunde darf ich mit chaotischem Atmen, martialischem Rumschreien, Weinen, Spucken, Tanzen und Springen verbringen. Die pure Katharsis. Um 8.00 Uhr ist man mit seinem ganzen persönlichen Wahnsinn durch und kann geordnet sein Tagesgeschäft antreten. Doch manche „Oshos“ bleiben auch danach noch in der Katharsis-Phase hängen. So wie der schöne Franzose.

Ich weiß zwar nicht, ob er wirklich Franzose ist. Aber in meiner Fantasie spricht er französisch. Denn er sieht aus, als würde er jeden Morgen einem Werbeplakat von Gauloises entsteigen und heimlich seinen Glimmstängel im nächsten Gulli entsorgen, bevor er das Osho-Zentrum betritt. Nach der Dynamischen ist er irgendwie versteinert, dann sieht er aus, als hätte man ihn aus der Tiefkühltruhe geholt. Deshalb nenne ich ihn heimlich „Frozen François“.

Meist trinkt er nach der obligatorischen Dusche in Oshos Place noch einen doppelten Espresso. Kein Handy auf dem Tisch, kein Laptop, kein Buch, kein Gegenüber, den Blick geradeaus auf den Verkehrsfluss der Straße gerichtet, als schaue er auf den heiligen Ganges. Ob er unter Schock steht? Irgendwas stimmt nicht mit ihm. Aber er sieht sehr schön dabei aus. Wie ein indischer Prinz aus einer früheren Zeit. In meinen Tagträumen sitze ich neben ihm. Seine Hand liegt auf meiner. Und wir lassen das geschäftige Treiben der Großstadt vor unseren Augen vorbeiziehen. Ein kurzer Blick in die Ewigkeit. Vom tiefsten Punkt unseres Seins ...

Und genau deshalb renne ich jeden Morgen nach der Dynamischen immer mit möglichst gestresstem Gesichtsausdruck an Frozen François’ Stammtisch vorbei. Damit er bloß nicht aus seiner Schockstarre erwacht und mich anquatscht – mit dem geheimen Wunsch im Herzen, dass er es doch tut! Am liebsten auf Französisch: „Où vas-tu, ma belle? ... Wohin des Weges, meine Schöne? ... A côté de moi il ya un endroit pour toi ... Neben mir ist noch ein Platz für dich frei."

Es wäre lebensgefährlich stehen zu bleiben und selbstmörderisch, sich auch noch zu setzen! Ich habe nämlich das ungute Gefühl, dass Rocco einen Privatdetektiv auf mich angesetzt hat, seit ich immer bessere Ausreden erfinde, um nicht nach Hamburg fahren zu müssen. Woher wüsste er sonst, dass mein türkischer Bäcker Hakan verheiratet ist? Ich wusste es selbst nicht einmal! Bis Rocco mich warnte: „Lass bloß die Finger von diesem Türken! Er hat zwei kleine Kinder! Es ist eine Riesenschweinerei, was ihr da macht!"

„Bitte?!"

Da habe ich eine leise Ahnung davon bekommen, was es bedeutet, mit einem Psychopathen liiert zu sein. Denn die einzige von mir begangene „Schweinerei" besteht darin, jeden Morgen die erste Kundin von Hakan zu sein. Während er seine Kaffeemaschine anschmeißt, wechseln wir ein paar Worte und fühlen uns für drei Minuten wie Verbündete gegen den Rest der Welt: die Ersten im Viertel, die bereits wach sind.

Ein eifersüchtiger Sizilianer macht daraus „nächtliche Sexorgien hinter dem Backofen". Oder davor. Seine Fantasie ist offenbar grenzenlos auf diesem Gebiet. Meine leider auch: Ich habe mich vor zwei Tagen mit Frozen François im Bett erwischt. Es war nur ein Tagtraum. Aber wo genau fängt Betrug an?

1256 ließ Ludwig der Strenge seine Ehefrau Maria von Brabant hinrichten, weil er sie des Ehebruchs verdächtigte. Als die arme Maria um einen Kopf kürzer war, stellte der gestörte Bayernkönig bestürzt fest, dass ihm seine königlichen Privatdetektive offenbar Mist erzählt hatten. Er verzweifelte über seine Tat und stiftete zur Sühne das prachtvolle Kloster Fürstenfeld in Fürstenfeld-Bruck.

Ob Rocco auch irgendwann Abbitte leisten wird für seine wüsten Eifersuchtsanfälle? Wohl kaum. Er versteht es sogar, mit seinen Unterstellungen meine Schuldgefühle zu aktivieren und daraus noch mehr Profit zu schlagen.

Kurz nachdem ich aus Andalusien zurückgekommen war, vermittelte mir K. K. K. K. zur Rettung meiner Finanzlage einen sehr lukrativen Job: einen Corporate-Film für ein führendes deutsches Softwareunternehmen.

„Wer bitte soll K. K. K. K. sein?", fragte Rocco mit einer Schärfe in seiner Stimme, die an die Klinge eines geschliffenen bayerischen Schwertes erinnerte.

„Mein klasse Kölner Kumpel Karl."

„Du bist eine Künstlerin!", wetterte er. „So ein Imagefilm schadet deinem Image!"

„Insolvenz aber noch mehr."

„Wer spricht denn hier von Insolvenz?"

„Karl. Er hat mir den Auftrag vermittelt, damit ich nicht Privatinsolvenz anmelden muss."

„Ist dieser Kerl jetzt dein neuer Anwalt!?"

„Nein. Wie gesagt: mein klasse Kölner Kumpel Karl."

„Der Kerl will dich bloß ficken!"

„Er heißt Karl!"

„Und wer macht den Vertrag für diesen Film?"

„Ich brauche keinen Vertrag. Wir arbeiten schon seit Jahren zusammen."

„Gib mir sofort die Nummer von diesem Kerl!"

„Er heißt KARL! Nicht KERL!"

„Du schickst mir SOFORT die Nummer, hast du verstanden! Den Vertrag mache ICH!"

Mir war klar, warum Rocco den Vertrag machen wollte: Um bei Überweisung der Gage direkt sein „Anwaltsdrittel" von meinem Konto abbuchen zu können. Und mir ist auch klar, warum ich sofort mit der Nummer von K. K. K. K. rausrückte. Ich habe immer noch Angst vor den Platzpatronen in Roccos Colt ...

Mein Wecker zeigt 7.03 Uhr an. Zu spät für die Dynamische. Ich werde aufstehen, mir mein Croissant bei Hakan abholen und mich dann wieder an meine „Großbaustelle" begeben.

„Wie geht's?", fragt Hakan, als ich sein nach frischem Brot duftendes Reich betrete. „Immer noch an der Steuer?"

Ich nicke stumm. Für Hakan reicht das, um weit auszuholen: „Es lohnt sich in diesem Land nicht mehr zu arbeiten. Schau mich an: Ich bin den ganzen Tag auf den Beinen. Sogar am Sonntag. Kein Wochenende, kein Urlaub, 16 Stunden am Tag. Voll durch. Mit dem, was bleibt, kann ich kaum meine Familie ernähren. Die Steuern schlucken zu viel. Ich mache den Laden bald dicht."

„Bitte nicht Hakan! Solange du da bist, werde ich wenigstens nicht verhungern."

Mit einem gesponserten Schokocroissant fällt das Sortieren der Belege gleich leichter. Ich habe begonnen, Aufstellungen und Listen zu machen: Im letzten Jahr habe ich 553 Euro in Klamotten und 3225 Euro in La Mama-Bewirtungen investiert. Ich finde, bei einer Frau meines Alters sollte es andersrum sein.

Je umfangreicher die Listen, desto tiefer blicke ich in mein wirtschaftliches Grab.

Warum lasse ich mich benutzen und ausnehmen? Warum setze ich keine Grenzen? Warum übertrage ich Kontovollmachten? Und warum bin ich vor allem nicht in der Lage, sie zu entziehen? Wovor habe ich Angst? Rocco hat mir gedroht, mich in der Branche zu vernichten, wenn ich abhaue. Dafür zu sorgen, dass ich keinen Auftrag mehr kriege. Aber was genau bedeutet das schon? Drohungen sind Platzpatronen im Colt alternder Cowboys, verwirrter Tyrannen und verlorener Seelen.

„Ich werde dir die Finger brechen“, drohte mir der Mann mit den tanzenden Schlümpfen. Damals, als ich im Kindergarten noch bunte Blumen auf weißem Papier erblühen ließ. „Dann kannst du keine Bilder mehr malen, wenn du unser Geheimnis verrätst ...“

Die Jalousien sind heruntergezogen. Es ist dunkel. Der Projektor wirft ein Viereck aus gleißendem Licht gegen die Wand. Er hat mich in sein Zimmer geholt mit dem Versprechen, mir einen Film zu zeigen, den er selber gemacht hat. Ich bin ihm gefolgt, weil ich nicht unhöflich sein wollte. Und weil er mir leidtat. Ich glaube, er hat keine Freunde. Ich sehe ihn meistens allein. Ich soll mich auf sein Bett setzen, sagt er. Dann legt er die Filmrolle ein. Bunte Bilder erscheinen an seiner Wand: tanzende Schlümpfe! Ich finde das aufregend. Die Schlümpfe, die sonst regungslos auf seiner Fensterbank stehen, vollbringen im Licht des Projektors Kunststücke!

Begeistert klatsche ich in die Hände. Da setzt er sich neben mich auf das Bett. Er schwitzt. Es ist Sommer, alle Fenster und Türen sind zu. Ich mag seinen Geruch nicht. Er legt seine feuchte Hand auf meine. Ich möchte sie wegziehen. Aber ich traue mich nicht. Ich habe Angst, ihn zu verletzen. Er soll nicht wissen, dass ich ihn hässlich und abstoßend finde.

Er zieht mich zu sich heran. Ich starre auf die Leinwand. Als würde ich nicht merken, was er da tut. Etwas Verbotenes. Ich spüre seinen heißen Atem an meinem Hals. Seine glühenden Wangen. Er hat nur wenige Barthaare. Aber sie stechen tief in meine Haut.

„Küss' mich", flüstert er, dreht meinen Kopf zu sich und presst seine nassen Lippen auf meine. Ich schließe meinen Mund. Ganz fest. Doch er drängt seine feuchte Zunge hinein. Ich winde meinen Kopf aus seinen Händen. Tue so, als wollte ich seinen schönen Schlumpffilm ansehen. Doch es beeindruckt ihn nicht. Er nimmt meine Hand und legt sie dahin, wo Männer ihr Pipi ... Warum ist der Reißverschluss offen? Ich fühle etwas Weiches, Feuchtes, Unbekanntes. Erschrocken ziehe ich meine Hand weg. Doch er ist viel stärker: „Bitte!", flüstert er und reibt meine Hand an dem, was feucht und unbekannt ist. Es wird immer größer. Und sein Atem wird schneller.

Die Schlümpfe haben fertig getanzt. Das Endstück des Filmbandes schlägt peitschend gegen das Gehäuse des Projektors. Zuckende Flecken flitzen durch das Lichtviereck an der Wand. Er drückt meinen Kopf zu sich herunter und schiebt das große Unbekannte in meinen Mund. Ich würge. Ich will es ausspucken. Bekomme keine Luft. Werde ersticken. Werde sterben. Ich schließe meine Augen und falle ganz tief in mich hinein ...

Die Uhr hinter meinen Steuerbelegen zeigt 23.04 Uhr. Nun habe ich auch die Abendmeditation im Osho-Zentrum versäumt. Ob Frozen François da war? Ich werde meine Beziehung zu Rocco endlich beenden. Ich habe es ja auch geschafft, den Mann mit den tanzenden Schlümpfen aus meinem Leben zu verbannen. Nach fünf Jahren. Es endete mit meinem ersten Tag auf dem Gymnasium. Plötzlich war ich kein Kind mehr und begriff, dass mich niemand zwingen konnte, mir Filme mit tanzenden Schlümpfen anzusehen ...

Ich habe schrecklichen Hunger. Etwas Warmes täte jetzt gut. Mein Kühlschrank ist leer. Wie immer. Ich habe nie besonderen Wert auf volle Kühlschränke gelegt. Typisch für kleine Mädchen, die schon sehr früh mit tanzenden Schlümpfen zu tun hatten. Hinter meinem chronisch leeren Kühlschrank verbirgt sich die Angst, weibliche Formen anzusetzen. Denn Frau zu sein bedeutet jeden Tag aufs Neue an seinen alten Wunden zu sterben.

Doch das wird sich jetzt ändern. Ich werde lernen, für mich zu sorgen und endlich richtig normal einkaufen gehen. Doch bevor ich zu REWE rüberlaufe, schreibe ich noch schnell eine E-Mail an Rocco ...

Betreff: Re: Totalschaden

Hallo Rocco,

ich beende hiermit meine private und berufliche Leibeigenschaft. Ich trenne mich von allen Verträgen, die wir miteinander geschlossen und von allen Versprechen, die wir einander gegeben haben. Ich trenne die Verbindung, die wir in diesem Leben eingegangen sind und alle Verbindungen, die wir in vorhergehenden Leben miteinander hatten. Alles Gute und bestelle bitte auch der Bellucci liebe Grüße von mir. Ciao!

Ups! Beinahe hätte ich mit „Lucy" unterschrieben, was in Hamburg für reichlich Verwirrung gesorgt hätte. Rocco kennt Lucy ja gar nicht. Jedenfalls nicht namentlich. Er dachte immer, er hätte es in seiner Steuersparbude mit Maria zu tun. Das stimmt aber nicht. Deshalb setze ich jetzt einfach „Bella Bionda" als Signatur unter meine digitale Trennungsurkunde. Kurz zögere ich, bevor ich sie versende. Denn eine Beziehung mit einer E-Mail zu beenden, gilt gemeinhin als stillos. Doch sollte ich auch nur noch einen Cent Portokosten in Rocco investieren?

Ich verabschiede mich also per Mausklick ... und hui ... die Nachricht mit dem Betreff *Re: Totalschaden* ... ist schon in Hamburg.

Wo bleibt der Orkan, der um die Häuser zieht und meine Blumenkästen von den Fensterbänken reißt? Warum stürzt mein Computer nicht ab? Wieso fällt die Heizung nicht aus? Warum fängt die Erde nicht an zu beben? Ich habe Rocco Brigatoni aus meinem Leben geworfen und ... es fällt nicht in sich zusammen!

23.45 Uhr, gleich schließen die Läden. Eine Jacke brauche ich nicht, der REWE ist ja gleich über die Straße.

Was für ein aufregendes Leben! Um kurz vor Mitternacht noch einkaufen zu gehen. Als ich den REWE betrete, teilt sich der Schriftzug auf der Schiebetür und ich schreite durch ein großes Versprechen ...

BESSER ... I ... LEBEN

Jawohl! Ich werde mir zur Feier des Tages etwas Richtiges kochen! Doch bereits in der Frischkostabteilung verlangsamt sich mein euphorischer Schritt: Ich lebe seit Jahren von Mozzarella, Reiswaffeln und Nahrungsergänzungsmitteln. Ich habe keine Ahnung wie man aus Kohlköpfen, Wurzelgemüse und Selleriestangen etwas Essbares zaubert. Kartoffeln würde ich mir ja noch zutrauen. Aber die gibt es hier nur im Netz, ich schaffe maximal drei. Der Rest wird erfahrungsgemäß Triebe schlagen. Schließlich lasse ich mich zu einer mittelgroßen Süßkartoffel hinreißen. Da muss aber unbedingt noch was Grünes ran. Basilikum! Ich finde, das passt zu Süßkartoffel mit Mozzarella. Und beim REWE wachsen die Kräuter sogar in romantischen Töpfchen! BESSER LEBEN! Genau, damit fange ich jetzt endlich an: Im Frühling werde ich Gartenkräuter auf meinem Balkon züchten, im Herbst ein Vogelhaus für hungrige Spatzen bauen, im Winter eine Lichterkette aufhängen und im Sommer eine Hängematte zum Träumen.

Zuversichtlich gehe ich mit meiner bescheidenen Ausbeute in Richtung Kasse.

Ups. Da steht er: Frozen François. Reflexartig reihe ich mich an der anderen Kasse ein. Er soll bloß nicht glauben, dass ich hinter ihm her bin. Ob er mich auch schon entdeckt hat? Ich spüre seine Augen wie zwei Feuerpfeile. In KEINEM FALL werde ich mich zu ihm rüberdrehen. Ich habe vor acht Minuten eine Beziehung beendet! Und ich glaube nicht, dass Rocco bereits seine Privatdetektive aus Köln abgezogen hat. Mann! Warum geht denn das heute an der Kasse nicht weiter? ... Ehrlich gesagt würde es mich schon interessieren, was ein Franzose so einkauft am Abend: Camembert, Baguette und dazu einen formidablen Rotwein? Nix von alledem. Er reicht seiner Kassiererin einen Bon vom Leergut-Automaten. Sammelt er etwa leere Flaschen in öffentlichen Mülleimern, um die Miete bezahlen zu können? Das fehlt mir noch.

„Macht 5,79 Euro", mit einem strahlenden Lächeln reißt mich meine Kassiererin aus meinen unnützen Gedanken. Zu dieser späten Stunde sitzen immer die studentischen Aushilfskräfte an den Kassen beim REWE. Und es ist unglaublich, mit welcher Begeisterung sie ihre Geldgeschäfte abwickeln. „Danke! Und schönen Abend noch!"

„Ihnen auch! Viel Glück!"

„Ja! Gutes Leben!"

„Ihnen auch. Tschüss."

Mit gesenktem Kopf verlasse ich meine Kasse, strebe in Richtung Ausgang und renne an der Schiebetür ... Aua! ... dem schönen Franzosen direkt in die Arme. Unsere beiden studentischen Aushilfskräfte haben offensichtlich synchron gearbeitet.

„Oh, sorry, tut mir echt leid“, sagt Frozen François und lächelt verlegen.

„Hi“, sage ich.

„Hi“, antwortet er.

Dann herrscht erst einmal Funkstille. Ich bekomme kein Wort heraus. Zum Glück eröffnet er das Gespräch: „Ich hab dich heute gar nicht bei der Dynamischen gesehen.“

„Ich musste Steuerbelege sortieren. Das Finanzamt sitzt mir mächtig im Nacken.“

„Oh“, sagt er. „Tut mir leid. Mit dem Thema habe ich abgeschlossen. Zum Glück.“

„Vielleicht sollte ich auch anfangen, Leergut in Mülleimern zu sammeln“, sage ich provokativ. Doch der schöne Franzose scheint sich nicht angesprochen zu fühlen:

„Echt schade, dass wir einander erst heute kennenlernen.“

Ich schaue ihn verständnislos an.

„In 8 Stunden geht mein Flieger nach Goa. Hab gerade noch mein letztes Leergut entsorgt.“

„Nach Goa?! ... Oh! ... Wie schön! ... Und wie lange bleibst du?“

„Ein halbes Jahr.“

„Das ist ja ... fantastisch ... toll für dich!“

„Ich habe keine Lust mehr auf Winter in Deutschland.“

„Ich auch nicht.“

„Dann komm doch mit.“

„Wohin?“

„Nach Goa! Ich besorge dir eine Gästematratze.“

„Wirklich? Ich meine ... ganz in echt?“

„Ja, im Ernst. Würde mich freuen.“

„Aber wo ... wo finde ich dich denn?“

„In Arambol."

Ich schlucke. Arambol ist DAS internationale Paarungsparadies für Tantra-Göttinnen und Yoga-Praktizierende, für Spiris, Heiler, Künstler, Hippies, gestrandete Existenzen und einer Armada schöner Russinnen, die vor den kalten Wintern in Moskau flieht. Ich sollte meinen schönen Fisch schnell wieder vom Haken nehmen und zurück in den Indischen Ozean werfen. Sofortiges LOSLASSEN ist hier angesagt. Der Franzose ist so gut wie verloren. Ich werde in diesem Jahr 50 und kann mit den 20-jährigen Waldelfen aus Russland nicht mithalten.

„Und, kommst du?"

„Mal sehen." Ich lächle möglichst unverfänglich.

„Dann trinken wir Minztee im Magic Park."

„Minztee?", frage ich etwas verwirrt: „Warum Minztee?"

Er deutet auf das Kräutertöpfchen, das ich in meinen zitternden Händen halte. „Na ja, du scheinst Minze zu mögen."

„Das ist Basilikum."

„Das ist Minze."

„Bist du sicher?"

„Riech doch mal dran!"

„Mist ... Na ja, dann gibt es heute wohl Süßkartoffel mit Minze."

„Kann es sein, dass du frierst?"

„Ja, es wird Zeit für mich."

„Wie heißt du eigentlich?"

„Maria. Und du?"

„Atmo Wadud."

„Dein Sannyas-Name? Hat er auch eine Bedeutung?"

„Der aus dem Innersten Liebende."

„Wow! ... Hast du auch einen richtigen Namen? Also Taufnamen?"

„Jérôme."

„Ha, wusst' ich's doch!"

„Was?"

„Du bist ein Franzose!"

„Ne, tut mir leid, Saarländer."

„Egal, liegt gleich nebenan. Also dann ... Au revoir, Jérôme. Bon voyage!"

Lachend laufe ich über die Straße. Bevor ich in meinem Haus verschwinde, drehe ich mich noch einmal zu Frozen François um.

„Wie finde ich dich auf FACEBOOK?!", ruft er.

„Unter Maria Cron"

„So wie der fiese Magenbitter?"

„Nein ! So wie der heilige Weingeist!"

Die schöne Frau aus dem Norden

Eines Tages kam mein Vater mit einem neuen Auto in Wolken-Omas Paradiesgarten. Die Frau, die er mitbrachte, war auch neu. Sie war groß, kräftig und so schön wie eine Königin aus den Göttersagen des Nordens. Ihr langes, blondes Haar trug sie glatt und zum dunkelblauen Minikleid bunte Riemchen-Sandalen. Sie hieß Freya. Der Name gefiel Wolken-Oma gar nicht, ich spürte Angst in ihrem Blick.

Im Winter darauf fand die Hochzeit statt. Am Abend kamen die Hochzeitsgäste zum Tanzen in Großmutters Haus. Ich durfte meinen kirschroten Strickrock als Rock und meinen schneeweißen Strickrock als Poncho anziehen. So tanzte Schneeweißchen mit Rosenrot. Als ich zwischen den Beinen der Erwachsenen herumsprang, spürte ich eine unbändige Energie. Meine Locken wirbelten durch die Luft und meine Strickröcke drehten sich um mich wie brennende Kreisel.

Am nächsten Morgen waren meine Spielsachen und meine Kleider in eine große Reisetasche gepackt.

Ich verließ mein Paradies tobend und schreiend, bis ich auf dem Rücksitz von Papas Auto erschöpft einschlief. Als ich aufwachte, fuhren wir an den großen Strommasten vorbei, hinein in die Stadt. Der Wind zerrte an den orangefarbenen Notenkugeln zum Schutz der Tiefflieger. Doch niemand spielte dazu ein Lied.

Es ist Weihnachten. Ganz Köln feiert unter geschmückten Christbäumen, Wunderkerzen und Gänsebraten das Fest der Liebe. Nur ich sitze alleine in meinem neuen Zuhause am „anderen Ufer der Straße". Da Hank, Johannes und ich nun in zwei verschiedenen Wohnungen leben, war das Unvorstellbare, Unfassbare geschehen: Hank hat für Heiligabend seine Eltern ein- und mich ausgeladen.

„Beides zusammen geht leider nicht", teilte er mir formlos per E-Mail mit.

Die Nachricht war niederschmetternd, ich konnte es mehrere Tage nicht wirklich glauben. Ich weiß, ich kann zu Weihnachten anstrengend sein. Denn ich bestehe darauf, dass noch vor der Bescherung aus der Heiligen Schrift vorgelesen wird. Oder zumindest aus den fünf Glücksweisheiten des Dalai Lama.

Immerhin hatte mir Hank noch eine Liste mit Johannes' Weihnachtswünschen an seine Weihnachtsabsage angehängt. Ich fand lauter Computerspiele darauf. „Diese Spiele sind ab 16!", rief ich ihn empört vom Media Markt an und schlug vor, doch lieber ein altersgerechtes Harry-Potter-Brettspiel zu kaufen.

„Damit fängt Johannes nichts an", erklärte mir Hank. „Er hat auf der letzten Gamescom einen Kurs für Computerspiele-Erfinder gemacht. Er ist mit seinem Know-how längst an den 18-Jährigen vorbeigezogen."

Mit der vernichtenden Erkenntnis in der Entwicklung meines Kindes den Überblick verloren zu haben, arbeitete ich die Liste ohne weiteren Widerspruch ab und machte einen letzten Anlauf, als ich die Geschenke bei Hank abgab: „Seid ihr sicher, dass ihr mich nicht dabeihaben wollt heute Abend?"

„Johannes hat Angst vor dir", sagte Hank und zuckte mit ehrlichem Bedauern die Schultern. „Er fürchtet sich vor deinen Anfällen."

„Ich habe Johannes noch nie etwas getan! Ich würde mir eher die Hände abschneiden, als mein Kind zu schlagen."

„Du hast zu Weihnachten sein Spielzeuggewehr zertrümmert."

„Das ist SECHS JAHRE her!"

„Der Schock sitzt aber immer noch tief."

Hank hatte recht. Jedes Szenario der Gewalt hinterlässt Spuren. Ich wiederhole meinem Kind gegenüber nicht nur die Geschichte meiner Mutter, sondern auch die meiner Stiefmutter, die ihre Gefühle auch nicht im Griff hatte. Wie ich.

Freya hatte ein gutes Herz und sie liebte Kinder über alles. Doch sie war selbst ein geschlagenes Kind und so gab sie die unverarbeiteten Schläge ihrer Kindheit an mich weiter. Ich fürchtete mich vor ihren großen Händen. Noch mehr jedoch fürchtete ich ihre Schere, der zu Weihnachten meine goldenen Locken zum Opfer fielen ...

Ich sitze auf dem Rand unserer Wanne und starre fassungslos auf meine Locken, die wie goldenes Herbstlaub auf die weißen Fliesen unseres Badezimmers fallen.

„Jetzt siehst du ordentlich aus“, sagt Freya zufrieden. „Nun wird dir das Christkind bestimmt viele schöne Geschenke bringen.“

Als ich in den Spiegel schaue, ist das wilde Mädchen aus Wolken-Omas Paradiesgarten verschwunden. Ich beginne zu weinen. Ich will nicht der fremde Bub in meinem Spiegelbild sein! Ich will auch nicht ins Museum, damit das Christkind den Baum schmücken kann. Ich will, dass das Christkind mich wieder mit in den Himmel zurücknimmt. Ich will so gerne ein Christkind-Helferengelchen sein!

Doch Papa zieht mich an seiner novemberkalten Hand durch die Säle des kunsthistorischen Museums, die wie Perlen einer Kette aneinandergereiht sind. Die Geschichten, die dort in vergoldeten Rahmen hängen, sind noch viel schrecklicher als mein eigenes Schicksal. Entsetzt starre ich auf das grausame Gemetzel des „Kindermordes von Betlehem": Eine Mutter fleht mit erhobenen Armen um Gnade für ihr Baby. Unbeeindruckt lässt der Soldat sein vor Blut triefendes Schwert durch die Luft sausen. Nur weil sein psychopathischer König Angst vor dem kleinen Jesuskind hatte.

Am Ende unseres schaurigen Rundganges durch die Bibel-Galerie führt mich Papa zu den griechischen Skulpturen im Untergeschoss des Museums. Die alten Figuren sind schon ziemlich verwittert. Vielen fehlen die Arme. Sie sind knapp unter den Schultern gebrochen. Vor der Skulptur einer schönen Frau mit verspielter Lockenfrisur falte ich meine Hände: „Liebes Christkind, verwandle Freya in eine griechische Skulptur ohne Arme! Dann kann sie mich nie wieder in einen braven Sängerknaben verwandeln."

Ich weiß nicht, ob das Christkind meinen Wunsch wirklich gehört hat. Aber etwas hat sich an diesem Abend verändert: Als mein Vater und ich von unserem Museumsbesuch nach Hause kamen, stand Freya in der Tür und stemmte die Arme in ihre Hüften: „Ich glaube, ich habe da eben noch etwas im Kinderzimmer gehört", sagte sie mit geheimnisvollem Lächeln.

„Ist das Christkind noch da?", rief ich, stürzte zur Kinderzimmertür und blieb wie angewurzelt an ihrer Schwelle stehen. Mitten in meinem Zimmer stand ein riesiger Christbaum im strahlenden Licht seiner brennenden Kerzen, geschmückt mit funkelnden Kugeln und Strohsternen. Seine Zweige bogen sich unter der Last von Schokoladenkugeln, Zuckerkringeln und Bonbons in bunt gefransten Papieren. Nie zuvor hatte mir das Christkind einen so prachtvollen Weihnachtsbaum gebracht! Unter den ausladenden Zweigen lagen bunt verpackt die Geschenke. Auch ein kleiner Kinderschreibtisch mit einem orangefarbenen Stuhl ... Doch ... oje! ... Der Sitz des Stuhls war gebrochen! Fragend blickte ich die Erwachsenen an.

„Das war das Christkind", erklärte Freya und wurde dabei ganz rot. „Der Baum war so groß, dass es beim Schmücken auf den Stuhl klettern musste und eingebrochen ist."

In diesem Moment fiel es mir wie Schuppen von den Augen: Das Christkind gab es gar nicht! Denn wenn es das Christkind gäbe, wäre es mit seinem Zauberstab um den Baum herumgeflogen, oder leicht wie eine Feder über die Äste des Baumes gesprungen. Freya musste den Christbaum geschmückt haben. Dabei war sie auf den orangefarbenen Stuhl gestiegen und dieser war unter ihrem Gewicht zerbrochen.

Der Fall war klar. Doch ich gab nicht zu erkennen, dass ich ihn durchschaut hatte. Denn neben der Enttäuschung darüber, dass es das Christkind in Wirklichkeit gar nicht gab, rührte sich etwas ganz Neues in meinem Herzen, ein aufkeimendes Gefühl für meine Stiefmutter. Während ich mir im Museum gewünscht hatte, sie sollte mit abgebrochenen Armen für immer versteinern, hatte sie Bonbons, bunte Kugeln und Wunderkerzen für mich in den Christbaum gehängt.

Plötzlich tat Freya mir leid. Ich erkannte in dem zerbrochenen Stuhl ihre eigene Zerbrechlichkeit und ihr Bemühen, mir eine gute Mutter zu sein. An diesem Abend kehrte etwas Frieden in unsere kleine neue Familie ein und als es Zeit war ins Bett zu gehen, sagte ich zum ersten Mal „Gute Nacht, Mama" zu ihr.

Ich vermisse Freya. Auch wenn wir schwere Zeiten miteinander hatten, so gab es doch immer wieder auch Momente der Zuneigung zwischen uns. Ich glaube, dass Freya ernsthaft um mich besorgt war. Sie wollte vermeiden, dass ich in Frizzis Fußstapfen trete. Sie wünschte sich für mich ein ruhigeres, ein geordnetes Leben. Doch der bürgerliche Rahmen, den Freya mir bot, war einfach zu klein.

Ich wollte im Frühling barfuß durch reißende Bergbäche laufen, mir im Sommer Blumen und bunte Bänder ins Haar flechten, im Herbst unter herabfallenden Sternschnuppen schlafen und im Winter rote Gummistiefel und Strumpflöcher tragen. Ich bestand darauf, meine Rechenaufgaben mit Buntstiften, statt mit schwarzer Tinte zu schreiben. Das alles machte meiner Stiefmutter Angst.

Freya war ein Kriegskind. Sie hatte zu viel Hunger erleiden müssen und zu viele Schläge bekommen. Viele Kinder dieser Generation hatten auch später nie eine Chance, Licht in ihre zerbombten Seelenräume fallen zu lassen. So wuchsen in den seelischen Abgründen der Kriegskinder all die unverarbeiteten Traumata zu Schmerzmonstern heran, die später mit ihren eigenen Kindern ihr Unwesen trieben.

Freya hat ihren Schmerz an mich weitergegeben. Immer wieder gibt es Momente, in denen er in mir erwacht und Feuer spuckt wie ein bösartiger Drache. Er ist stärker als meine besten Absichten. Ich kann nichts gegen ihn tun, wenn er zum Beispiel das Spielzeuggewehr meines Sohnes zertrümmert. Oder Hank einen Blumentopf hinterherwirft oder sich die eigene Stirn an der Wand blutig schlägt. Werde ich jemals in der Lage sein, dieses Monster in mir zu zähmen? Wo ist die Formel, um meine Wunden in duftende Rosen und meine Narben in schillernde Schmetterlinge zu verwandeln?

Von jenem Zimmer, das eigentlich für meinen Sohn vorgesehen war, versuche ich durch das kahle Geäst der Bäume einen Blick in das hell erleuchtete Wohnzimmer von Hank und Johannes zu werfen. Doch die Vorhänge sind zugezogen. Wahrscheinlich findet in diesem Moment die Bescherung statt. Es ist das erste Weihnachtsfest in meinem Leben ohne Christbaum und ohne Geschenke. Kurz bevor ich im tiefsten Selbstmitleid versinke, fällt mir eines der wirkungsvollsten Antidepressionsmittel unserer Zeit ein: Facebook. Immerhin habe ich dort 1158 Freunde! Kein Grund also, sich alleine und verlassen zu fühlen. Vielleicht hat ja jemand etwas Erbauliches gegen Weihnachtsverstimmung gepostet?

Hey! Fast hätte ich es übersehen: Frozen François hat mir vor vier Stunden Grüße aus Goa geschickt.

„Frohe Weihnachten, Maria! Wann kommst du? Du weißt ja, ich warte auf dich.

Alles Liebe, Jérôme alias Atmo Wadud“

Ein Rollator für Indien

An diesem unvergesslichen Weihnachtsabend geschahen noch zwei weitere Wunder:

Bevor ich Jérôme alias Atmo Wadud antwortete, checkte ich den Stand meines Kontos, das nun endlich vor Roccos Zugriffen geschützt war.

Ein österreichisches Frauen-Filmfestival hatte das Preisgeld für meine letzte Filmdokumentation überwiesen: „Frauen am Schandpranger männlicher Geschichtsschreibung". 1500 Euro! Genau im richtigen Moment! Und das Beste daran: Für Sterntaler und Filmpreise gilt gleichermaßen – sie müssen nicht versteuert werden. Vorsichtig begann sich die Tür nach Indien zu öffnen und bekam mit der nächsten Facebook-Nachricht den entscheidenden Kick ...

Eine befreundete Tibet-Aktivistin aus Stuttgart bot mir an, mich zu einer der berühmtesten Palmblattbibliotheken Indiens zu führen. In ihrer Reisegruppe zum „Vedischen Orakelspruch deines Lebens" war noch genau ein Platz frei. Der schicksalhafte Termin würde bereits am 2. Januar des neuen Jahres stattfinden.

Nun hatte ich sogar einen „soliden" Grund, mein Preisgeld in eine Reise nach Indien zu investieren. Denn neben dem abenteuerlich-romantischen Aspekt würde ich an der Seite einer schwäbelnden Charity-Lady endlich die wahre Bestimmung meines Lebens erfahren ...

FACEBOOK *Neue Nachricht von Maria Cron*

Lieber Jérôme (oder soll ich dich lieber Atmo nennen?),

ich komme tatsächlich nach Goa. Ich fliege am 1. Januar nach Mumbai, um mir mein Palmblatt lesen zu lassen. Danach geht es weiter nach Goa. Ich hoffe deine Gästematratze ist dann nicht anderweitig belegt.

Liebe Grüße, Maria

FACEBOOK *Neue Nachricht von Atmo Wadud*

Wow! Du kommst wirklich! Das ist fantastisch! Aber bitte sag' mir – damit meine Gästematratze auch rechtzeitig geräumt wird: Wann kommst du genau? Und vor allem:

Was kann ich mir unter einer Palmblattlesung vorstellen?
Liebe Grüße, Jérôme oder Wadud (Atmo geht gar nicht)

Vor etwa 5000 Jahren gewann der heilige Seher Rishi Bhrigu Einblick in die Akasha-Chronik – ein feinstoffliches Gebilde, das unseren Planeten, unser Universum, das All und den alles erschaffenden Raum umspannt. Wie auf einer gigantischen Festplatte soll hier das gesamte Weltengedächtnis gespeichert sein. Alles, was war; alles, was ist; alles, was sein wird.

Rishi Bhrigu sah darin auch die Lebensläufe von etwa 80.000 Seelen und schrieb diese in Alt-Tamil auf, einer heute nur noch Priestern und Eingeweihten geläufigen Sprache. Zwölf Palmblattbibliotheken gibt es in Indien, in denen das Schicksal jener Menschen niedergeschrieben ist, die sich innerlich dazu aufgerufen fühlen nach ihrem Palmblatt und somit nach dem Weg ihrer Seele zu suchen.

Als ich das erste Mal von den geheimnisvollen Palmblattbibliotheken in Indien hörte, war ich sofort fasziniert.

In wenigen Stunden ist es so weit. Der erste Tag des neuen Jahres ist nur ein paar Stunden alt und ich sitze bereits im Flieger nach Mumbai! Alles wäre perfekt, wäre da nicht diese fiese Migräne, die ich verzweifelt mit Aspirin C und Tigerbalsam zu bekämpfen versuche. Die Kopfschmerzen sind ein bitteres Lehrbeispiel für Ursache und Wirkung. Ich mache es jetzt kurz und schmerzlos und gerade heraus:

Als ich in Düsseldorf in den Flieger einstieg, war ich vollkommen bekifft. Und ich schwöre bei Gott und allen jungfräulichen Märtyrerinnen: So etwas ist mir seit dreißig Jahren nicht mehr passiert.

Dabei lief alles so gut zum Jahreswechsel! Ich hatte mit Johannes und Hank am Brüsseler Platz Leuchtraketen und Böller gezündet. Johannes war kaum zu bremsen und ich war glücklich, mein Kind so froh und außer Rand und Band zu sehen. Nachdem Hank und Johannes nach Hause gegangen waren, drehte ich noch eine Runde um den Häuserblock, um das Neue Jahr zu begrüßen ... und lief einem altgedienten Osho-Veteranen in die Arme, der auch einen beeindruckenden Sannyas-Namen vorzuweisen hat. Krishna war begeistert, als ich ihm von meiner kurz bevorstehenden Indienreise erzählte und lud mich zu einem kleinen Neujahrstrunk ein.

„Sorry", schlug ich die Einladung aus. „Aber ich habe nur noch ein paar Stunden, um meinen Koffer zu packen. Um 8.15 Uhr geht mein Flieger von Düsseldorf."

„Ein paar T-Shirts und einen Lungi, mehr brauchst du dort nicht! Außerdem könntest du für meinen alten Kumpel Wadud noch eine Packung Lupinenkaffee mitnehmen."

„Lupinenkaffee?"

„Ist was für ältere Herren mit Nebennierenproblemen."

Mit dem Lupinenkaffee hatte er mich. Außerdem wohnte Krishna nur drei Straßen weiter. Als ich ihm folgte, fielen vom Himmel die letzten Sterne des beginnenden Jahres herab.

„Wie wäre es mit einer Tantra-Massage?", fragte Krishna im Aufzug, der sich mit nerventötender Langsamkeit in die siebte Etage quälte. Stockwerk für Stockwerk wuchs meine Sehnsucht nach dem zerbeulten Rimowa-Koffer, der leer vor meinem Kleiderschrank wartete.

„Was genau ist eine Tantra-Massage?", fragte ich

interessehalber nach, doch da hatte der Aufzug sein Fernziel erreicht.

Neben Krishnas Bett erwartete mich eine Armee von ayurvedischen Massageölflaschen. An den Wänden hingen Poster mit den 55 beliebtesten Kamasutra-Stellungen. Zum Glück ließ Krishna die Sache langsam angehen und drehte sich erst einmal einen Joint, den er mir reichte: „Halte den Rauch so lange es geht in deiner Lunge. Dann hast du den größten Effekt."

Ich folgte seinem Rat ... und hing – schwups – an der für Kölner Verhältnisse reich dekorierten Stuckdecke. Also, mein Bewusstsein hing dort oben. Mein Körper lag noch da unten, hingestreckt auf dem goldenen OM einer indischen Zudecke.

„Komm, lass uns abhauen von hier", flüsterte jemand. Erstaunt drehte ich mich zu meinem Seelenanteil um, der vor wenigen Monaten aus Roccos Schlafzimmer in Hamburg-Billstedt getürmt war. „Du hier?", rief ich erfreut.

„Ich bin immer in deiner Nähe, du merkst es nur nicht. Komm, lass uns abhauen. Was dich hier erwartet, willst du gar nicht: wenig Massage für viel zu viel Sex."

„Du hast recht", sagte ich. Und schon schwebten wir durch die Weite des Universums. Unter mir drehte sich langsam der Erdball mit seinen geschäftigen, versklavten Bürgern darauf. Gehetzt irrten die Menschen durch die Straßen der Städte, rasten über Autobahnen und Highways, geisterten selbstentfremdet durch Kaufhäuser und Einkaufspassagen, kämpften um Anerkennung und Geld und ließen sich vom seelenlosen Geschehen ihrer Flatscreens betäuben. Eine vernebelte Kuppel spannte sich über den gesamten

Planeten, gewebt aus mentaler Verschmutzung. Der göttliche Segensfluss konnte den Planeten Erde nicht mehr erreichen.

„Wir haben die Nabelschnur zu unserem Ursprung verloren!“, flüsterte ich, schwer ergriffen von diesem Szenario, das sich mir hier offenbarte.

„Deshalb solltest du auch nicht länger deine Zeit hier verschwenden“, warnte mich mein verlorener Seelenanteil, „sondern schauen, dass du schleunigst nach Indien kommst. Dort hängt zwar noch mehr Smog in der Luft, aber es laufen wenigstens ein paar mehr Erleuchtete rum.“

„Okay“, sagte ich. „Aber wie komme ich von hier oben wieder runter in meinen Körper?“

Da hörte ich tief unter mir zwei männliche Stimmen. Sie sangen gemeinsam eine Arie aus dem Don Carlos. Wie eine Silberschnur zog mich ihr Gesang aus dem Weltall zurück ... In einem Tempo, als hätte ich in Google Earth eine Adresse eingegeben ... und schon fand ich mich unter der kunstvoll verzierten Zimmerdecke meines Gastgebers wieder. „Ella giammai m'amo ...“

Mit einem orangefarbenen Lungi um seine Hüften stand Krishna vor einem Notenständer und schmetterte zu einer CD von Placido Domingo die überaus tragische Arie „Sie hat mich nie geliebt, nein, ihr Herz blieb kalt“.

Und ich lag mitten in seinem goldenen OM und weinte bittere Tränen ... über die ergreifende Darbietung, den mentalen Zustand der Menschheit und darüber, dass meine Klamotten überall verstreut im Zimmer herumlagen. Es war bereits 5.15 Uhr.

„Um 8.15 Uhr geht mein Flieger nach Indien!“, rief ich

voller Panik, raffte meine Kleider zusammen und rannte aus dem tantrisch-tragischen Opernszenario davon.

Zu Hause rief ich, noch während ich kopflos Klamotten und andere Lebenszutaten in meinen Koffer schmiss, den Kölner Taxifunk an ... Bücher, Nahrungsergänzungen, Schilddrüsenhormone, alleine mein Kosmetikbeutel wog schon drei Kilo ... Hoffentlich wartete das Taxi auf mich, der Fahrer hatte bereits vor zehn Minuten geklingelt!

Mein Aufzug aus Zeiten des Wirtschaftswunders hätte mich sicher blitzschnell ins Parterre gebracht, doch irgendeine Schnapsleiche musste ihn heute Nacht vollgekotzt haben. Also schleppte ich den Rimowa zu Fuß die fünf Stockwerke hinunter.

In der 3. Etage legte ich eine Pause ein. Meine angeschlagene Lunge war das Inhalieren von Drogen nicht mehr gewöhnt. Mein Blick fiel auf Frau Reichels Rollator. Vor einem Monat war die alte Dame gestorben. Nun lebte ein junges, sympathisches Paar mit Baby in dieser Wohnung. Doch Frau Reichels Rollator stand immer noch da. Kurzerhand beschloss ich, den Rollator mit nach Indien zu nehmen. Als Hilfslieferung für eine arme Inderin oder einen gehbehinderten Inder. Oder einfach als Bußgeld für diese Nacht. Doch spätestens im Erdgeschoss wurde mir klar, dass mir für meinen Sündenablass heute die nötige Puste fehlte. Also verstaute ich Frau Reichels Rollator im Heizungskeller und versprach hoch und heilig, ihn bei nächster Gelegenheit mit nach Indien zu nehmen.

Vor dem Haus wartete ewig kein Taxi mehr. Empört rief ich den Taxifunk an, landete jedoch diesmal in einer Endlosschleife. Verzweifelt setzte ich mich auf den Rimowa. Der Flieger nach Mumbai würde nun definitiv ohne mich fliegen.

Da bog ein alter Mercedes mit Flower-Power-Bemalung um die Ecke ...

„Ich dachte mir schon, dass du Probleme haben wirst!" Lachend stieg Krishna aus und lud mein Gepäck in den Kofferraum. „Ich bin zehn Jahre Taxi gefahren. An Neujahr sind alle Taxis in Köln mit Schnapsleichen belegt."

Während wir durch den knöchelhohen Müll, den das Silvesterfest auf den Straßen der Rheinmetropole hinterlassen hatte, in Richtung Flughafen Düsseldorf fuhren, ging mit einem „Pling" der erste Neujahrsgruß auf meinem Handy ein ...

FACEBOOK *Neue Nachricht von Atmo Wadud*

Hi Maria! Schon auf dem Weg zum Flughafen? Wie war Silvester? Hast du die Nacht gut überlebt?

FACEBOOK *Neue Nachricht von Maria Cron*

Und wie! Johannes hat den Himmel mit explodierenden Sternen gepflastert.

FACEBOOK *Neue Nachricht von Atmo Wadud*

Wer ist Johannes?

FACEBOOK *Neue Nachricht von Maria Cron*

Mein Sohn. Er ist 12, lebt zurzeit bei seinem Vater und war der Oberzündler vom Brüsseler Platz.

FACEBOOK Neue Nachricht von Atmo Wadud
Das klingt gut. Mein Kleiner wird es später bestimmt auch krachen lassen.

FACEBOOK Neue Nachricht von Maria Cron
Du hast auch einen Sohn??? Wie alt ist er? Hat „dein Kleiner" auch einen Namen?

Gerne hätte ich noch vor meinem Abflug Klarheit über die Familienverhältnisse meiner REWE-Eroberung gewonnen, doch Waduds Antwort blieb leider aus.

Vielleicht gelingt es mir ja nach meiner Ankunft in Indien noch schnell online zu gehen ...

In Wahrheit bin ich ein Mann

Am Flughafen von Mumbai werde ich freudestrahlend von meiner Tibet-Kollegin aus Stuttgart empfangen. Sie ist groß, stämmig, blond und ihr Name ist Magda.

Magda ist eine pensionierte Reiseleiterin, die mit halsbrecherischem Aktionismus Hilfsgüter an die Armen der Welt verteilt und mit fanatischer Hingabe die Reichen des Westens durch die Palmblattbibliotheken Indiens schleust. Feierlich legt sie mir zur Begrüßung eine weiße tibetische Glücksschleife um den Hals. Ich lächle gequält. Tibetische Glücksschleifen sind aus Polyester und verursachen in klimatisch überhitzten Regionen Pickel am Nacken. Außerdem habe ich seit drei Jahren keinen Platz mehr in meinem Kleiderschrank, weil man als „Mutter Theresa des

Himalaya“ bei jeder Gelegenheit tibetische Glücksschleifen umgehängt bekommt. Es würde schlechtes Karma erzeugen, sie zu entsorgen. Sie sind auch nicht recycelbar und ich weiß einfach nicht mehr wohin mit den Bergen an weißem Polyester. Eine Tafel weißer Schokolade wäre mir als Willkommensgeschenk lieber gewesen – der folgenschwere Lungenzug an Krishnas Wundertüte hat mich nicht nur ins Universum gebeamt, sondern auch meinen Cannabinoid-Spiegel mächtig erhöht. Ich habe Heißhunger auf weiße Nougatpralinen!

„Du siehst schrecklich aus“, sagt Magda offen heraus. „Wir werden erst einmal frühstücken.“

Im Hotel gibt es Rührei, Chapati, klebrige Orangenmarmelade und eine schwer verdauliche Geschichte von Magda ...

„Ich möchte dir gerne erzählen, warum ich dich eingeladen habe, dein Palmblatt zu finden“, eröffnet sie feierlich ihre Rede. „Du musst nämlich wissen ... Wir kennen einander aus einem früheren Leben.“

„Tatsächlich?“, rufe ich ehrlich erfreut.

„Aus unserer gemeinsamen Zeit mit Jesus.“

Erwartungsvoll blickt Magda mich an: „Erkennst du mich jetzt?“

Leider muss ich passen. Zwar habe ich als Kind Bibelgeschichten in Folgen geträumt, aber an eine opal-blondierte Magda kann ich mich in diesem Zusammenhang nicht mehr erinnern.

„Du ahnst also nicht, wer ich bin?“, fragt Magda weiter.

„Es tut mir leid, Magda. Aber 2000 Jahre sind eine sehr lange Zeit. Da liegen viele andere Leben dazwischen.“

Sie lächelt verständnisvoll und legt ihre Hand auf meine: „Dann ist jetzt der Zeitpunkt gekommen, dass du es erfährst."

Migräne, Jetlag, erhöhter Cannabinoid-Spiegel – dies ist wahrlich kein guter Zeitpunkt für eine Privatoffenbarung. Doch Magda ist nicht mehr zu bremsen ...

„Ich bin's, Maria Magdalena. Die Geliebte von Jesus. Ich bin ihre Reinkarnation."

Mir bleibt das Rührei im Hals stecken. Eine übergewichtige Rentnerin aus Villingen- Schwennigen soll die Wiedergeburt der ersten Apostelin des Christentums sein? Der bedeutendsten Jüngerin Jesu? Der großen Mystikerin und Evangelistin?

Doch Magda liefert knallharte Beweise: „Erstens – mein Name. Was fällt dir da auf?"

„Die phonetische Nähe zu Magdalena?"

„So ist es. Maria Magdalena wurde als schlichte ‚Magd des Herren' wiedergeboren, damit ich mein Leben nun den Armen der Welt hingebe."

„Deine Entscheidung, Magda. Du musst das nicht tun. Vor allem: Was hat das mit Maria Magdalena zu tun?"

„Hätte ich eine Tochter bekommen, hätte ich sie Lena genannt: Magda-Lena! Alles, was uns in diesem Leben begegnet, soll uns an frühere Reinkarnationen erinnern."

„Es tut mir leid, Magda, aber ich empfinde diese Beweislage als ... ähm ... etwas dünn."

Das interessiert Magda nicht. So wie auf den mittelalterlichen Märkten Europas mindestens 25 rothaarige Magdalena-Zöpfe, hunderte Salböl-Fläschchen und in Massen produzierte Stofffetzen ihres Büßergewandes auftauchten, sprießen heute im feuchtwarmen Klima der Eso-Szene die Maria-Magdalena-Reinkarnationen aus dem Boden wie Pilze im Spätsommer. Sie schreiben Bestseller über ihr Liebesleben mit Jesus, treten mit schlecht sitzenden Kostümen in Talkshows auf und bringen noch mehr Nebel in die ganze Geschichte.

Magdas Offenbarung ist also nichts Neues für mich. Doch um ihre religiösen Gefühle nicht zu verletzen, behalte ich meine Zweifel für mich. Außerdem bin ich viel zu beschäftigt mit der Frage, ob ich eine der 80.000 „Auserwählten" sein werde, für die in der Palmblattbibliothek ein Schicksalsblatt bereitliegt. Die Bibliothek muss riesig sein. Bestimmt wurde sie aus uralten Tempelsteinen gebaut ...

Über die Außenstiege eines gesichtslosen indischen Mietshauses steigen wir zu einer der bekanntesten Palmblattbibliotheken Indiens hoch und nehmen im engen Warteraum Platz. Ein Ambiente, das nach meinem Empfinden eher zu einer ayurvedischen Hinterhofpraxis passt. Wir werden freundlich gebeten, auf das Medium zu warten – auf den Gelehrten, der die Sprache der Rishis beherrscht und die Prophezeiungen des Palmblattes auslegen kann. Was, wenn das Medium befindet, ich sei seelisch nicht reif genug oder moralisch zu verkommen für mein Schicksalsblatt? Ich wäre nicht die Erste, die ohne Palmblattlesung wieder nach Hause geschickt wird. Vielleicht wird der Seher sogar einen hellsichtigen Blick in das Szenario meiner Silvesternacht werfen und Licht in das Geschehen auf Krishnas Decke bringen. Ganz ehrlich, am liebsten würde ich davonlaufen.

„Hab keine Angst", sagt Magda und legt beruhigend ihre Hand auf die meine.

„Ich muss dir etwas gestehen“, flüstere ich mit zitternder Stimme. „In der Silvesternacht ist etwas geschehen, was ich jetzt bitter bereue.“

„Hattest du Sex?“, fragte Magda ganz ohne Umschweife.

„Ich weiß es, ehrlich gesagt, nicht so genau.“

„Wie bitte?“

„Ich hab was geraucht.“

„Du hast DROGEN genommen!?“

Magda ist so entsetzt, dass mir nichts anderes übrig bleibt, als ihr die ganze Geschichte zu erzählen ...

„Wir werden diese Biester in den Griff kriegen“, sagt Magda entschlossen.

„Welche Biester?“, frage ich beunruhigt.

„Die bösen Kräfte, die uns von unserem spirituellen Wachstum abhalten. Sie kennen unsere Schwachpunkte. Dein Schwachpunkt sind die Männer.“

„Und deiner der haltlose Verzehr von Nougatpralinen“, hätte ich gerne gekontert, da steht das schriftgelehrte Medium vor uns und bittet mich, ihm in sein Arbeitszimmer zu folgen. Auch Magda packt ihre Sachen zusammen.

„Sorry, Magda, aber ich würde mir mein Reading lieber unter vier Augen anhören.“

„Ich komme mit. Du wirst kein Wort von seinem indischen Englisch verstehen.“

Da Magda mein Geburtsdatum im Vorfeld des Readings an das Medium vermittelt hat, dauert die Suche nach meinem Palmblatt nicht lange. Das Medium verschwindet im Hinterzimmer seines Büros und kommt wenige Minuten später mit mehreren länglich gebundenen Schrifttäfelchen zurück. Unter diesen gilt es nun zu sondieren.

Das Medium stellt mehrere Fragen zu meiner Familie und kreist auf diese Weise das richtige Palmblatt ein. Schließlich liegt das Buch meines Lebens aufgeschlagen vor mir, der gelehrte Seher beginnt darin zu lesen und Magda übersetzt sein in der Tat nahezu unverständliches Englisch ...

„Du musstest viel Leid in deiner Kindheit erfahren."

Ich nicke zustimmend.

„Aber genau das hat dich zu dem gemacht, was du heute bist. Einsamkeit ist der beste Katalysator, um Bücher zu schreiben. Eine Ehe ist deshalb nicht vorgesehen in deinem Leben."

„Was!?"

„Dein Lebensglück liegt nicht in einer Liebesbeziehung."

„Das ist aber traurig. Finden Sie nicht?"

„Kein Problem. Du bist geübt darin, mit Kummer umzugehen."

Ich atme tief durch.

„Okay ... Und wie steht es um meine Finanzen? Tritt da irgendwann Besserung ein?"

„Die nächsten beiden Jahre werden deine Ressourcen noch knapp sein. Danach kommt Überfluss in dein Leben. Diesen wirst du jedoch wieder an Arme und Bedürftige abgeben."

„Besteht denn die Möglichkeit, dass von dem erwähnten Überfluss mal etwas bei mir hängen bleibt? Ich würde mich gerne mal ein bisschen ausruhen und an meine Altersvorsorge denken."

„Du wirst bis ins hohe Alter hart arbeiten."

„Ich möchte dabei aber nicht immer ausgenutzt werden."

„Die Ursache dafür ist in einem deiner Vorleben zu finden. In einem europäischen Land ... Es könnte Frankreich gewesen sein. Du warst eine reiche Fürstin oder Ähnliches, die ihre Untertanen hungern ließ."

Beschämt senkte ich meinen Kopf: Es ist also meine Schuld, dass ich stets am Rande des Dispokredits lebe.

„In diesem Leben hast du schon viel Gutes getan, um Ausgleich zu schaffen", muntert mich das Medium auf. „Und du wirst noch mehr Gutes in dieser Welt tun."

Magda nickt euphorisch. Während ich nicht sooo begeistert über die Nachricht bin.

„Ich habe über meinem Altruismus mein eigenes Kind vernachlässigt. Nun will mein Sohn nichts mehr von mir wissen. Gibt es eine Chance, sein Herz wieder zurückzugewinnen?"

„Irgendwann wird er verstehen, dass du keine Mutter im klassischen Sinne für ihn sein konntest."

„Warum?", frage ich betroffen.

Hätte ich mir doch bloß diese Frage erspart und somit die schrecklichste Offenbarung des Tages ...

„Weil du in Wahrheit ein Mann bist. Ein Mann im Körper einer Frau. Darum wirst du auch bis an dein Lebensende weiter hart arbeiten können."

In der Rikscha zu unserem Hotel tröstet mich Magda: „Du warst auch damals ein Mann."

„Wann?"

„Als ich Maria Magdalena war! Da warst du ein Mann."

„Vielleicht Jesus?“, fragte ich erschöpft, mit einem kleinen Fünkchen Hoffnung.

„Nein“, sagt Magda und schüttelt bedauernd den Kopf. „Du warst nicht Jesus. Du warst Johannes. Johannes der Täufer.“

Rums! Vor meinem geistigen Auge tauchen die Gemälde vom abgeschlagenen Kopf des Täufers auf, die mich schon als Kind entsetzten, als mich mein Vater durch das Kunsthistorische Museum zog.

„Wie kommst du denn darauf? Nie im Leben bin ich Johannes der Täufer gewesen!“

Doch Magda hat wieder mal handfeste Beweise auf Lager: „Und warum hast du dann deinen Sohn Johannes genannt?“

„Verzeih, Magda, aber das beweist doch nichts. GAR NICHTS.“

„Schau dich doch an! Du bist so dürr wie ein indisches Suppenhuhn! Johannes, der Täufer, hat sich auch nur von Heuschrecken und wildem Honig ernährt.“

„Ich lebe vegan! Nicht einmal Rex bekommt Heuschrecken zu fressen!“

„Wer ist Rex?“

„Die australische Echse meines Sohnes. Ich habe ihm verboten, sie mit Heuschrecken zu füttern! Johannes hat also überhaupt nichts mit dem Täufer zu tun!“

Zurück im Hotel packe ich meine Sachen. Ich muss hier so schnell wie möglich verschwinden. Ich fliege nach Goa. Sofort.

Die erfrorenen Tränen

Die Unruhe des Meeres wirft berauschende Träume an Land. Leise raschelt der Wind im Moskitonetz, das sich wie eine Kaskade aus Wasser auf mein Bett ergießt. Breit genug für eine Liebesgeschichte wäre es ja. Doch die Rishis haben diese vor 5000 Jahren leider nicht in mein Palmblatt geschrieben und so war mit Frozen François nicht einmal ein Minztee in Arambol drin ...

Kurz vor meinem Weiterflug nach Goa wollte ich Wadud vom Flughafen aus über meine bevorstehende Ankunft in Arambol informieren. Dummerweise habe ich zuvor noch seine Antwort auf meine Neujahrsfragen gelesen.

„Mein Kleiner ist fünf und heißt Anan“, schrieb er. „Weißt du schon, wann du ankommst in Goa?“

Anan. Der Name des Kindes löste ein Donnergrollen in meiner Magengrube aus.

„Ungewöhnlicher Name“, schrieb ich betont harmlos zurück, innerlich betend, dass in Köln mehrere 5-jährige Jungs mit dem Namen Anan rumlaufen würden. Doch der Blitzschlag kam prompt und schlug mit voller Wucht ein: „Seine verstorbene Mutter hat allen ihren drei Kindern außergewöhnliche Namen gegeben“, schrieb mein Flirt vom REWE zurück.

Bumm. Peng. Krach. Atmo Wadud war also der Vater des kleinen Anan. Der dritte Vater von Sophies Kindern, den ich als Einzigen nie kennengelernt hatte.

Zumindest nicht, als Sophie noch lebte. Nie hätte ich mich an einen ihrer Männer gewagt, ob Ex oder aktuell! Es wäre anmaßend gewesen! Ich meine, welche Frau hätte schon mit Sophie mithalten können? Am wenigsten ich! Denn ich bin ja wie alle jetzt wissen, in Wahrheit ein Mann. Außerdem leide ich unter Flugangst und es schien mir in diesem Moment lebensgefährlich, zu einem von Sophies Exmännern zu fliegen. Bestimmt würde die Maschine nach Goa abstürzen! Weil auch ich ein Schmetterling bin und dabei auch noch dasselbe Beuteschema wie Sophie verfolge ...

Da aber mein Rimowa bereits eingecheckt war, musste ich wohl oder übel mit schlotternden Knien in die AI 576 einsteigen. Daher handelte ich mit den höheren Mächten einen wahrlich schmerzhaften Deal aus: Würde mich der Flieger wohlbehalten in Goa absetzen, würde ich NICHT in das Paarungsparadies Arambol fahren, sondern mich irgendwo an einem möglichst einsamen Ort vor dem schönen Franzosen verstecken. Schade eigentlich. Ich hätte ihn gerne mal in einem aufgetauten Zustand gesehen.

Doch wenn ich etwas vereinbare, dann ziehe ich es auch gnadenlos durch. Also nahm ich mir nach der Ankunft in Goa am Flughafen ein Taxi, fuhr statt in den pulsierenden Norden in die Stille des Südens und bezog noch in dieser Nacht eine Hütte an einem einsamen Strand.

Durch die undichten Ritzen des Daches gießt der Mond nun sein uraltes Licht in mein aus Palmblättern gewebtes Haus.

Bevor ich mich ernsthaft fragen kann, was ich hier eigentlich tue, falle ich in einen komaähnlichen Schlaf. Den hatte ich nötig.

Frühmorgens wache ich vom Geräusch indischer Gaskocher und dem Duft von löslichem Pulverkaffee auf. Ich binde mir einen Lungi um und trete auf meine kleine Veranda. Die Fischer kehren von ihrer Jagd nach den Schätzen des Meeres zurück.

Als die Sonne aufgeht, beginnen die Palmen zu leuchten. Mein Häuschen ist das schönste unter neun Hütten, die großzügig um ein kleines Strandcafé angelegt sind. Ich bestelle zum Frühstück Milchkaffee mit Papaya.

Wenig später liege ich im Wasser des Arabischen Ozeans und lasse mich von der Bewegung der Wellen in ein neues Lebensgefühl einstimmen. Was tue ich hier? Es gibt nichts zu tun und ich weiß auch nicht, was ich hier eigentlich tue oder tun soll. Und da ich dagegen nichts tun kann, höre ich auf, etwas zu tun und daran zu denken, dass ich vielleicht doch etwas tun sollte ... und gleite sanft von einer sanften Strömung getragen in einen neuen Bewusstseinsraum ... Ein Schwarm bunter Fische schwimmt durch den Himmel. Leise blökend ziehen Wolkenschafe durch das Meer. Oben ist unten und unten ist oben. Alles ist eins. Ich bin der Himmel. Ich bin das Meer. Auf den Wellen träumt eine Frau in einem roten Badeanzug ihr Leben. Sanft tragen sie die Wellen an Land.

Dort bleibe ich noch eine Weile im Sand liegen und lasse meine Füße von den auslaufenden, weißen Schaumkronen umspülen ... warmer Schnee schmilzt auf meiner blassen Winterhaut ... Schneeflöckchen, Weißröckchen ... Eine alte, längst vergessene Erinnerung kehrt zu mir zurück ... Schneeflöckchen, Weißröckchen ... von weither aus einer Zeit, in der ich unter Wolken-Omas Schutz lebte ...

Es ist Winter und die orangefarbenen Kugeln der Stromleitungen tragen nun weiße Mützchen aus Schnee ... Schneeflöckchen, Weißröckchen ... Auf meiner froschgrünen Flöte spielt Wolken-Oma Weihnachtslieder von den schwarzen Notenlinien herab.

Wir fahren wieder in die hell erleuchtete Stadt hinter den Bergen, wo das Christkind mit seinen Helferengelchen einen großen Markt aufgebaut hat.

Staunend schwebe ich an Großmutters Hand vorbei an Verkaufsständen mit glitzernden Weihnachtskugeln und lachenden Strohsternen. Strahlend berührt die Spitze des Rathausturmes den Himmel und die Bäume im Park tragen Reifröcke aus Licht. Meine Nase erkundet den Duft von Spekulatius und Lebkuchenherzen. In meinem Mund schmilzt weiße Watte zu Zucker.

„Schau, Oma!", rufe ich und laufe in Richtung eines vereisten Springbrunnens. „Das Schloss der Schneekönigin!"

Da tritt hinter dem leuchtenden Eis das Christkind hervor.

Eine zierliche Frau kommt auf uns zu. Mit goldenen Locken, die ungezähmt unter ihrer weißen Schneemütze hervorspringen.

„Mama!", rufe ich.

Erschrocken bleibt die Frau mit den goldenen Locken stehen und schaut mich mit großen, traurigen Augen an. Wie ein Reh, das ein Rascheln im Brombeerstrauch aufgeschreckt hat.

„Mama!"

Ich reiße mich von Wolken-Omas Hand los und laufe dem Christkind mit ausgestreckten Armen entgegen. Doch die schöne Frau mit den goldenen Locken dreht sich schnell um und läuft vor mir davon. Weinend stehe ich vor dem gefrorenen Springbrunnen. Und auch die Tränen auf meiner Haut werden zu Eis.

Unter der aufgehenden Sonne Goas schmelzen die erfrorenen Tränen meiner Kindheit dahin. Ich weine um den Verlust meiner Mutter. Um Großmutters Paradiesgarten. Und um meine unglückliche Kindheit. Meine Tränen mischen sich mit dem Sand ... mit dem Meer ... die Wellen nehmen mein Weinen in ihre Arme.

Ich weine ... ich weine ... und weine ... Dann schlafe ich ein.

Im Traum kommt mir meine Mutter über den Strand entgegen. In einem langen, weiß-orangen Kleid. Bei jedem Schritt klingen Glöckchen an ihren feinen Silbersandalen ... Schneeflöckchen, Weißröckchen ... Summend setzt sie sich zu mir in den Sand und streicht mein nasses Haar aus dem Gesicht. „Es tut mir so leid, meine kleine Zazie. Ich wollte das alles nicht."

„You should better go out of the sun", höre ich eine fremde Stimme.

Vorsichtig öffne ich meine Augen. Ein Mann mit langen, hellblonden Haaren und strahlend blauen Augen hat sich schützend vor die Sonne gestellt, die bereits im Zenit steht. Benommen richte ich mich auf.

„Otherwise you take this." Der Fremde reicht er mir eine Flasche mit Tiroler Nussöl.

„Kommst du aus Österreich?", frage ich immer noch wie im Traum.

„Tirol."

„Seltsam."

„Warum?"

„Meine Mutter war auch Tirolerin. Gerade habe ich von ihr geträumt."

„Du hosch' goar kan Dialekt."

„Ich habe schon als Kind Hochdeutsch gesprochen. Ich wollte immer ans Nordmeer auswandern. Ins Reich der schönen Schneekönigin ... und jetzt lebe ich schon seit 25 Jahren in Deutschland."

„Hoscht Luscht, tamma zomma wos essen?"

Freundlich reicht mir mein Landsmann die Hand. Dankbar lasse ich mich von ihm aus meinem verebbenden Tränenmeer ziehen.

„Haben die W-LAN hier?", frage ich, als ich am starken Arm des Tirolers durch den warmen Sand in Richtung Strandcafé wanke. „Ich muss nämlich dringend eine Verabredung in Arambol absagen."

FACEBOOK *Neue Nachricht von Maria Cron*

Lieber Wadud,

wenn ich an dich denke, öffnet sich mein Leben zu einem Raum ohne Grenzen.

Und doch kann ich nicht nach Arambol kommen.

Ich kannte Sophie. Sie war unsere Nachbarin. Ich habe mich immer gefragt, wer der Vater des kleinen Anan ist. Jetzt weiß ich es. Es macht mir Angst. Ich kann einfach nicht mit Sophie mithalten. Außerdem muss ich morgen ohnehin wieder nach Deutschland zurück. Es tut mir leid. Ich hoffe, du bist mir nicht böse. Bitte warte nicht länger auf mich.

Alles Liebe, Maria

Ich muss tatsächlich zurück. Das Finanzamt hat Freddes Schätzung bestätigt.

Und der hat mir natürlich sofort eine E-Mail nach Indien hinterhergeschickt.

Die Höhe meiner Steuerrückzahlung fühlt sich an wie ein Achttausender. Keine Ahnung wie ich diesen Berg bewältigen soll.

Dr. Sonnfrieds Ökotensor

Sehr geehrte Mieter und Mieterinnen,

*ich möchte Sie höflich darauf aufmerksam machen, dass dies ein kinder***freundliches** *Haus ist. Umso schockierender ist nun die Tatsache, dass der Kinderwagenuntersatz der Familie Schmitz aus dem Hausflur verschwunden ist und erst nach tagelanger Suche im Heizungskeller wiedergefunden wurde! Wer sich durch Kinderwägen, Roller oder Dreiräder gestört fühlt, sollte wissen: KINDER sind in diesem Hause WILLKOMMEN! Gez. Frau Sommer, Ihre Vermieterin und neuerdings auch Baumpatin der Linde vor unserem Haus.*

Am liebsten würde ich jetzt den Aufzug anhalten und mein Leben noch einmal retour laufen lassen ... bis zu jenem Moment, als ich in meiner durchkifften Silvesternacht Frau Reichels Rollator mit dem heiligen Versprechen im Keller versteckte, ihn bei nächster Gelegenheit nach Indien mitzunehmen und an einen gehbehinderten, armen Menschen zu verschenken ... ohne zu checken, dass der Rollator offenbar ein KINDERWAGENUNTERSATZ war!

Frau Sommer hat ihren Aushang genau in die Mitte des Aufzugspiegels geklebt. Auf Augenhöhe. Bestimmt fragt sich jetzt jeder im Haus: WER ist dieser asoziale Kinderfeind in unserer Mitte? Jeder verdächtigt jeden. Die Stimmung muss übelst vergiftet sein.

Ich muss die Sache unbedingt aufklären. Doch zunächst habe ich ganz andere Sorgen. Im Briefkasten lag die erste Abbuchungsmitteilung vom Finanzamt. Ich muss am Ende des Monats 14.653 Euro auf meinem Konto bereithalten.

Seit 25 Jahren zahle ich Steuern und stelle mir bei jeder Abbuchung stolz vor, Kindergärten, Schulen und andere staatliche Einrichtungen mitzufinanzieren, die ein gesellschaftliches Leben in diesem schönen Land möglich machen. Nun muss ich zum ersten Mal passen. Wie aber erklärt man das seinem Finanzamt?

„Sehr geehrte Sachbearbeiter des Finanzamtes Köln-Mitte, es tut mir leid, Ihnen mitteilen zu müssen, dass ich meine Finanzgeschäfte einem Anwalt anvertraut habe, der sich – anstatt Rücklagen für die Steuer zu schaffen – an meinen Staatsressourcen bediente ...“

Vergeblich suche ich, wie wahrscheinlich viele Bürger, im Briefkopf des Bescheides nach einer E-Mail-Adresse. Doch die armen Sachbearbeiter scheinen sich mittlerweile vor der Post verzweifelter Steuerzahler abgrenzen zu müssen. Irgendwo sitzt ein Wurm im System, der an der Mitte unserer Gesellschaft nagt. Ich sollte mir mal im Gesprächskreis der „Anonymen Insolvenzler“ die Geschichten anderer Menschen anhören. Man schämt sich in Deutschland über

Geldprobleme zu reden! Dieses Land gilt als eines der reichsten der Welt. Das Thema Armut ist tabu. Jeder hält nach außen hin die Fassade. Die glänzenden Internetauftritte der Selbstständigen erzählen davon, wer wir gerne wären, nicht aber von den Gedankenschleifen unserer schlaflosen Nächte: Wo kommt der nächste Auftrag her? Wird die Firma, für die ich gerade ein Projekt entwickle, bei Abgabe auch zahlen? Wird meine Generation überhaupt eine Rente bekommen? Und was wird, wenn ich irgendwann ein Zahnimplantat brauche? Und schließlich: Kann ich die Apothekenquittungen für meine Johanniskrauttropfen auch beim Finanzamt einreichen? Grund der Ausgabe: „Erhaltung der Arbeitskraft". In einer Randnotiz wäre hier noch zu erwähnen, dass Johanniskraut ein wirksames Hausmittel gegen Depression ist – nur so als Tipp für meinen Sachbearbeiter. Es muss nämlich ganz schön deprimierend sein, insolventen Bürgern den „Kuckuck" an ihre Familienkutsche Baujahr '89 zu kleben – mit dem Wissen, dass von zehn deutschen Großkonzernen neun ihre Niederlassungen in Steueroasen haben.

Hätte ich doch bloß mein Preisgeld auf das Steuerkonto geschoben, anstatt nach Indien zu fliegen! Andererseits MUSS ich als Autorin ab und zu auch mal etwas erleben! Die Lebensbiografie meines Sachbearbeiters beim Finanzamt würde wohl kaum einer lesen wollen. Außer er könnte uns plausibel erklären, warum dieser Staat seine Mittelschicht gegen die Wand fährt, anstatt die fetten Haie zu jagen.

Ich beschließe also, Dr. Sonnfried Groß anzurufen, seines Zeichens Insolvenzberater.

Meine beste Freundin Walter vermittelte mir den Kontakt. „Er ist viel mehr als nur ein Meister der Zahlen."

„Wie meinst du das?"

„Ruf ihn an. Dann wirst du es schon sehen."

Dr. Sonnfried Groß schlägt vor, sich im Stadtgarten-Café zu treffen.

„Warum nicht in Ihrer Kanzlei?", frage ich verwundert.

„Weil ich gerne ein Experiment mit Ihnen wagen würde. Keine Sorge. Sie müssen für diese Beratung auch nichts bezahlen."

In einer stillen Ecke des Lokals lege ich dem jungen, sehr attraktiven Juristen mit hochrotem Kopf meine Schuldentabelle vor, in der alle Zahlungen gelistet sind, die mich in den nächsten Monaten erwarten. Ich komme auf schwindelerregende 50.000 Euro. Zu meinem Erstaunen holt Dr. Sonnfried Groß keinen Taschenrechner aus seiner Aktentasche, sondern eine Wünschelrute.

„Das ist ein Ökotensor", verbessert er mich. „Damit werden wir jetzt austesten, wie Sie am schnellsten wieder zu Geld kommen. 50.000 Euro sind für einen kreativen Menschen wie Sie doch kein Grund in Privatinsolvenz zu gehen."

Auf einem Bogen Papier schreiben wir alle meine Möglichkeiten nieder: Ein neues Buch, ein neuer Dokumentarfilm, weitere Imagefilme, Vorträge und Multivisionen.

Über dem „neuen Buch" schlägt der Ökotensor am stärksten aus.

„Ich soll also ein neues Buch schreiben?"

„Ja. Am besten gleich einen Bestseller."

„Für einen Bestseller braucht man ein Thema."

„Sie haben ein Thema, das mehr als 70 Prozent der Deutschen schlaflose Nächte bereitet."

„Geld?"

„Geld!"

„ICH soll ein Buch über GELD schreiben?!"

„Nein. Über Urvertrauen. Die Ursache für Geldmangel liegt meistens in einem Mangel an Urvertrauen ... Wagen Sie ein Experiment mit mir! ... Schließen Sie Ihre Augen."

Ich folge seiner Aufforderung hoffend, es möge jetzt bloß niemand das Café betreten, der mich kennt. Hank hat mich vor einigen Wochen gebeten, das Umarmen von Bäumen auf die andere Rheinseite zu verlegen, um unseren Sohn vor Hänseleien auf dem Schulhof zu schützen.

„Spüren Sie Ihren Atem", spricht Dr. Sonnfried Groß mit ruhiger Stimme. Das geht ja gut los. „Atmen Sie in Ihren Unterleib. Bis in Ihr Steißbein. Weiten Sie mit jedem Atemzug den Raum Ihres ersten Chakras, auch Wurzelchakra genannt. Spüren Sie die Energie? ... Lassen Sie nun von dort aus Wurzeln in die Erde hineinwachsen ... Spüren Sie, wie die Erde Sie hält, Sie trägt und nährt. Wie eine Mutter. Haben Sie keine Angst vor Ihren Schulden. Das Geld, sie zu begleichen, ist bereits da. Sie brauchen es nur noch in Ihrem Leben zu manifestieren. Konzentrieren Sie sich auf Ihren Bestseller."

Irgendwie beschwingt, mit dem guten Vorsatz, AUF DER STELLE meinen BESTSELLER zu schreiben, laufe ich eilenden Schrittes nach Hause und dort im Hausflur meiner Vermieterin in die Arme. „Na, schon zurück aus Indien?", ruft Frau Sommer erfreut.

Frau Sommer liebt es zu reden und hat sie erst einmal angefangen, ist sie nicht mehr zu bremsen. Ganz ehrlich: Ich finde wirklich keine Lücke, um die Sache mit dem Rollator zu klären, selbst als sie ihn nach einem fast 30-minütigen Monolog selber zur Sprache bringt: „... und dann noch diese unglaubliche Geschichte mit dem Kinderwagen! Stellen Sie sich das mal vor! Während Sie in Indien waren, hat irgend so ein Asozialer in diesem Haus den Untersatz des Kinderwagens von den Schmitzens im Heizungskeller versteckt! Wer macht denn so was? Das kann nur ein Mann gewesen sein. So feige wie diese Typen heutzutage sind! Haben Sie meinen Aushang im Aufzug gelesen? Bis heute hat sich keiner bei mir gemeldet. Besitzt denn überhaupt noch einer Courage in diesem Land!?"

DA ist der rettende Ast, mich aus ihrem reißenden Redefluss zu ziehen:

„Ich habe gelesen, dass Sie Baumpatin sind, Frau Sommer."

„Ja, richtig! Die Stadt Köln hat mir auch eine schicke Urkunde verliehen!"

„Sie könnten die Urkunde im Aufzug aufhängen."

„Was für eine wunderbare Idee! Man könnte sie sogar auf Karton aufziehen!"

„ICH könnte das machen."

„Das würden Sie tatsächlich für mich tun?"

„Sehr gerne sogar. Der aktuelle Aushang ist ja nun schon etwas veraltet. Meinen Sie nicht? Ich könnte ihn abmachen und stattdessen Ihre Urkunde aufhängen. Die Menschheit braucht Vorbilder. Positive Nachrichten! Anstatt von den Weltuntergangsszenarien unserer Nachrichtensender bombardiert zu werden."

„Sie sind wirklich ein Engel, Maria. Und so klug. Was für ein Glück, dass es noch Menschen wie Sie gibt in diesem Haus!"

Die Schwarze Madonna

Sie füllt das Glas eines erfolglosen Dichters mit tiefrotem Wein und bringt das müde Herz eines bissigen Kunstkritikers mit ihren verrauchten Scherzen zum Lachen.

Sobald über Wien der Morgenstern aufgeht, erlöschen die Lichter in den alten Kronleuchtern und der letzte Hungerkünstler verlässt pfeifend die Kneipe. Kurz darauf wird sie in den beginnenden Tag treten und das Rollgitter herunterziehen, um auch diese lange Nacht zu beenden ...

Ich stehe vor dem „Morgenstern" und blicke durch die Fenster in den erleuchteten Gastraum. Das Morgenstern war Frizzis Künstlerkneipe, die sie bis zu ihrem Tod vor einem Monat betrieb. Ja. Sie ist gestorben. Genau einen Monat vor meiner Volljährigkeit. Heute bin ich 18 geworden. Der Tag, auf den ich meine ganze Kindheit und Jugend hingelebt habe. Der Tag, an dem ich meine Mutter aufsuchen wollte ... Ich bin genau einen Monat zu spät.

„Vielleicht können wir zusammen das Morgenstern übernehmen?", sagt Kathi.

Kathi ist immer noch meine beste Schulfreundin. Nach all den Jahren teilen wir immer noch unsere Hausaufgaben, unsere Träume und die Sehnsucht nach einem aufregenden Leben. Ein Leben, wie es meine schillernde Mutter geführt hat. Das Frizzi war die ferne Ikone unserer Kindheit und Jugend gewesen.

„Sollen wir reingehen?“, fragt Kathi.

Hinter der Theke steht ein untersetzter, verlebt wirkender Mann. Der neue Inhaber?

„Komm, lass uns reingehen! Niemand wird uns erkennen“, drängt meine treue Freundin.

Ich schüttle den Kopf: „Immer habe ich ihr Leben nur von außen beobachtet. Und nun ist es zu spät. Es wird Zeit, Abschied von ihr zu nehmen ... Um endlich mein eigenes Leben zu leben.“

Seit Stunden liege ich hellwach im Bett. Mit einem „Anti-Insolvenzpflaster“ auf meinem Steißbein. Das heißt: Mein Wurzel-Chakra läuft Amok!

Am Ende seiner unkonventionellen Beratung malte mir Dr. Sonnfried Groß ein exotisches Zeichen auf ein hautfreundliches Pflaster. „Das ist das Symbol unseres Wurzel-Chakras. Es wird Sie mit der Kraft der Erde und der Kraft Ihrer Ahnen verbinden. Kleben Sie es vor dem Schlafengehen an besagte Stelle.“

„Und wo genau soll das sein?“

„Unters Steißbein. Ich hoffe, ich trete Ihnen damit nicht zu nahe. Es geht darum, Ihr Bewusstsein auf ein Energiezentrum zu lenken, das offensichtlich blockiert ist. Das Symbol wird Ihnen helfen, diese Blockade zu lösen, damit dort wieder Leben in Fluss kommt. Vielleicht verstehen Sie jetzt, warum ich diese Art der Beratungen nicht in meiner Anwaltspraxis abhalten kann“, sagte er und ließ seinen schicken Ökotensor wieder in der amtlichen Aktentasche aus Fair Trade-Rindsleder verschwinden.

Nun kann ich nicht einschlafen, weil das Pflaster offenbar längst vergessene Erinnerungen und Gefühle aus dem tiefen See des Vergessens holt. Vor allem WUT.

Ich würde dieses Mutter-Erde-Gefasel und Urmutter-Getöne am liebsten in die Luft sprengen! Wie soll ich diesen Planeten als einen sicheren Ort empfinden, wenn ich von meiner eigenen Mutter NICHTS bekommen habe? AUCH WIRKLICH GAR NICHTS! Das sollte Herr Dr. Groß mir jetzt mal erklären. Bestimmt hat er die schicke Aktentasche von seinen Eltern zum Staatsexamen bekommen. Ich hingegen wartete fast achtzehn Jahre lang vergeblich auf ein Geburtstagsgeschenk von meiner Mutter. Und als sie tot war, bekam ich auch nichts von ihr in die Hände gelegt. Kein Bild, das sie gemalt hat; kein Schmuckstück, das sie getragen hat; kein Taufkettchen mit ihrem Namen; kein Feuerzeug, keine geblümte Kaffeetasse, die sie besonders geliebt hat; keinen Pinsel, mit dem sie ihr letztes Bild gemalt und keine Palette, auf der sie ihre letzten Farben gemischt hat; auch keinen kunstvoll geschnitzten Fächer von ihrer eigenen Mutter oder Großmutter oder sonst irgendeinen Kram, den man so ansammelt in seinem Leben; auch keine alten Sommersandalen mit dem Abdruck ihrer Füße im Rindsleder.

Hat denn wirklich NIEMAND daran gedacht, dass es mir hätte wichtig sein können, irgendetwas von ihr zu bekommen? Hat denn tatsächlich niemand an mich gedacht?

Mein Vater lehnte das „Pflichterbe“ in meinem Namen ab. „Es war ohnehin nichts da, außer Schulden.“ Gut, dass er mich vorher nicht gefragt hatte. Ich hätte sogar die Schulden unterschrieben. Nur um irgendetwas von ihr zu bekommen!

Nachdem unsere Hoffnung, das Morgenstern zu erben, geplatzt war, beschlossen Kathi und ich selber Künstlerinnen zu werden. Kathi hatte nämlich von ihrem fernen Vater zum Geburtstag eine Fotoausrüstung geschenkt bekommen. Also machten wir uns an den Wochenenden im Ersten Bezirk auf die Suche nach interessanten Motiven.

Manchmal war es, als würde ich Frizzis nervöse Gestalt hinter der Fontaine eines Springbrunnens sehen. Manchmal hallte das Klappern ihrer hochhackigen Schuhe durch die engen Wiener Innenstadtgassen. All diese Orte, in denen meine Mutter gelebt und gewirkt hatte, schienen die Erinnerung an sie weiterzutragen.

Während einem unserer Streifzüge lernten wir einen jungen Fotografen kennen: Sein Name war Adil und er hatte tiefschwarze Augen. Seine Eltern stammten aus dem Irak. Als er uns zu einer gemeinsamen Fotosession einlud, fühlten wir uns wie richtige Künstlerinnen. Um mich noch etwas interessanter zu machen, ließ ich in einem Nebensatz die Bemerkung fallen, dass meine Mutter eine Malerin gewesen war.

Adil biss an: „Wie hieß denn deine Mutter?"

„Sie war als Künstlerin unter ihrem Spitznamen Frizzi bekannt."

Adils schwarze Augen weiteten sich vor Erstaunen: „Das Frizzi war DEINE Mutter!?"

„Kanntest du sie?", fragte Kathi ganz aufgeregt.

„Alle kannten sie! Sie war eine faszinierende Frau. Ich war immer wieder in ihrer Kneipe. Das Morgenstern kennt ihr bestimmt."

„Ja!“, rief Kathi. Ich nickte stumm. Mein Herz hingegen schlug wie eine Sturmglocke.

Adil blickte mich aufmerksam an: „Einmal war ich der letzte Gast im Morgenstern. Es war schon spät und wir hatten beide reichlich getrunken. Und plötzlich sagte sie: ‚Weißt du, dass ich schon eine große Tochter habe? Und ich kenne sie nicht einmal.‘ Es war das einzige Mal, dass ich das Frizzi traurig erlebt habe. Einige Zeit später besuchte sie mich in meinem Atelier. Es war Abend und sie trug ein Wolltuch ... so ein dreieckiges mit Fransen ... Sie hat es bei mir liegen lassen. Ich wollte es ihr zurückgeben. Aber dazu kam es nicht mehr. Ich konnte es nicht glauben, als ich von ihrem Tod hörte.“

„Welche Farbe hat das Wolltuch?“, fragte ich leise.

„Schwarz. Es ist schwarz. Das Atelier musste ich aufgeben. Aber das Tuch habe ich immer noch. Komisch, was? Und du bist wirklich die Tochter vom Frizzi?“

Zu unserer nächsten Fotosession brachte mir Adil das schwarze, wollene Tuch meiner Mutter mit. Eine vage Erinnerung an Zigarettenrauch hing noch darin.

„Wie hat sie es getragen?“, fragte ich Adil.

Er legte mir das Tuch über mein Haar und kreuzte die Enden über den Schultern.

„Ungefähr so ... Ja ... Sie hatte was von einer Schwarzen Madonna, als sie zu mir kam.“

Von diesem Tag an trug ich das Bild meiner Mutter als „Schwarze Madonna“ in mir.

Zwanzig Jahre später bot mir der Bayerische Rundfunk an,

eine Dokumentation über die „Schwarze Madonna von Altötting“ zu drehen. Es war die Gelegenheit, mich endlich tiefer in die Bedeutung dieser archetypischen Mutter-Göttinnen-Figur hineinarbeiten zu dürfen. Schwarze Madonnen sind eines der größten Mysterien des Christentums. Aus dunkelfarbigem Holz gefertigt oder mit schwarzer Farbe bemalt, befinden sie sich häufig an Orten, an denen Wunder geschehen. Wie in Altötting, dem bedeutendsten Wallfahrtsort Deutschlands. Das erste historisch belegte Wunder an diesem Ort ereignete sich im späten Mittelalter:

Ein 3-jähriger Junge war in einen Bach gefallen, von der Strömung mitgerissen und leblos aus dem Wasser geholt worden. Anstatt zu verzweifeln eilte die Mutter mit dem Kind in die Altöttinger Gnadenkapelle, legte es auf den Altar und flehte die Schwarze Madonna unter Gebeten und Tränen an, dem Kind sein Leben zurückzugeben. Nach kurzer Zeit erwachte der kleine Junge.

Altötting, im Kreuz verschiedener Römerstraßen und Handelswege gelegen, besaß die nötige Infrastruktur, über die sich die Botschaft des Wunders in alle Himmelsrichtungen verbreiten konnte. Schon bald strömten die ersten Pilger herbei und weitere Wunder ereigneten sich. Der Segensfluss riss bis heute nicht ab. Tausendfach hat die Schwarze Madonna von Altötting geheilt, gerettet, Stürme, Brände und Fluten besänftigt, ebenso wie ihre berühmten schwarzen Namenskolleginnen in Loreto, Einsiedeln und Tschenstochau.

Wen stellen die wundertätigen Schwarzen Madonnen dar? Welche göttliche Kraft manifestiert sich in ihnen? Und warum bewirken sie Wunder?

Als ich das erste Mal das uralte Oktogon der Altöttinger Gnadenkapelle betrat, spürte ich ein starkes Vibrieren in meinem Körper. Es war, als würden in meinen Zellen millionenfach kleine Glöckchen klingeln. Mein Geist und mein Herz wurden in den Himmel gehoben. Zugleich fiel ich tief in den schwarzen Urgrund meines Seins wie in die Arme einer liebenden Mutter, die alles Existierende im Innersten ihres Wesens zusammenhält. Ich ruhte in Glückseligkeit ...

Bis mich die amtliche Stimme eines Mannes auf den kalten Steinboden zurückholte.

„Die Kapelle wird jetzat g'schlossn", sagte der Prälat der Kapelle. „Auch die Schwarze Madonna muss emoa ruahen."

„Warum geschehen hier seit mehr als 500 Jahren Wunder?", fragte ich am nächsten Tag den Priester, den Bürgermeister, den Tourismuschef, die frommen Pilger, die Devotionalienhändler und den Prälaten.

Die Antwort fiel immer sehr ähnlich aus: „Do is' halt viel neini-bet' worden."

Tatsächlich haben nicht nur Menschen, Tiere und Pflanzen, sondern auch Orte, Landschaften und Bauwerke ein Gedächtnis, das Erlebnisse, Gefühle und Emotionen speichert. Im morphischen Feld eines Ortes können wir spüren, ob hier gekämpft, geliebt oder eben viel „hineingebetet" wurde.

Ein alter Kapuzinermönch brachte mich aber noch auf eine weitere Spur: „Do wor schon amoi jemand, der nach die Wunder der Schwarzen Madonna geforscht hot."

„Ein Historiker? Ein Schriftsteller? Ein Dokumentarfilmer?"

„Na. A Geomant."

„Ein Ge-o-mant?"

Noch am selben Abend warf ich das Wort in die Suchmaschine und sie öffnete mir die Tür zu einem ganz neuen Universum: die Welt der Geomantie, die Weissagung aus der Erde. Eine „Erfahrungswissenschaft", die versucht das innere Wesen eines Ortes zu erfassen und in der Gestaltung zu unterstützen.

Als Nächstes suchte ich nach einem Interviewpartner für meine Dokumentation.

Die Suchmaschine warf eine beeindruckende Persönlichkeit aus: Georg Steinbach. Geomant und Fachmann für sakrale Baukunst aus dem nahegelegenen Mühldorf.

„Ich habe etwas Unerklärliches in der Gnadenkapelle erlebt", berichtete ich ihm stotternd am Telefon. „Und ich möchte wissen, warum unter dem Patronat der Schwarzen Madonna in Altötting Wunder geschehen. Können Sie mir da weiterhelfen?"

Herr Steinbach schlug vor, sich im Umgang der Gnadenkapelle zu treffen.

„Wie erkenne ich Sie?", fragte ich.

„Ich bin der Mann ganz in Schwarz."

Auf den ersten Blick hätte man ihn für einen katholischen Priester halten können. Doch als wir einander gegenüberstanden, wirkte er auf mich wie ein mächtiger Zauberer aus einer anderen Zeit. Aus der Tiefe seiner schwarzen Augen strahlte unergründlich ein sehr helles Licht. Ich war elektrisiert von seiner unglaublichen Lebensenergie und berührt von seiner Hingabe an diesen Ort und sein tieferes Geheimnis.

„Orte haben wie Menschen sehr unterschiedliche Talente", erzählte der Geomant aus Mühldorf, als wir Seite an Seite wie Pilger die Gnadenkapelle umrundeten: „An manchen Orten ist es segensreich, sein Haus zu bauen, eine Siedlung zu planen oder eine Stadt zu gründen. Andere Orte eignen sich eher, um Handel zu treiben oder Feste zu feiern. Und dann gibt es eben diese Orte mit der besonderen Gabe, ein Sprachrohr des Göttlichen zu sein. Orte, in denen unerwartet die Ewigkeit in unser Leben einbricht. An denen sich die aufsteigende Kraft der Erde mit dem herabsteigenden Segensfluss des Himmels verbindet und eine Schwingungsfrequenz schafft, die einen kranken Menschen in seine Heilung erhebt ... Oder einem spirituell Suchenden einen mystischen Erwachungsmoment schenkt."

Er lächelte und in meinem Herzen begann es zu strahlen.

„In vorchristlicher Zeit nutzten die Menschen diese hochschwingenden Orte für kultische Zwecke", sprach er weiter. „Mit der Christianisierung wurden die heidnischen Kultstätten zerstört. Doch die frühen Kirchenväter nutzten die Kraft dieser Orte für eigene Zwecke. Deshalb stehen alte Kirchen meist auf ehemaligen heidnischen Kultstätten. Wussten Sie das?"

„Auch die Gnadenkapelle?"

„Ich vermute, dass dieser Ort in vorchristlicher Zeit ein germanisches Lindenheiligtum war. Bei den Germanen symbolisierte die Linde weibliche Eigenschaften. Als heiliger Baum stand sie unter dem Schutz der Liebesgöttin Freya."

„Habe ich Freya Gegenwart in der Kapelle gespürt?", antwortete ich überrascht.

„Jede Religion hat ihre eigenen Mythen und jede Menschheitsepoche ihr eigenes Gewand, in die sie ihre Götter einkleidet. Es sind letztlich nur Namen und Bilder, um dem Nichtfassbaren einen Rahmen zu geben. Für die katholische Kirche stellt die Schwarze Madonna den helfenden Aspekt der Mutter Maria dar. Ähnlich wie im tibetischen Buddhismus die grüne Tara, die schnell zu Hilfe eilt, wenn man sie ruft. Ethnologen ziehen Vergleiche zu Isis, Kybele, Astarte und Ischtar und sehen in den antiken schwarzen Göttinnen Vorläuferinnen der Schwarzen Madonna. Auch die hinduistische schwarze Göttin Kali wird mit ihr in Verbindung gebracht. Im esoterischen Christentum wird die Schwarze Madonna mit Maria Magdalena assoziiert. Die wichtigste Jüngerin Jesu wird hier zur Verkörperung der Sophia."

„Sophia?", fragte ich irritiert. „Wen meinen Sie mit Sophia?"

Sanft berührte Herr Steinbach meine Schulter und führte mich in den Umgang der Gnadenkapelle. In einer versteckten Nische hing das Bild einer dunkelfarbigen Frau, die das Universum in ihrem Schoß hielt, als hätte sie es in diesem Moment geboren.

„In einem christlichen Traktakt aus dem 3. Jahrhundert wird Sophia als die ‚schwarze Göttin' beschrieben, die noch vor der Schöpfung in der Finsternis des Chaos existierte. SIE ist der Urgrund, aus dem alles entsteht. Die Substanz, durch die das Göttliche sich in seiner grenzenlosen Vielfalt offenbart. Verstehen Sie? Der Urstoff, der alles durchdringt; die Liebe, die alles zusammenhält; die Weltenseele, die alles durchwirkt. Die ‚Heilige Geistin', wenn Sie es so wollen, durch die einst das Licht in dieser Welt erwachte."

„Eine Heilige Geistin?“, fragte ich verwundert.

„Es gibt so viele Bilder und Namen. Was einzig zählt, ist die Erfahrung ... Was haben Sie in der Gnadenkapelle gespürt? Versuchen Sie es in Ihre Worte zu fassen.“

„Grenzloses Glück ... In mir und außer mir und über mir und unter mir ... Ich selbst war eigentlich gar nicht mehr da ... Nichts war mehr da ... außer ... die Gegenwart unendlicher Liebe.“

Es ist, als wäre er mir wieder ganz nah. Als hörte ich seine Stimme ganz dicht an meinem Ohr. Als spräche er zu mir in dieser dunklen, schlaflosen Nacht mit meinem

Anti-Insolvenzpflaster auf dem Wurzel-Chakra, das die erste Motivation des menschlichen Seins repräsentiert: ICH BIN.

Der Geomant aus Mühldorf war – wie Dr. Sonnfried Groß – eine der besonderen Begegnungen in meinem Leben. Auch er besaß einen schicken Tensor, mit dem er während der Dreharbeiten zu meiner Dokumentation die Schwingungsfrequenzen rund um die Gnadenkapelle ausmaß. Im Schutze der Nacht. Denn für Kölner Anwaltskanzleien und Bayerische Wallfahrtsorte gilt gleichermaßen: Man sollte Wünschelruten, Ökotensoren oder Pendel besser nicht in Gegenwart seiner Kollegen auspacken.

All die geistigen Schätze, die Georg Steinbach für mich zu Tage gebracht hatte, durfte ich in meiner Dokumentation schließlich nicht zeigen. Denn ausgerechnet zum geplanten Sendetermin meldete der damalige Papst Benedikt seinen Besuch in Altötting an. Und als Vorprogramm zur Live-Übertragung seines Besuches sollte meine Dokumentation über die „Schwarze Madonna" gezeigt werden. Die Fernsehredakteure wurden plötzlich zum verlängerten Arm der Kirchenzensur. Als einzige Erklärung für die vielen Wunderheilungen an diesem heiligen Ort überlebte in meinem Film einzig diese: „Do is' halt viel neini-bet' worden."

Ich tröstete mich mit den wertvollen Begegnungen und Erfahrungen, die ich dank der Schwarzen Madonna in Altötting gemacht hatte ... und einem sensationellen Fund.

Am letzten Drehtag stieß mein Regieassistent im Kreuzgang der Altöttinger Stiftskirche auf eine Grabtafel, die das Andenken an eine gewisse „Anna Maria" verewigte, die offenbar mit einem Ahnen mütterlicherseits von mir verheiratet war.

Der Stadtpfleger wusste sogar zu berichten, dass man beim Umbau der Stiftskirche in den Fundamenten tatsächlich das Skelett einer Frau gefunden hatte, deren Haar noch erhalten war ... Und auch, er senkte etwas beschämt seine Stimme, das Schamhaar. Beides war rot.

Dies war der Moment, an dem ich Kontakt zum älteren Bruder meiner verstorbenen Mutter aufnahm. Ich wollte mehr über die Frau mit den roten Haaren in den Fundamenten der Stiftskirche erfahren. Mein Onkel gab mir die Telefonnummer eines Historikers in Vilshofen, der seit vielen Jahren die Historie der Familie erforschte. So lernte ich schließlich Alf Amsel kennen ...

Der wilde Kaiser ist in Wahrheit eine Kaiserin

„GRÜSS GÖTTIN“ – in pinkfarben umrahmten Lettern werden Einreisende aus Deutschland an der Autobahn Kufstein Nord mit einem ungewöhnlichen Willkommensgruß in Tirol empfangen. Die Grenztafel ist das provokantmutige Werk einer österreichischen Künstlerin. Alf Amsel bremst seinen alten „VW-Golf Sammlerzustand“ auf das in Österreich obligatorische 120-Stundenkilometer-Limit herunter. Er hält das Grenzschild für grenzenlos übertrieben. Kein Wunder. Alf ist Historiker und Geschichte wird stets von den Gewinnern geschrieben. Seit 5000 Jahren sind das vorwiegend Männer.

„Unsere Sprache ist Ausdruck patriarchalischen Denkens“, versuche ich Alf von der Wichtigkeit des Autobahnschildes zu überzeugen. „Seit Tausenden von Jahren schließt unsere Sprache Frauen in der Pluralanrede aus und lässt sie somit historisch verschwinden. Selbst in meinem Buch, an dem ich aktuell schreibe, tauchen in Altötting nur Pilger, in Goa nur Touristen und im Kölner Finanzamt nur Sachbearbeiter auf. Die Pilgerinnen, Touristinnen und Sachbearbeiterinnen müssen sich meine intelligenten Leser und Leserinnen dazu denken. Vor 2000 Jahren war das nicht anders: Laut Bibel hat Jesus nur zu seinen Jüngern gesprochen. Die Jüngerinnen wurden von der männerorientierten Sprache einfach verschluckt. Wenden wir uns heute also an Gott, sollten wir also möglichst auch die ‚Große Göttin‘ auf dem Schirm haben, sonst kann es sein, dass unsere Gebete nur in der Herrenabteilung ankommen.“

„Sie haben ja recht, Baroness, was die Schlampigkeit unserer Sprache betrifft. Doch wirkt diese Tafel auf mich übertrieben. Sie soll übrigens wieder abmontiert werden."

„Wie bitte? Warum denn das?"

„Wegen der Unfallgefahr."

„Das ist unglaublich! Jede Dessous-Werbung ist lebensgefährlicher! Außer natürlich für Sie, Alf. Sie würde bloß ein Stapel herrenloser Bücher am Straßenrand aus dem Konzept bringen. Hier ist übrigens 100 angesagt."

„Danke, Baroness, sehr liebenswürdig von Ihnen, mich darauf aufmerksam zu machen."

Alf ist der erste Mensch in meinem Leben, der mich mit „Baroness" anspricht – ausgenommen meiner Wolken-Oma, die ihre Briefe selbst in den Zeiten, als ich keinen festen Wohnsitz hatte, also quasi obdachlos war an „Ihro Hochwohlgeboren" adressierte.

Auch Alf ist durch nichts zu erschüttern. Nicht einmal durch meine abgewetzten Jeans, aus deren Stulpen noch der Sand von Goa in seinen Beifahrerfußraum rieselt. Alf hat eine leidenschaftliche Passion für den Adel, selbst wenn er glanz- und mittellos ist. Bei einer Besichtigung des Passauer Doms war er vor vielen Jahren auf das Wappen meiner Familie mütterlicherseits aufmerksam geworden, das vielfach im barocken Stuck der Kirche zu finden ist. Die Symbolik darin interessierte ihn. Und so trug er alles zusammen, was er in deutschen und österreichischen Archiven und Bibliotheken über die Historie dieses Adelsgeschlechts finden konnte und wurde somit zum Hofhistoriker der Familie.

Als ich während meiner Dreharbeiten in Altötting über die Grabtafel meiner rothaarigen Ahnin „gestolpert“ war, hatte sich Alf Amsel sofort bereit erklärt, an den Ort des Geschehens zu kommen. Wir konnten nichts wirklich Aufschlussreiches über die Frau hinter dem Namen herausfinden, außer dass sie offenbar als fromme Witwe verstorben war. Das Ehrengrab in der Stiftskirche ließ uns vermuten, dass sie etwas Kostbares gestiftet haben musste. Vielleicht die leuchtenden Edelsteine im Gewand der Schwarzen Madonna?

In mir erwachte ein Interesse für die Historie dieses Geschlechts, das eine zaghafte Annäherung an die Familie meiner verstorbenen Mutter zur Folge hatte. Nach drei schlaflosen Nächten mit dem „Anti-Insolvenzpflaster“ auf meinem Wurzel-Chakra zur Rückverbindung mit Mutter Erde und unseren Ahnen erhielt ich einen Anruf aus Tirol von meinem Onkel Cajetan, der mein akutes Problem mit dem Kölner Finanzamt schlagartig lösen sollte.

„Hallo Zazie. Ich habe ein Anliegen: Erinnerst du dich noch an Alf Amsel?“

„Natürlich! Der Mann mit der hauseigenen Staatsbibliothek im Großhirn.“

„Wärest du bereit, mit seiner Hilfe eine Chronik der fast 1000-jährigen Familiengeschichte niederzuschreiben?“

Ich war hellauf begeistert. Denn wenn wir wissen, woher wir kommen, wissen wir auch wohin wir gehen. Und ich war mehr als orientierungslos in diesen Tagen.

„Natürlich möchte ich dich auch für diese Arbeit bezahlen“, fuhr Onkel Cajetan fort. „Was wird das kosten?“

„15000 Euro", antwortete ich wie aus der Pistole geschossen. „Und ich brauche das Geld bis zum Ende des Monats."

Es ist ein feierlicher Augenblick, als sich das rot-weiße Schlosstor öffnet und Alf Amsel mich durch den verschneiten Park chauffiert. Onkel Cajetan erwartet uns vor dem Eingang des Anwesens, die Hände in seinen Hosentaschen vergraben. Als wir einander umarmen, spüre ich die tiefe Komplizenschaft zwischen ihm und seiner verstorbenen Schwester, die nun auch uns beide verbindet.

„Ist die Kapelle offen?", frage ich ihn.

Onkel Cajetan schmunzelt: „Ich habe sie eigens für unser Vorhaben restaurieren lassen."

Er öffnet mir die Tür zu dem kleinen Gotteshaus und überlässt es mir dann, alleine hineinzugehen. Hier in den Fundamenten ruht also meine Mutter. Die im Boden eingelassene Grabplatte ist aus weißem Marmor. An ihrem Kopfende - ein vertrauter Schauer erfasst mich - wacht eine Kopie der Schwarzen Madonna aus Altötting! Vorsichtig nehme ich die Figur in die Hand und finde an ihrer Unterseite eine Signatur. Sie wurde in einer Zeit gefertigt, als die rothaarige Anna Maria, die nun in der Altöttinger Stiftskirche ruht, noch gelebt haben muss.

Mein Blick wandert weiter zum großen Bild über dem Altar. Es zeigt eine Madonna, die in ihrem rechten Arm einen kleinen Jungen hält. An ihrer Linken führt sie ein Mädchen mit einer Blumenkrone im Haar ...

„Schau", sagt mein Onkel, als ich aus der Kapelle trete, „Sogar der wilde Kaiser hat sich heute für dich in Schale geschmissen.“ Im Licht der untergehenden Sonne sieht der schroffe Gebirgszug wie eine gigantische Steinriesin aus. Auf dem Rücken liegend blickt sie in den lilafarbenen Himmel, durch den der Wind pink geränderte Wolken trägt.

„Ich finde, der wilde Kaiser sieht wie eine Kaiserin aus.“

„Wie eine Kaiserin?“, fragt Alf, der zu uns getreten ist.

„Seht ihr nicht ihre riesigen steinernen Brüste, die aufrecht in den Himmel ragen?“

„Nein.“

„Nein?“

„Nein.“

„Ich sage euch: Der wilde Kaiser ist in Wahrheit eine wilde Kaiserin.“

Dies ist der Beginn einer ganz besonderen Zeit.

Der sprechende Stammbaum

Unsere Tage sind mit Lesen, Recherchieren und heißen Diskussionen um die Zuordnung von Namen und Jahreszahlen erfüllt. Irgendwann sind Alf und ich angesichts der vielen Maximilians, Georgs, Leopolds, Sigismunds, Johanns und Cajetans völlig verloren. Ich schlage vor, zum Zwecke des besseren Überblicks einen Stammbaum zu zeichnen. Da Stammbäume jedoch in die Breite, statt in die Höhe zu wachsen pflegen, wird über der Festtafel im Salon ein drei Meter langer Bogen Packpapier ausgerollt. Von nun an knie ich jeden Tag mehrere Stunden auf alter Eiche, um Namen und Jahreszahlen in die Verzweigung des Familien-Stammbaumes zu schreiben ...

Von den frühen Ahnen des 12. und 13. Jahrhunderts zeugen nur die Daten ihrer Geburt, ihrer Vermählung und ihres Todes dafür, dass sie gelebt, geliebt, ihren Nachwuchs erzogen und an ihrer Karriere gearbeitet haben. Manchmal jedoch beginnt ein Name vor dem Hintergrund eines geschichtlichen Ereignisses zu leuchten. Nämlich dann, wenn aus den Buchstaben und Zahlen ein Mensch mit einer Geschichte heraustritt.

Wie Wilhelm der Ritter, der im Jahre 1322 an der Seite des österreichischen Königs in die Schlacht bei Mühldorf zog – die letzte Ritterschlacht auf europäischem Boden, in der noch mit dem Schwert, anstatt mit „modernen" Feuerwaffen gekämpft wurde.

Als ich seinen Namen auf das weiße Packpapier schreibe, reitet er mir auf einem schwarzen Ross inmitten des Heeres der Habsburger von Passau her kommend entgegen. In seiner Linken hält er die Zügel des Pferdes, in seiner Rechten die Fahne mit dem Wappen der Familie. Ich sehe die Entschlossenheit in Wilhelms Gesicht. Ich spüre sogar die Bereitschaft für seinen König Friedrich den Schönen zu sterben.

Da taucht von Westen kommend das gegnerische Heer der Bayern auf, geführt von Friedrichs Vetter Ludwig. Als Kinder hatten sie ihr Bett und ihr Spielzeug geteilt – nun beanspruchen beide die Kaiserkrone für sich. Das Heer der Bayern ist riesig, viel größer als das der Österreicher! Es ist auch besser gerüstet und stärker bewaffnet. Ich spüre Wilhelms Angst in meinem Bauch. Und zugleich eine kämpferische Euphorie, die sich gegen jeden aufkommenden Zweifel stemmt. „Wir werden gewinnen! Auch wenn wir den Bayern unterlegen sind. Mit Gottes Segen werden wir heute noch die Kaiserkrone nach Wien tragen …!“

Es war schließlich Ludwig, der die Schlacht bei Mühldorf gewann – ein Sohn übrigens von Ludwig dem Strengen, der seiner Gemahlin Maria von Brabant in rasender Eifersucht den Kopf abschlagen ließ. Der junge Ludwig hingegen war ein großer Marienverehrer und brachte von seinen Reisen nach Avignon zum Papst, mit dem er im Streit lag, zahlreiche aus Holz geschnitzte Marienstatuen von Frankreich nach Deutschland. Auf diese Weise fand auch die Schwarze Madonna ihren Weg nach Altötting. Darüber jedoch schweigt die katholische Kirche bis heute. Denn 1346 verhängte Papst Clemens VI. den päpstlichen Bannfluch über den frommen Bayern. Und so liegt die Herkunft des Gnadenbildes bis heute offiziell im Dunklen. Meine These also: Die Schwarze Madonna von Altötting ist in Wahrheit eine 65 Zentimeter große Französin.

Alf hat mir beigebracht, in den Jahreszahlen der Stammbäume Geschichte zu lesen. Da Wilhelm erst 1336 gestorben ist, muss er die Schlacht bei Mühldorf überlebt haben. Mit ihm setzte sich also die Geschichte meiner Familie mütterlicherseits fort, die durch bemerkenswerte diplomatische Fähigkeiten und geschickte Heiratspolitik über mehrere Jahrhunderte hinweg kontinuierlich an Macht und Reichtum gewann …

Wilhelms Sohn vermählte sich mit der letzten Erbin eines großen Geschlechts. Rund zwei Jahrhunderte später heiratete ein Stammhalter in die schwäbische Kaufmannsfamilie Fugger – ein Name, der damals schon europaweit ein Synonym für Reichtum war. Sein Sohn toppte den Vater sogar mit der Heirat der letzten Prinzessin eines italienischen Adelsgeschlechts. Aus dieser Ehe ging ein ganz besonderer Sohn hervor ...

Johann Maximilian, engster Berater des Kaisers in den dunkelsten Zeiten europäischer Geschichte, dem Dreißigjährigen Krieg. Es war ein Krieg um die Vorherrschaft im Heiligen Römischen Reich und ein erbitterter Religionskrieg zwischen Katholiken und Protestanten. Als solcher wurde er auch mit unvorstellbarer Grausamkeit und Härte geführt. In vielen Teilen Deutschlands überlebte ihn nur ein Drittel der Bevölkerung. Johann Maximilian war „Reichshofrat“ in dieser Zeit, wir würden es heute Außenminister nennen. In dieser Funktion wurde er zum führenden Friedensstifter im Prozess zur Beendigung des brutalsten Krieges europäischer Geschichte. Die Verhandlungen wurden in Münster und Osnabrück geführt und dauerten mehrere Jahre. Es war Johann Maximilian, der zusammen mit seinem Amtskollegen aus Schweden den Vertrag zu Osnabrück finalisierte, der die Grundlage zur Entwicklung des modernen Völkerrechtes bildete.

Als ich vor 25 Jahren Österreich verließ, um als Schauspielerin im „Reich der Schneekönigin“ mein Glück zu versuchen, führte mich mein erstes Engagement ans Stadttheater von Osnabrück. Damals suchte das Kulturamt frische Sprecherstimmen für eine Audioführung durch das Rathaus. Trotz meines Wiener Akzents gewann ich das

Stimmencasting. Nicht ahnend, dass im historischen Ratssaal das Porträt meines Ahnen auf die kulturinteressierten Bildungsbürger herabblickt, erzählte ich – um mein bestes Hochdeutsch bemüht – die Geschichte des Westfälischen Friedens auf den Tonträger der Stadt.

Während sich Alf und mein Onkel nach dem Abendessen bei einem Glas Wein entspannen, suche ich in der Ahnengalerie das lebensgroße Gemälde von Johann Maximilian auf. Gekonnt zeichnete ihm der Maler Intelligenz und Verantwortungsbewusstsein in seine Züge, umrahmt von langen, schwarzen Locken, die auf einen karminroten Mantel herabfallen. Für einen kurzen Augenblick ist es, als stünden Johann Maximilian und ich einander jenseits von Raum und Zeit gegenüber.

„Wäre ich doch wie du“, höre ich meine innere Stimme zu ihm sagen. „Könnte ich doch auch etwas richtig Großes in meinem Leben bewirken.“

Schweigend schaut mein Ahne mich an.

Ich senke beschämt den Blick. Immer suche ich nach einer „Bedeutung“ in meinem Leben und bin darüber sogar in meiner Aufgabe als Mutter gescheitert.

„Hilf mir, ein besserer Mensch zu sein. Hilf mir, meine Bestimmung zu leben und meinem Kind eine gute Mutter zu sein“, bitte ich ihn unter Tränen.

Das Weinen im Schloss

Historische Stammbäume erzählen die Geschichten von Männern. Was sie getan, geleistet, errungen und wie sie das Erbe ihrer Väter bewahrten, vergrößerten oder verloren haben. Von weiblichen Ahnen wissen wir meist nur, ob sie Nonnen oder Ehefrauen gewesen sind. Ob sie Kinder zur Welt brachten und wie viele davon das zarte Kindheitsalter überlebten.

Die Traditionen der Indianer erzählen, dass unsere Ahnen hinter uns stehen und uns aus dem geistigen Reich heraus unterstützen oder auch blockieren, wenn unser Lebensweg nicht in ihre Wertewelt passt. Manche Familien werden vom Unternehmergeist ihrer Ahnen getragen. An anderen Geschlechtern hängt eine Schwere, die sie nicht wirklich hochkommen lässt. Neben Talenten und Begabungen werden auch Schuldgefühle und Scham über Generationen hinweg weitergetragen.

„Manchmal ist nachts im Schloss ein Weinen zu hören", erzählt mein Onkel beim Frühstück. „Das Weinen einer Frau."

Seit Jahren bewegt ihn die Frage, ob in der Historie der Familie etwas geschehen sein könnte, das die Nachkommen mit einem Fluch belegt hat, der sich schließlich auch im Schicksal meiner Mutter erfüllte. Gibt es tatsächlich einen Bruch in unserer Familienhistorie, der bis in das Leben meiner Mutter hinein gewirkt haben könnte? Und somit auch in mein Leben?

Wer steckt hinter dem „Weinen im Schloss“? Und wenn es tatsächlich eine Ahnin ist, wie soll ich ihre Geschichte in den Geschichtsbüchern der Männer finden, ihren Namen und ihre Person in einem patriarchal gewachsenen Stammbaum entdecken?

„Lieber Alf, würden Sie mir heute nach dem Essen Ihren Wagen leihen?“

„Aber natürlich, Baroness, gerne! Es wird Ihnen bestimmt guttun, mal etwas aus dem Bücherstaub rauszukommen. Aber bitte passen Sie gut auf sich auf, der Wagen hat keine Winterreifen.“

Zum Glück fragte der gute Alf nicht nach, wohin ich fahre. Ich finde es ja selbst höchst verwegen, mit Sommerreifen über eine vereiste Passstraße zu fahren, um mich auf der anderen Seite des Berges mit Turnschuhen auf noch glatteres Eis zu begeben. Denn ich habe beschlossen, eine verflossene Liebe meiner Mutter zu besuchen. Franzi hatte mir den Hinweis gegeben, als ich ihr von meiner bevorstehenden Reise zum Schloss meiner Ahnen erzählte.

„Er war Frizzis erste Liebschaft nach der gescheiterten Ehe mit deinem Vater. Wir alle hofften, es würde mehr daraus werden. Immerhin war er der Stammhalter eines großen Adelsgeschlechtes und hatte überdies noch denselben Vornamen wie ihr geliebter Bruder.“

„Cajetan?“

„Ja. Es wäre eine hervorragende Partie gewesen. Für beide. Aber leider wurde nichts daraus. Obwohl das Frizzi diesen Mann sehr liebte. “

Etwas in mir möchte mehr über diese Episode im Leben meiner Mutter erfahren. Ohne es Onkel Cajetan zu erzählen, nahm ich telefonisch Kontakt mit dem Cajetan auf der anderen Seite des Berges auf.

„Die Tochter vom Frizzi!“, rief er erfreut. „Du kannst gerne zum Tee kommen. Ich bin gerade von unserem Stadtsitz in Wien zurück.“

Tweed-Sakko in Fischgrät-Optik und in Holzbraun mit obligatorischer Weste darunter, die Cordhose passend dazu in Corn, solides Schuhwerk aus Wildleder, denn man ist ja immerhin auf dem Land. Bussi links, Bussi rechts – der leise näselnde Gutsherr begrüßt mich, wie es sich für einen ehemaligen Liebhaber meiner Mutter gehört.

„Das Frizzi war eine besondere Frau“, eröffnet er das Gespräch auf dem britischen Loungesofa, dunkles Leder versteht sich. Ein Dienstmädchen serviert Tee in Gmundener Keramik.

„Wir hatten eine tolle Zeit zusammen. Wir waren jung, wir waren wild. Wir haben die Wiener Innenstadt unsicher gemacht.“

„Warum haben Sie meine Mutter nicht geheiratet?“, frage ich geradeheraus. Die Frage liegt mir auf der Seele: „War ich daran schuld? Der Fleck in ihrer Biografie?“

Im offenen Kamin knistert das Feuer. Der ehemalige Freund meiner Mutter ist ein besonnener Mann. Er lässt sich Zeit mit seiner Antwort.

„Nein“, sagt er schließlich. „Die Gegenwart eines Kindes war nicht ausschlaggebend. Es waren andere Gründe, die mich von einer Ehe mit dem Frizzi abhielten.“

„Welche?"

„Deine Mutter war schön, lustig, intelligent. Ich war ein großer Fan von ihr. Aber weißt du, um ein Familienerbe zu halten, einen Stammbaum weiterzuführen, da brauchte es eine andere ... Art von Persönlichkeit. Das Frizzi war doch eher ein Schmetterling. Oder? Es fällt mir schwer, dies zu sagen, aber sie war auch eher labil. Ihr Innenleben glich einer Achterbahn. Ich muss ehrlich zugeben, ich hab mir eine gemeinsame Zukunft mit ihr nicht zugetraut. Obwohl ich sie natürlich grandios fand."

Als Alfs alter VW Golf und ich wieder heil zum Schloss zurückkehren, ist es schon dunkel. Und ich verlagere meine Recherche von der Schlossbibliothek ins Internet. Irgendwo muss doch etwas über die Frauen des ehemaligen Hochadels zu finden sein! Ich bin fest entschlossen, die Unbekannte hinter dem Weinen im Schloss meines Onkels zu finden. Die Bruchstelle in dieser Familie, durch die ich viele hunderte Jahre später aus einem Leben unter Stuckdecken und Kristalllüstern herausfiel.

Fensterputzen gegen Staatsschulden

Kaum habe ich, dank der Vergütung meines Onkels, den ersten Schuldenberg beim Finanzamt abgetragen, wird die Familienchronik, die noch gar nicht fertig geschrieben ist, mit 3000 Euro besteuert. Ich muss das Tempo meiner Geldbeschaffungs- und Einsparungsmaßnahmen drastisch erhöhen.

Als Erstes kündige ich meinen Vertrag im Fitnessstudio sowie alle kündbaren Versicherungen. Kosmetikartikel werden restlos aus meinem Leben gestrichen, ebenso die kleinen Lichtblicke des Lebens wie Latte Macchiato mit Soja-Milchschaum. Hank hilft mir, meinen alten Renault Kangoo zu verkaufen. Als unsere geliebte Familienkutsche mit der neuen Besitzerin in Richtung Bayern davonfährt, ist sogar er den Tränen nahe. Es ist, als würden wir endgültig Abschied von einer gemeinsamen glücklichen Zeit nehmen.

Mit dem Erlös des Kangoos müssen weitere Schuldenlöcher gestopft werden. Wovon aber soll ich einkaufen gehen? Damit ich zumindest ein paar Basics in meinem Kühlschrank vorfinde, gehe ich am Wochenende mit meiner besten Freundin Walter putzen. So können wir Geld verdienen und quatschen zugleich. Und immerhin gibt es pro Sonntag mit Putzlappen 50 Euro bar auf die Hand. Das macht 7,14 Euro pro Tag in der Woche, um Lebensmittel zu kaufen. Winterspeck setzt man damit nicht an, doch Walter hat mir heute drei Tafeln hochprozentige Bitterschokolade geschenkt. Und ein Rundum-Körperpflegepaket von Weleda. Denn mein klasse Kölner Kumpel Karl hat mir einen neuen Lukrativ-Job in Aussicht gestellt: ein Vorstandsporträt für ein führendes Wirtschaftsunternehmen. Walter findet, ich kann da unmöglich unparfümiert zum Vorstellungsgespräch hingehen.

„Findest du, dass ich stinke?", frage ich ihn, als wir heißes Wasser in unsere Eimer fließen lassen.

„Nein, natürlich nicht! Aber es ist ungewöhnlich, dass eine Frau nach gar nichts mehr riecht. Seit du dich nur noch mit

Wasser wäschst, fehlt dir die gewisse professionelle Duftaura."

„Danke Walter ... ich hätte dann noch eine Frage ... Meinst du, es ist ein Problem ... ähm ... dass ich nach der Geburt von Johannes keine Rückbildungsgymnastik gemacht habe?"

„Warum sollte das bei einem Vorstellungsgespräch ein Problem sein? Lass' uns mit den Wohnzimmerfenstern beginnen."

„Nicht beim Vorstellungsgespräch! Eher prinzipiell ... Wenn zum Beispiel irgendwann der Traummann vor mir steht und ich vor Aufregung plötzlich inkontinent bin."

„Ganz ehrlich, Maria, ich glaube, da bin ich jetzt überfragt ... Sonst noch irgendwelche Probleme?"

„Die Staatsverschuldung! Ich habe gelesen, dass sich die Verschuldung unseres Staates jede Sekunde um 1.556 Euro erhöht. Und ich frage mich, wer eigentlich all diese Schulden irgendwann mal abbezahlen soll?"

„Na, der Staat. Indem er immer wieder neue Kredite aufnimmt! Er zahlt mit neuen Krediten die alten Schulden. Und da ein Staat ja nicht stirbt wie seine Bürger, kann das auch ewig so weitergehen ... Reichst du mir mal den Fenstersauger rüber?"

„Ich hab mir das zu Hause mal ausgerechnet. Legt man die Staatsverschuldung auf alle Menschen in Deutschland um, so ist jeder von uns mit 28.000 Euro in den Miesen!"

„Das ist NIX im Gegensatz zu anderen Ländern ... bitte den Glasreiniger."

„28.000 Euro! Das ist genau das, was ich insgesamt beim Finanzamt abstottern werde!"

„Nicht den Ajax Tiptop, die grüne Flasche daneben! Ja genau, die mit dem Frosch!"

„Was ich eigentlich damit sagen will, Walter ...“, hole ich noch mal richtig mit Nachdruck aus, während ich den Staubsauger anschmeiße, um die Spinnweben aus den Fensterrahmen zu holen. „Jedes Kind, das in Deutschland geboren wird, kommt bereits mit einer Pro-Kopf-Staatsverschuldung zur Welt! Im Klartext ...“

„Sorry, Maria, aber ich kann dich nicht mehr verstehen!“

Also brülle ich gegen den Staubsauger an: „Im Klartext heißt das: WIR MÜSSEN BEZAHLEN, UM ÜBERHAUPT DA SEIN ZU DÜRFEN!“

Als nächste Staatschulden-Rückzahlungsmaßnahme löse ich meine Lebensversicherung auf und die Riester-Rente gleich mit. Das darf ich Hank natürlich nicht sagen. Meine Bücher habe ich bereits bei Amazon verkauft, sie stehen zur Abholung auf dem Flur bereit. Einen kleinen Karton mit Bilderbüchern, die Johannes als Kind besonders liebte, behalte ich zur Erinnerung. Meine marokkanischen Sitzkissen und mein Couchtisch sind auf ebay gelistet. Meine High Heels stehen als Kommissionsware im Secondhandladen um die Ecke. Meinem rechten Zeh werden sie nicht sonderlich fehlen. Mein Kühlschrank leidet noch immer an chronischer Leere. Morgen kommt Frozen François aus Goa zurück ...

Das kleine Mädchen auf dem Grunde des Meeres

Atmo Wadud, der „schöne Franzose“, war schon sehr enttäuscht gewesen, als ich vor zwei Monaten meinen Besuch in Arambol kurzfristig abgesagt habe. Doch er konnte die Panik, in die ich geraten war, letztlich sogar verstehen. Seit Sophies Tod befindet sich „Frozen François“ in einem Schockzustand, weder fähig sich auf eine Arbeit zu konzentrieren noch sich um den gemeinsamen Sohn zu kümmern. Anan lebt unter väterlicher Obhut bei seinen anderen beiden Geschwistern.

Nach meiner so plötzlichen Rückkehr nach Deutschland vertiefte sich unser kleiner Facebook-Flirt zu einer Brieffreundschaft. Und schließlich wurde daraus doch mehr.

Es ist seltsam, sich auf Distanz in einen Mann zu verlieben. Andererseits war es auch praktisch. Denn solange Wadud so weit weg war, bestand auch keine Gefahr, ins nächste Beziehungsdrama zu schlittern.

„Weißt du schon, wann du nach Deutschland zurückkommst?“, schrieb ich dann schließlich vor drei Wochen.

„Ich bleibe solange wie möglich“, antwortete er etwas schnoddrig. „Es gibt in Köln ohnehin nichts, was auf mich wartet.“

„Doch!“, antwortete ich und es war als würde Sophies Gegenwart meinen Fingern, die wütend auf die Tastatur eindroschen, noch mehr Nachdruck verleihen. „Dein Sohn! Selbst wenn du momentan nicht in der Lage bist, dich um ihn zu kümmern, solltest du ihm zeigen, dass du DA bist. Und ihm klarmachen, dass es nicht an ihm liegt, wenn er getrennt von seinem Vater lebt, sondern an DIR. Sag’ ihm, dass du nicht alle Tassen im Schrank hast und erst dein Leben in den Griff kriegen musst, um ein halbwegs normaler Vater zu sein. Das ist wichtig, sonst wird er die Gründe für deine Abwesenheit in seinem Leben bei sich suchen. Er wird mit dem Gefühl aufwachsen: Papa will mich nicht sehen, weil ich nicht gut genug für ihn bin. Er wird sich ein Leben lang fragen, was nicht stimmt mit ihm. Und noch was: Bring ein Geschenk für deinen Sohn mit aus Goa! Und falls du keine Bleibe hast: Ich suche gerade DRINGEND einen Untermieter für mein zweites Zimmer!“ Raus damit.

Wadud nahm meine Einladung tatsächlich an. Und so übersiedelten mein Lattenrost, meine Matratze, meine Bergsteigerkiste und mein Kleiderschrank ins Arbeitszimmer, um in meinem Wohn-Schlafzimmer Platz für meinen neuen Untermieter zu schaffen. Als Sannyasin scheint er ohnehin so gut wie nichts zu besitzen.

Was genau ist das eigentlich? Ein Sannyasin? Ein kurzer Blick in Wikipedia klärt auf:

„Ein Sannyasin hat der Welt entsagt und lebt in völliger Besitzlosigkeit. Sein Streben gilt der Befreiung vom Karma und dem Kreislauf von Geburt, Leben und Tod. Durch die Vereinigung mit Gott oder, wenn man so will, mit der höchsten Wirklichkeit.“

Ich bin wild entschlossen, auch Sannyasin zu werden. Vor allem, wenn ich mir mein neues Zimmer ansehe, das nun völlig zugestellt ist. Man kann es eigentlich so gut wie gar nicht betreten. Und als Büro lässt es sich in diesem Zustand auch nicht mehr steuerlich absetzen. Aber als Sannyasin werde ich vielleicht ohnehin völlig aufhören zu arbeiten.

Wadud hat die Gemeinschaft der arbeitenden Bevölkerung vor 14 Jahren verlassen und sieht – im Gegensatz zu mir – blendend aus, als ich ihn vom Flughafen Düsseldorf abhole. Braun gebrannt, gut genährt, strahlend und bestens erholt schließt er mich in seine Arme. Ich bin heilfroh, dass wir vor seiner Rückkehr aus Indien eine Sache ganz klar kommuniziert haben: Dass wir beide KEINE BEZIEHUNG mehr haben wollen. Wadud sitzt noch das Trauma mit Sophie in den Knochen und ich habe von meinem Palmblatt eine klare Ansage bekommen.

Doch da Waduds Zimmer gähnend leer ist und meines immer noch so voll, dass ich meinen Lattenrost darin nicht mehr auslegen kann, beschließen wir, seine Leere mit meiner Matratze zu füllen und landen, ehe wir es uns recht versehen ... in einem „Beziehungsprozess". An der Seite eines Hardcore-Sannyasin bedeutet das: volles Programm!

7.00 Uhr „Dynamische" in der Buddha-Hall: Schreien, Toben und Zähneknirschen unserer gekränkten Schmerzmonster, weil der neue Beziehungsprozess-Partner nicht genügend Liebe in die Abgründe unserer verkorksten Kindheit hineinschütten will.

8.30 Uhr: Türkischer Bitterkaffee und Schweige- Schokocroissant in unserer WG-Küche.

9.00 Uhr: Rückzug auf unbestimmte Zeit ins eigene Zimmer, um sich in Selbstliebe zu üben. „Streichelmeditation" nennt Wadud seine bahnbrechende Erfindung. Streichle dich selbst und du wirst irgendwann merken, dass du den anderen gar nicht mehr brauchst. In der Streichelmeditation bist du Gebende und Empfangende, Trösterin und Getröstete, Liebende und Geliebte zugleich.

Ich finde es gibt einfachere Aufgaben als in Ermangelung einer freien Bodenfläche auf dem Schreibtisch zu sitzen und die vom Winter gebleichten Beine zu streicheln, auf denen sich die ersten Anzeichen gefährlicher Besenreiser ausbreiten. Nebenan läuft Waduds Weichspülmusik und ich stelle mir vor, wie seine schönen Hände voller Hingabe über seinen sonnengebräunten Körper gleiten ... statt über meinen.

„Du bist einfach zu dünn", hat er mir gestern nach der Abendmeditation in einem verletzend ehrlichen Beziehungsprozess-Austausch gestanden. „Ich habe bei unseren Tantra-Übungen das Gefühl, statt einer Frau ein verhungertes Kind in meinen Armen zu halten." Wadud hat recht. Meine Hüftknochen sind eine Kriegserklärung an die Liebe. Und die Berührung meines Brustkorbes fühlt sich an wie die Schussfahrt über eine vereiste Piste. Doch ich beschließe, mich tapfer weiter zu streicheln. Ich meine, irgendwer muss es ja tun ...

Ich stehe vor dem großen Spiegel im Badezimmer und betrachte zufrieden meine hervorstehenden Rippen.

Da ruft mich Freya zu sich ins Wohnzimmer.

Ihre Stimme klingt gefährlich. Sie duldet keinen Aufschub: „SOFORT!"

Was soll ich bloß tun? Ich habe mein Nachthemd im Bett vergessen ... SOFORT! ...

Keine Zeit mich wieder anzuziehen ... Schnell nehme ich meine Kleider in die Hand und flitze nackt ins Wohnzimmer.

Mitten im Raum steht mein geöffneter Schulranzen. Daneben liegen auf dem hellbraunen Spannteppich die Pausenbrote der letzten Tage, die Freya jeden Morgen für mich geschmiert und sorgfältig in kleine Plastiktüten verpackt hat. Mist! Warum habe ich sie nicht auf dem Schulweg in einen Mülleimer geworfen?

Freya erhebt sich vom Boden und ihre Gestalt scheint bis in die Decke des Zimmers zu wachsen. „Warum isst du deine Schulbrote nicht auf?“

„Weil ich keinen Hunger habe.“

„In Afrika verhungern die Kinder!“

„Ich weiß.“

„Willst du auch so aussehen wie sie?“

„Ja!“, platzt es aus mir heraus. Tatsächlich leide ich mit den armen Biafra-Kindern mit, deren Anblick im Fernseher mich zutiefst erschreckt, aber auch fasziniert.

Mit all meiner Wut werfe ich es Freya noch einmal entgegen: „JA!!!“

Die erste Ohrfeige trifft mein Gesicht ... Ich sinke auf den Grund meines inneren Meeres und betrachte die Haie, die weit weg über mir ihre hungrigen Kreise ziehen ...

Irgendwann ist das Unwetter vorbei und ich höre das Klappern von Freyas Töpfen aus unserer Küche. Ich bleibe liegen. Wie die Blumen einer Bergwiese, die der Hagel zerstört hat.

Tränen fallen auf meine Schreibtischplatte, als ich mich an das kleine Mädchen dort unten am Grund meines Meeres erinnere. Ich tauche in die Tiefe meiner Kindheit, vorbei an den hungrigen Haien, um das Kind vor dem Vergessen zu retten. Als ich es vom hellbraunen Meeresgrund hochhebe, lässt es seinen Kopf an meine Brust sinken. Sein Gesicht ist farblos. Seine Lippen sind blau von der Kälte des Nordmeeres. Ich sammle seine verstreuten Kleider ein. Dann tauchen wir hoch, dem Licht des Mondes entgegen, der nun gütig auf das Bett des kleinen Mädchens scheint. Es zittert, als ich es niederlege. Ich helfe ihm in sein

Nachthemd und decke es zu. Unter seinem Kreuz aus Perlmutt, das an der Wand über dem Bett hängt, beginnt das kleine Mädchen endlich zu weinen.

„Sei nicht traurig“, flüstere ich ihm ins Ohr und streiche über sein nass geschwitztes Haar. „Das Christkind hat alles gesehen. Und es wird all das, was geschehen ist, irgendwann wiedergutmachen.“

„Das Christkind gibt es gar nicht.“

„Doch. Das Christkind ist in dir. Spürst du das Licht in deinem Herzen? ... Spürst du, wie es ganz hell und warm in dir scheint? ... Das Christkind hat in jedem Kinderherz ein Licht angezündet. Es ist viel stärker als Ungeheuer, Riesen und Drachen. Und es wird dich eines Tages befreien.“

„Wann?“

„Wenn du groß bist.“

„Wann bin ich groß?“

„Wenn das Licht aus deinem Herzen hervorbricht und noch heller scheint wie die Sonne.“

„Bin ich dann schön?“

„Wunderschön!“

„So schön wie ein Christkind-Helferengelchen?“

Als ich nach meiner zweistündigen Streichelmeditation verheult die Küche betrete, duftet es verheißungsvoll nach Süßkartoffeln und Kürbisgemüse.

„Hast du Hunger?“, fragt Wadud.

Dankbar setze ich mich an den gedeckten Tisch. „Ich habe gerade eine Zeitreise gemacht.“

„Schade, dass wir kein Shoyu mehr haben. Das Gemüse könnte Würze vertragen.“

„Ich habe mich selber in meiner Kindheit besucht. Ich habe mich selber in die Arme genommen!"

„Das nennt man eine Begegnung mit dem inneren Kind. Osho schrieb ganze Bücher darüber."

„Es ist unglaublich! Ich kann HEUTE das kleine Mädchen trösten, das ich DAMALS war! ... Das bedeutet ... das bedeutet: Zeit gibt es gar nicht!"

„Auch nichts Neues. Albert Einstein hat das schon vor 100 Jahren gecheckt."

„Aber ICH begreife es JETZT in DIESEM Moment!"

„Stell dir das Universum als großen Jetzt-Block vor, der alles in sich hält: Was war, was ist und was sein wird", erklärt Wadud. „Dieses Universum ist zeitlos und ewig. Doch unser Verstand ist zu klein, um alles auf einmal zu erfassen. Also legt er ALLES SEIN auf eine Zeitlinie und zerstückelt die Ewigkeit in Momentaufnahmen."

„Dann findet alles, was war, was ist und was sein wird JETZT statt?"

„Dein Leben ist wie eine große Filmdatei – du bist ja vom Fach. Doch dein beschränktes Bewusstsein kann dieses Leben nur wahrnehmen, wenn die Datei geöffnet und der Film abgespielt wird. Ein Bild, ein Ereignis nach dem anderen. Doch eigentlich ist die Gesamtdatei auf der Festplatte des Universums immer schon da."

„Das heißt, wir können unser Leben immer vor- und zurückspulen?"

„Warum nicht?"

„Ich könnte zu Johannes fünftem Geburtstag zurückreisen und ihm ins Ohr flüstern, dass es nicht an ihm liegt, wenn seine Mama heute Flüchtlinge im Himalaya rettet, anstatt ihm morgens einen Kuchen mit Kerzen ans Bett zu bringen?“

„Noch besser, du haust sofort aus dem Himalaya ab und bringst ihm die Torte persönlich!“

„DAS IST MÖGLICH?!“

„Na ja ... theoretisch. Irgendwann wird es für uns Menschen möglich sein, unser Leben rückwirkend zu ändern.“

„Okay. Zumindest können wir aber die Schmerzen lindern, die wir unseren Kindern zugefügt haben!“

„Zufügen“, korrigiert mich Wadud. „Vergiss nie: Alles geschieht in DIESEM Moment.“

„Ich muss unbedingt noch einmal an meinen Schreibtisch zurück. Ich bin gerade dabei das Spielzeuggewehr meines Sohnes zu zertrümmern!“

„Nein. Du bleibst jetzt hier sitzen und isst. Ich kann dir bei deiner Magersucht keinen Tag länger zusehen.“

„Was kostet das Essen in Goa?“, frage ich, während das warme Kürbisgemüse meinen Bauch mit Liebe und Zuversicht füllt.

„Kommt drauf an, ob du selber kochst oder essen gehst. Aber mit 7,14 Euro am Tag kommst du in Arambol sicher weiter als hier.“

TEIL 2

INDIEN

In Indien laufen zum Glück ein paar mehr Erleuchtete rum

Die Botschaft der alten Kastanien

Die alte Kastanienallee in der Himmelhofgasse war das schattige Reich zwischen Wohnung und Schule, in dem meine Kinderseele Erholung fand. Unter den schützenden Baumkronen gab es weder Vergangenheit noch Zukunft. Sogar die Ängste vor schlechten Schulnoten lösten sich auf.

Im beständigen Lauf der Jahreszeiten erschuf es sich immer wieder neu: Im Frühling ragten aus den dichten Baumkronen weiße Blütenkerzen erwartungsvoll in den Himmel. Wie Kommunionskinder! Im Herbst kleideten sich meine Baumfreunde in kostbares Gold. Pfiffen die ersten Ostwinde durch die Himmelhofgasse, regnete es reife Kastanien auf das Blech der Autos herab. Lachend sprang ich dann in die Berge raschelnder Blätter, die unser alter Straßenkehrer geduldig immer wieder aufs Neue zusammenschob. Bis die Kehrmaschine mit gelbem Blinklicht das Gold aus den Straßen auffraß. War mein Kopf schwer von Kummer und Scham, lehnte ich ihn gegen die warme Rinde der Bäume und wartete, bis der Wind eine Nachricht von den grünen Hügeln der Vorstadt zu mir trug. Dann öffnete ich meinen Mund, damit er bis in mein Herz hineinwehen konnte.

„Alles wird gut“, flüsterte der Wind in den alten Kastanien. „Wenn du groß bist, kommt ein Mann, der dich so liebt, dass er die Tür zu Wolken-Omas Paradiesgarten wieder aufschließt.“

40 Jahre später ...

Das ist der Tag, deinen Staub abzuschütteln!
Das ist der Tag, an dem du sagst: Jetzt ist es so weit!
Das ist der Tag, von dem du so lange geträumt hast!
Das ist der Tag, endlich JA zur LIEBE zu sagen!
(Nicholas Ostis)

Zum Ruf der Trommeln füllt sich die Weite des Strandes mit exotischen Fabelwesen. Als habe jemand ein riesiges Buch mit uralten Weltmärchen aufschlagen, aus dem sie jetzt mit Anmut heraussteigen, um ihre zeitlose Schönheit im zauberhaften Licht der untergehenden Sonne zu zelebrieren.

Silber-grüne Elfen aus den Birkenhainen Sibiriens und bunte Schmetterlings-Hofdamen aus dem alten Europa, Hula-Hoop-Prinzessinnen mit fluoreszierenden Reifröcken, wilde Drachen auf den tätowierten Brüsten der düsteren Feuerschlucker, gold gelockte Wolken-Jongleure und bärtige Rastazopf-Akrobaten. Auf seinem Haupt balanciert ein Zauberer einen Turban aus schwerelosen Kristallkugeln. Mit flatternd weißen Gewändern umspielt ein Schwarm kichernder Tantra-Göttinnen ihren indischen Guru. In knappes Leder geschürzte Liebesmagierinnen spielen mit den Blicken ihrer scheuen Verehrer. Windzerzauste Globetrotter in durchgelaufenen Turnschuhen ziehen an den Rohkosttüten der veganen Neo-Hippie-Generation. Geschmeidige Yogis geben sich dem beeindruckenden Ergebnis ihrer jahrelangen Arbeit hin, ebenso wie die ernsten Tai-Chi-Krieger mit ihren filigranen Luftschwertern. Auf bunt gewebten Tüchern breiten Schmuckkünstler aus aller Welt ihre fantasievollen Kreationen aus. Im milden Licht der untergehenden Sonne stellt jeder zur Schau, was er kann, was er ist und was er gerne sein möchte.

Tanzend, trommelnd, singend, meditierend, liebend, lachend wird der Tag in ekstatischer Freude beendet. Auf der buntesten Strandpromenade der Welt, dem größten Abenteuerspielplatz für „Gewachsene“, die sich wie Kinder im Karneval jedes Jahr neu erfinden und ausdrücken wollen. Noch nie habe ich so viele schöne Menschen an einem Ort versammelt gesehen wie hier in Arambol!

Ich grabe meine Füße tief in den Sand, damit mich weder mein I-Phone noch die Kölner Müllabfuhr aufwecken kann.

„Sind wir tatsächlich hier?“, frage ich Wadud. „Oder ist das alles ein Traum?“

„Solange wir nicht wirklich erwacht sind, ist alles ein Traum.“

„Dann habe ich wenigstens den Albtraum Deutschland verlassen, um in einem bunten Hippie-Musical weiterzuschlafen!“

Diesen bemerkenswerten Fahrspurwechsel habe ich Wadud zu verdanken, einem Schutzengel aus Österreich und letztlich der Deutschen Bundesbahn ...

Nachdem ich alle meine Schulden an das Kölner Finanzamt beglichen hatte, stellte ich bestürzt fest, dass ich über die vielen Geldbeschaffungsmaßnahmen den roten Faden meiner aktuellen Lebensbestimmung verloren hatte: nämlich einen Bestseller zu schreiben. Doch um Bücher zu schreiben, braucht man etwas Geld auf dem Konto und Speck auf den Hüften, weil das stundenlange Sitzen auf Speerspitzen statt gepolsterten Sitzknochen schnell zur Tortur werden kann.

Als dann die Zeit für Wadud wieder reif war, nach günstigen Indienflügen für die bevorstehende Wintersaison zu googeln, bat ich ihn, mich mit nach Goa zu nehmen.

Dieser Umstand katapultierte mich schließlich in die überaus peinliche Lage, meine Vermieterin Frau Sommer ENDLICH über das Mysterium des verschwundenen Kinderwagenuntersatzes der Familie Schmitz aufzuklären und sie bei der Gelegenheit zu bitten, meine Wohnung über den Winter untervermieten zu dürfen.

„Und was führt Sie dieses Mal nach Indien?", fragte Frau Sommer besorgt. „Leprakranke? Tibeter? Wohltätige Zwecke?"

„Nein. Mein neues Buch."

„Oh, wie spannend! Und worüber schreiben Sie?"

„Ich möchte herausfinden, ob Jesus während der 18-jährigen Lücke in seiner Bibel-Biografie tatsächlich in Indien war."

Das sagte ich einfach mal so. Doch Frau Sommer sprang sofort darauf an:

„Wie wundervoll! Eine Studienreise also!"

Hank fand meinen Entschluss, nach fünfundzwanzig arbeitsreichen Jahren eine Schaffenspause einzulegen, verständlich, hatte aber Bedenken: „Und wie wirst du von Indien aus den Unterhalt für Johannes bezahlen?"

„Ich weiß es noch nicht. Aber bliebe ich in Deutschland, wüsste ich es ebenso wenig."

Wenige Tage später erhielt ich von meinem K. K. K. K. den Auftrag, einen Schulungsfilm für die Deutsche Bundesbahn zu drehen. Unglaublich, wenn man bedenkt, dass ich mich vor einem Jahr noch auf die Schienen der Westbahn legen wollte! ... Die Unterhaltsfrage war also schon mal auf sicheren Gleisen.

Nun blieb nur noch EIN lapidares Problem offen: Von welchem Geld würde ich meinen eigenen Unterhalt in Indien bezahlen?

„Für fünf Monate brauchst du 3.000 Euro in Goa“, sagte Wadud.

Wohin ich auch blickte: Die 3.000 Euro waren nicht in Sichtweite.

Drei Tage vor meiner Abreise schickte mir eine Freundin aus Österreich die freudige Nachricht von der Geburt ihres ersten Enkels. Ich gratulierte der glücklichen Familie und erwähnte im Abspann PS: „Sitze mit einem Bein am Check-in nach Indien, um dort mein neues Buch zu schreiben!“

Zwei Stunden später rief mich ihr Mann an. Er hatte mich vor drei Jahren zu einer Lesung meines letzten Buches in ihre Vorarlberger Gemeinde eingeladen. „Ich weiß nicht wieso, aber eine innere Stimme sagt mir, dass ich dich fragen muss, wovon du in Indien leben wirst?“

„Ehrlich gestanden, weiß ich es nicht.“

Noch am selben Tag sollte ich mir am Western-Union-Schalter des Kölner Bahnhofs die fünfmonatigen Unterhaltskosten für meine geplante Auszeit abholen.

„Für deinen neuen Bestseller“ stand im Betreff.

In Arambol erwartete mich in einem orange-gelben Gästehaus mit weißer Sahnebaiser-Balustrade ein Schreibrefugium mit Balkon über einem Hain rauschender Palmen. Wadud bezog sein Stammzimmer im azurblauen Haus nebenan mit Blick auf das Meer. Von unseren Balkonen können wir einander zuwinken, zuschmollen oder uns zum Abendessen verabreden.

Bei unserem ersten Sparziergang zum Strand habe ich in einem Blütenteppich 500 Rupien gefunden. Ich bedankte mich bei den Gottheiten des Haines und bei Mahatma Gandhi, der mir von der Vorderseite des Scheines aufmunternd zunickte, als wollte er sagen: „Komm schon! Nimm die Kohle! Oder willst du dich jetzt tatsächlich auf die Suche nach einem Fundbüro machen?"

Gandhi hat recht: Es geht im Leben darum, sich zu BEFREIEN! Sei es von kolonialer Besetzung, wirtschaftlicher Ausbeutung, Schuldgefühlen oder Missbrauchsstrukturen. Daran erinnert auch der berühmte Salzmarsch auf der Rückseite des Geldscheines, der schließlich zur Unabhängigkeit Indiens von Großbritannien führte.

„500 Rupien, wie viel ist das noch mal?", frage ich Wadud, nachdem die Sonne hinter dem Horizont verschwunden ist und der Sand, auf dem wir sitzen, allmählich abkühlt.

„7,14 Euro", antwortet er wie aus der Pistole geschossen. Wer am Limit lebt, muss gut rechnen und haushalten können.

„Lass uns in den Magic Park gehen! Ich lade dich zur Feier des Tages zu einem Candle-Light-Dinner ein."

„Im Magic Park kommst du mit 500 Rupien nicht weit. Aber im ‚Laughing Buddha' sollte es für ein amtliches Drei-Gäng-Menü reichen."

Der „Lachende Buddha" ist eines jener Strandrestaurants in Arambol, in denen Musik, Kost und Preise noch Bodenhaftung haben. Wir wählen einen Tisch mit romantischem Windlicht und Meerblick. Ich ringe um die richtigen Worte. Seit zwei Wochen trage ich ein süßes Geheimnis mit mir ...

„Du, Wadud, ich ... Ich muss dir etwas sehr Wichtiges sagen."

„Du bist schwanger."

„Nein! Das war Sophies Part!"

„Was ist es dann? Raus mit der Sprache!"

„Bestimmt wirst du mich fürchterlich auslachen ... Ich ... Ich bin vor unserer Abreise noch Sannyasin geworden."

„DU?! Eine Osho-Jüngerin?! ... Wow ... Gratulation! Wie kam es zu der Entscheidung?"

„Zwei Jahre habe ich bei jeder Dynamischen Meditation meinen Seelenmüll in der Buddha Hall abgeladen. Es wurde Zeit, sich dafür bei Osho zu bedanken."

„Haben sie dir einen Namen gegeben oder hast du dir selbst einen verpasst?"

„Natürlich ließ ich das ‚Höhere Bewusstsein' entscheiden!", sage ich und lege das ungeöffnete Kuvert mit der Namensmitteilung vom Kölner Osho-Zentrum auf unseren Tisch. „Aber ich hatte noch nicht den Mut es zu öffnen. Ich wollte dich gerne dabeihaben, sozusagen als Taufpaten."

„Und wann findet die Taufe statt? Vor oder nach unserem Festmahl?"

„Lass uns zuerst was zu essen bestellen. Ich sterbe vor Hunger!"

Die Schwarze Madonna im indischen Luftraum

Nach seinem Fall aus dem Paradies brauchte der Mensch Vermittler, die seine aus den Fugen geratene Welt in Balance hielten. So wurde die Welt der Götter erschaffen. Das hinduistische Pantheon ist – wie im Himmel, so auf Erden – stark überbevölkert: 330 Millionen Gottheiten drängen sich im indischen Luftraum und sie präsentieren sich gerne auch paarweise:

Brahma, der Weltenschöpfer, ist mit Saraswati, der Göttin

vollständigen Wissens, liiert. Hinter dem Weltenerhalter Vishnu steht dessen Frau Lakshmi, die Göttin des Reichtums, damit er seinen Job auch erledigen kann. Und Shiva, der Weltenzerstörer, kann seine Kraft nur manifestieren, wenn es zerstörbare Materie gibt, die seine Gattin, die Göttin Parvati gebiert.

Erschaffung, Erhaltung und Zerstörung ist das hinduistische Modell der göttlichen Trinität: Ohne die Zerstörung eines alten Zyklus kann keine neue Schöpfungsperiode beginnen. Das zu wissen ist hilfreich, wenn einem alles wegbricht, was vorher so sicher erschien. Zum Beispiel die Rente, für die wir ein Leben lang einbezahlt haben. Spätestens dann wird es Zeit, sich mit der Mechanik von Wundern vertraut zu machen. Wer sich weiter an verbrauchte Strukturen klammert, droht mit ihnen unterzugehen. „Zulassen und annehmen“ lautet die Losung. Es macht ja auch keinen Sinn, sich über das Abnehmen des Mondes zu beschweren. Oder über eine Beziehung, deren Ende sich bereits an unserem ersten Abend in Arambol schleichend ankündigte ...

Nachdem wir unsere Drei-Gänge-Menüs bestellt hatten, schielte Wadud neugierig nach dem Kuvert mit meinem Namen. Ein flaues Gefühl machte sich in meinem Magen breit.

„Ist dir nicht gut?“, fragte Wadud.

„Ich habe Angst.“

„Vor deinem Namen?“

„Ich glaube, ein indischer Göttername passt gar nicht zu mir.“

„Das hättest du dir vielleicht früher überlegen müssen.“

„Muss ich mich denn dann auch wirklich so nennen, sobald ich den Namen ausgepackt habe?“

„Natürlich nicht. Aber wenn du gar keinen Sannyas-Namen haben möchtest, warum hast du dir dann einen bestellt?"

„Man bestellt schon öfter mal was und lässt es dann wieder zurückgehen. Zum Beispiel weil die Körbchengröße nicht passt."

„Das ist aber hier jetzt nicht das Thema."

„Also wenn ich ehrlich bin, finde ich diese langen indischen Namen für uns Westler zu blumig. Wer soll sich das merken? ... Entschuldigen Sie: Wie war noch mal Ihr Name? Abhinava Sambodhi? Abhirama Sambhava? Abhinanda Sananda? ... Mit so einem Vornamen klopft man seinen Journalistenausweis besser gleich in die Tonne."

„Vielleicht steht ja auch etwas ganz anderes drin."

„Wie?"

„Ja! Vielleicht steht in dem Brief etwas, was du gar nicht erwartest: Dein neuer Name ist ... Trommelwirbel ... Heidi."

„Oh nein! Das wäre ja SCHRECKLICH!!!"

„Jetzt komm schon, öffne endlich den Brief."

Ich zog den Zettel mit meinem Namen aus dem Kuvert und überreichte ihn Wadud mit geschlossenen Augen, der schallend zu lachen anfing.

„Warum lachst du? Was ist so komisch an meinem Namen? Komm! Gib' schon her!"

Er spielte mir meinen Sannyas-Taufschein wie ein Herz-As aus: „Sagte ich's doch!"

Fassungslos springe ich von meinem Stuhl auf: „Das ist ja ... Das ist ja ... GENIAL!"

Der Wirt drehte Joe Cockers „You can leave your hat on" auf und ich drehte hüpfend und jauchzend eine Runde durch sein Lokal: „I can leave my hat on!!!"

Als ich mich wieder zu Wadud setzte, schaute der mich etwas befremdet an.

„Sooooo besonders find' ich deinen neuen Namen jetzt auch wieder nicht."

Der Rest dieses Abends verlief eher gesprächsarm ...

Nun liege ich wieder alleine in einem Bett, das eigentlich Platz hätte für eine große Liebesgeschichte. Zwar half mir Wadud noch, mein Moskitonetz aufzuspannen, doch danach verabschiedete er sich.

„Willst du heute Nacht nicht bei mir bleiben?", fragte ich noch.

Bedauernd schüttelte er den Kopf: „Ich komme mit deiner Schwingungsfrequenz nicht klar. Es ist, als würde man neben einer surrenden Hochspannungsleitung einschlafen. Außerdem stehst du für meinen Geschmack viel zu früh auf."

Wadud hat recht. Ich bin immer und überall die Erste, die aufsteht und die Letzte, die zu Bett geht. Und selbst wenn ich versuche meinen Laufschritt, meinen Redefluss und meine Hyperaktivität in einem überschaubaren Rahmen zu halten, bin ich immer zu viel. Ich bin die Braut, an die sich keiner so richtig rantraut. Bin ich tatsächlich zum Single verdammt, um Bücher zu schreiben? So wie es mein Palmblatt mir prophezeit hat?

Ich verlasse mein aus Moskitonetz erschaffenes Wolkenschloss und trete auf den Balkon, um meinen neuen Namen in den Himmel zu sprechen und alleine zu feiern.

„Helft mir, seinen großen Ruf zu füllen", sage ich zu den Sternen, die sich zu einer Erscheinung verdichten: eine Schwarze Göttin in einem funkelnden Kleid. Die Edelsteine ihres Himmelsgewandes fühlen sich an wie die tingelnden Zellen meines eigenen Körpers.

„Wer bist du?", frage ich sie.
„Die Schwarze Madonna."
„DU hier? Im indischen Luftraum?"
„Ich wollte dich zu deinem neuen Namen beglückwünschen."
„Na ja, soooo neu ist er ja nun auch wieder nicht."
„Maria ist kein Name. Maria ist ein Auftrag. Also, mach etwas daraus."
Schon löst sich ihre Gestalt wieder auf.
Träume ich oder ist es wahr? Ich lese mir meinen Sannyas-Taufschein noch einmal ganz genau durch. Da steht es tatsächlich, schwarz auf weiß: Dein Name ist ...

... „Deva Maria"

Spirituelle Namen sind Wegweiser in die Bestimmung unseres Lebens. Sie nennen nicht uns, sondern unser ureigenes Potenzial beim Namen und erinnern uns an die Essenz unseres Daseins.

Deva bedeutet „göttlich", „himmlisch", „strahlend" und wird im Hinduismus gerne Erleuchteten als Beinamen gegeben. Ist die Erleuchtung das Ziel meiner Lebensreise? Der innerste Wunsch meiner Seele? Ist die „Deva" vor meinem Namen eine Aufforderung, mich endlich um meinen Geisteszustand, anstatt um meine Imagepflege zu kümmern? Und in allem, was ist, GOTT zu erkennen? Auch in den Niederlagen, den Verlusten und vor allem in meinem Scheitern?

Jesus hat das schon vor 2000 Jahren gecheckt. Doch damals waren wir noch nicht so weit, die Gegenwart eines Erleuchteten zu ertragen. Sein Licht schien zu hell auf unsere Schatten. So haben wir den Sohn Gottes bespuckt, gefoltert und schließlich ans Kreuz, den Weltenbaum unseres eigenen Schicksals, geschlagen.

Doch mit seinem letzten Atemzug hat Jesus die Tür zu einer neuen Welt aufgestoßen. Als er sich seiner Bestimmung ganz hingab, wurde aus einem Propheten der Christus. Wurde aus dem Sohn Gottes – Gott selbst.

„Spalte ein Stück Holz und ich bin da, hebe einen Stein auf und du wirst mich finden", spricht Jesus im Evangelium nach Thomas, der ältesten aller Heiligen Schriften.

1600 Jahre blieb sie vor den Augen der Menschheit verborgen – von den frühen Kirchenvätern verboten, verbannt und verbrannt. Weil wir wahrhaft erleuchtete Worte nicht mit dem Verstand begreifen, sondern nur mit jener inneren Weite, die sogar denen, die uns ans Kreuz schlagen, verzeiht.

Doch nun scheint der Same, den Jesus in unser Bewusstsein gelegt hat, zu erwachen. Immer mehr Menschen schließen sich der aktuellen kollektiven Völkerwanderung an. Es scheint die weiteste Reise der Menschheit zu sein. Denn sie führt vom Verstand in unser Herz.

Auch Maria Magdalena folgte dem Ruf ihres Herzens. Sie gab ihr altes Leben auf, um als Nomadin mit einem Wanderprediger durch die Wüste Galiläas zu ziehen. Ihr Mut kann heute eine Inspiration für uns Frauen sein, den Quantensprung in das neue Bewusstsein durch Hingabe an das Ungewisse zu wagen.

Doch wer war diese Frau? Wir wissen über Maria aus Magdala historisch so wenig.

Auch Kirchengeschichte wurde von Männern für Männer geschrieben. Diese betonierten im Auftrag ihrer Machthaber die lebendige Ur-Lehre Jesu zu einer statischen

Staatsreligion, regulierten die Quelle zu einem Einheitsstrom, der große Frauenfiguren als Flaggschiffe nicht zuließ.

Maria Magdalena war zu berühmt, um sie historisch verschwinden zu lassen. Also wurde ihre Geschichte radikal überschrieben. Aus der erleuchteten Jüngerin, der Christus seine Nachfolge übertrug, wurde die stadtbekannte Hure des Lukasevangeliums. Eine reuige Sünderin, die auf Knien in den Schoß der Kirche zurückkriecht.

Statt „Erleuchtung durch Hingabe" lautet die Botschaft für Frauen seither. „Rettung durch Reue". Man implantierte ein Schuldgefühl in unsere Seelen, das wir nun seit Jahrhunderten mit uns tragen. Daran wird auch die gut gemeinte Frauenquote nichts ändern.

Zwar sprach die katholische Kirche 1969 Maria Magdalena vom Bild der Sünderin frei. Doch wer über Jahrhunderte als Pin-up-Sünderin der Kirchenkunst herhalten musste, ist schwer als erleuchtete Meisterin zu rehabilitieren. Und so scheint heute viele Menschen vornehmlich die eine Frage zu interessieren:

„Hatten die beiden was miteinander?"

„Wer?"

„Na, der Jesus und die Magdalena!"

Kurz nach Beendigung des Zweiten Weltkrieges tauchten aus dem Wüstensand Ägyptens längst vergessene Evangelien auf, die eine ganz andere Sprache sprechen als jene des Neuen Testaments. Frühchristliche Texte des „gnostischen Christentums", das statt des „Glaubens an Gott" das „Erkennen von Gott" in den Vordergrund stellt.

Das Philippus-Evangelium erzählt von der besonderen Nähe zwischen dem Meister und seiner Schülerin: „Der Erlöser liebte Maria mehr als alle anderen Jünger. Und er küsste sie oft auf ..." Ausgerechnet an dieser Stelle befindet sich im Text eine Lücke, in die so einiges hineinpassen würde: Auf die Stirn? Auf die Hand? Auf den Mund? Auf den Leib? ... Zensur oder Zufall? Menschenwerk oder göttliche Fügung?

Oder hat uns das Schicksal ein Guckloch für unsere eigene Imagination eröffnet?

Dan Brown hat aus der Lücke einen Bestseller gemacht. In seinem Kielwasser schwimmen heute viele hungrige Fische, die auch etwas vom „Lücken-Boom" abhaben wollen.

Vor meiner Abreise nach Indien legte mir eine Freundin ein „gechanneltes", also ein vermeintlich von Maria Magdalena „diktiertes", Sachbuch ans Herz: „Hier wirst du endlich die WAHRHEIT über Jesus und Maria Magdalena erfahren!"

Dummerweise habe ich gestern Nacht, als ich wegen meiner zu hohen Schwingungsfrequenz nicht einschlafen konnte, angefangen darin zu lesen ...

Der Autor stellt sich selbst als Medium und Maria Magdalena als ehemalige Isis-Priesterin vor, die ihm nach 2000 Jahren des Schweigens endlich das große Geheimnis ihrer Beziehung zu „Jeshua" offenbart: Die Auferstehung war möglich, weil das Liebespaar mittels alchemistischer Sexualpraktiken ihre Kundalini erweckte – eine ätherische Schlangenkraft, die zusammengerollt am unteren Ende unserer Wirbelsäule ruht. (Sie wissen ja – dort, wo man Dr. Sonnfried Groß' Notpflaster hinklebt, wenn's mal wieder eng wird mit der Kohle.) Was dieser erstaunlichen Privatoffenbarung folgt, ist eine literarisch recht bescheidene Tantra-Anleitung.

Neben einem gewissen Unterhaltungswert bringen Werke wie diese nicht wirklich Licht in den Tunnel. Mal ehrlich: Welche Auswirkung hätte es auf IHR Leben, könnte ich Ihnen folgende Fakten auf den Tisch knallen: Jesus und Maria Magdalena waren verheiratet, hatten guten Sex und drei Kinder. Welchen Einfluss hätte es auf Ihren Alltag, Ihren Kontostand? Oder den aktuellen Pegel Ihres Selbstfindungsprozesses? Welchen persönlichen Gewinn würden Sie aus dieser Information ziehen? Außer jenen, wieder einmal RECHT gehabt zu haben: „Ha! Wusste ich's doch, dass die was miteinander hatten! Und dass uns die Kirche da was verheimlicht! Was für ein Glück, dass ich aus dem Verein raus bin!"

Wäre es nicht viel spannender, statt uns in Verschwörungstheorien zu verlieren, in die Fußstapfen Christi zu treten und selbst Wunder zu vollbringen wie er? Zum Beispiel über Wasser zu laufen, wenn uns die untergehende Sonne einen goldenen Teppich à la Christus über das Meer legt? Oder einen Hurrikan zu bändigen, der dummerweise genau auf unser Haus zurollt? Oder einem Gelähmten ohne jegliche Ironie sagen zu können: „Hey Alter, steh auf und klapp deinen Rollstuhl zusammen! Und wenn du willst, schicken wir das Ding direkt nach Indien. Ich kenne da eine Maria-Magdalena-Reinkarnation, die Gehhilfen an Arme verteilt."

Wir sind gar nicht sooo weit davon entfernt! Jesus war ein Prophet, der uns all das vorgelebt hat – nicht um als biblischer Zauberkünstler Furore zu machen, sondern um uns an unsere eigenen Möglichkeiten zu erinnern.

Eines der bemerkenswertesten Schriftstücke, die der Fund von Nag Hammadi in der Wüste Ägyptens zu Tage brachte, ist die Pistis Sophia. In diesen Lehrgesprächen zwischen Christus und seinen Jüngern spielt Maria Magdalena eine herausragende Rolle. Von insgesamt 57 Fragen stellt sie 43. Von 48 Auslegungen fallen 22 auf sie.

„Du bist begnadet vor allen Frauen auf Erden, weil du die höchste Fülle und höchste Vollendung sein wirst", sagt der Auferstandene zu ihr. In weiteren Ehrerbietungen wird sie die „Geist-Erfüllte" genannt, die „All-Begnadete", die „Erbin des Lichtreichs", die „Reine", ja sogar die „Lichtreine"! ... Die „Allheilige", die „Vollheit", die „in Fülle Begnadete", die „vor allen Frauen Begnadete"! ... die „höchste Vollendung" und schließlich ... die „Erleuchterin".

Blicke ich also in die Lücke des Philippus-Evangeliums, dann sehe ich folgende Szene:

Jesus Christus überträgt Maria seine Nachfolge mit einem Kuss auf die Stirn: dem „heiligen Kuss", der mehrfach in den Evangelien erwähnt wird. Er ist Ausdruck mystischer Liebe und hatte nichts mit alchemistischen Sexualpraktiken zu tun.

Wir alle sind Medien. Denn wir alle beziehen unsere Ideen, Gedanken und Visionen aus dem göttlichen Raum. Die Frage ist nur: Wie lang reichen unsere Antennen? Und wie weit steht unser Kanal offen?

Doch da letztlich ALLES Erschaffene göttlich ist, fliegt der gechannelte Tantra-Ratgeber jetzt nicht in hohem Bogen über die Balustrade meines Balkons. Stattdessen lege ich ihn respektvoll in den lilafarbenen Blütenteppich unter die Palmen. Vielleicht findet ihn ja jemand, der etwas Sinnvolles damit anfangen kann.

Das pinkfarbene Strandtuch

In den späten 1960er-Jahren entdeckten ein paar Hippies im Norden Goas einen weitläufigen, weißen Palmenstrand mit einem beschaulichen Fischerdorf und einem idyllischen Süßwassersee. Über den hölzernen Türen der alten, portugiesischen Kolonialhäuser hingen vergilbte Jesus-Bilder mit einem vor Liebe entflammten Herzen. Das Herz der Maria war mit bunten Blumen umkränzt.

Die Bewohner waren freundlich, die Sonnenuntergänge auch ohne Drogen berauschend und am Horizont sprangen Delfine durch rosa-violette Wolkenburgen. Die Hippie-Pioniere bauten die ersten Bambushütten am Strand von Arambol auf.

Heute ist Arambol ein brummendes, boomendes, multidimensionales Mega-Event, das sich in einem Radius von fünf Kilometern rund um jenen Nullstein erschaffen hat, wo immer noch das älteste Strandrestaurant steht: Carpe Diem! ... ‚Pflücke' den Tag! Nutze und genieße ihn!

Das Herz der Flower-Power-Bewegung hat in Arambol nie wirklich aufgehört zu schlagen. Weil ganz Arambol ein offener Herzensraum ist, in dem sich jeder Freak willkommen fühlen darf: Arambol ist Woodstock, Trance Dance und Karneval zugleich. Techno, Drum, Reggae und Mantra-Singen am Strand. Ayahuasca-Rausch-Reisen in der Nacht und Bio-Papaya-Müsli am Morgen danach.

Für manche ist Arambol ein schriller One-Night-Stand, für viele das schönste Winter-Refugium auf diesem Planten. Arambol ist ein ehrliches Glaubensbekenntnis und eine schillernde Hure. Traumstrand und Alptraum zugleich. Arambol ist ein Ort mit vielen verschiedenen Sphären und Welten ...

Als erste Sphäre ist jeden Morgen die Yoga-Szene am Start: Hatha, Iyengar, Kriya, Kundalini ... in Arambol wird wirklich alles geboten!

Danach erwacht in der Bambus-Hochburg für Selbsterfahrung das Leben: Im Love Temple hast du die Wahl, deinen Vormittag mit Mandala-Tanzen, Kuscheltantra oder Satsang light zu verbringen.

Satsang ist das Zusammensein von Schülern und Schülerinnen mit ihrem spirituellen Lehrer im Namen des „Heiligen Resonanz-Phänomens": Anstatt einer Lehre stellt der Meister seine erleuchtete Gegenwart zur Verfügung, in welcher der Schüler „baden" und selbst zur Erfahrung seiner ursprünglichen göttlichen Natur gelangen kann. Arambol ist nicht unbedingt das Pflaster der ganz großen Meister, doch so mancher startet im Love Temple als Erleuchtungscoach seine Karriere.

Eine Sanddüne weiter, versteckt in einem idyllischen Palmwäldchen, liegt der geheime Hotspot von Arambol ... Der Magic Park ist eine friedliche Daseins-Oase. Auf Liegesofas und gemütlichen Sitzbänken findet hier das Social Life statt. Man trifft sich zum Minztee, zum Kuchen oder zu einem der Paradiesgarten-Gerichte, die „Queen Ana" jeden Tag auf ihren Gaskochern zaubert: New Moon Porridge, Christal Salad, Eye of the Buddha, Vegan Bhakti Plate, Cucumber of Clarity.

Ana ist auch Österreicherin. Mit ihrem Mann Arun schmeißt sie den Laden, näht exklusive Mode aus indischen Saris, organisiert Yoga-, Heil- und Massagekurse und lädt abends an der offenen Feuerstelle zum Bajan-Singen ein. Jeder ist herzlich geladen, aber nicht jeder wird hier geduldet. Wer sein spirituelles Ego zu weit aufbläst oder es bei der Plünderung des Sonntagsbuffets maßlos übertreibt, bekommt von der Queen auch schon mal Hausverbot. Leider reicht mein Budget nicht, um mich einmal quer durch Anas Speisekarte zu futtern! Doch ich bin immer herzlich willkommen, in Ana und Aruns Königreich meinen Arbeitsplatz aufzuschlagen: Schreiben statt schlemmen unter rauschenden Palmen!

Wo ist eigentlich Wadud? Seine Balkontür war heute Morgen verschlossen. Vielleicht ist er noch vor dem Frühstück schwimmen gegangen?

Der Strand ist heute mal wieder in russischer Hand: Im Norden mit fetten Partys und Spirituosen, im Süden mit Tantra und Spiritualität. In der Mitte beider Extreme bauen russische Mütter mit ihren Kleinkindern Sandburgen, während die alleinstehenden Damen aus Moskau auf den Strandliegen ihre von der Sonne gebräunten Superfiguren zur Schau stellen – für den Fall, dass der deutsche Prinz auf seiner fetten Geldbörse vorbeireitet. Der Osten träumt noch immer vom Goldenen Westen, obwohl dort längst der Putz von den Fassaden bröckelt.

Nun könnte man als mitteldurchschnittlich normal ausgestattete Frau neben den russischen Super-Nixen verzweifelt den Kopf in den Sand stecken. Doch ich habe beschlossen, genau HIER mein tägliches Satsang zu machen und in Resonanz mit der dargebotenen Schönheit auf den Strandliegen zu gehen: Ich bade in der Gegenwart russischer Frauen wie in der Sonne. Ich inhaliere ihre Anmut wie den Duft des Arabischen Meeres. Ich studiere ihre Gabe, sich wie eine Göttin zu bewegen – in der Hoffnung, etwas von ihrem Zauber möge vielleicht auch auf mich abfärben.

Wo ist Wadud? Wäre er vor dem Frühstück schwimmen gegangen, müsste sein prachtvoller Körper allmählich aus den wogenden Fluten heraussteigen.

Die ersten Strandliegen leeren sich bereits wieder. In wenigen Minuten beginnt im Love Temple ein Tantra-Workshop mit einem deutschen Osho-Schüler, der die Lehren des verstorbenen Meisters weiterträgt.

„Tantra ist der natürlichste Weg zum Göttlichen", hat der Meister der sexuellen Befreiung in einem seiner vielen Bücher geschrieben. „Die Sache soll so instinktiv, so ohne Gedanken werden, dass wir völlig mit der höchsten Natur verschmelzen. Sodass die Frau verschwindet und zur Tür für das Höchste wird. Sodass der Mann verschwindet und zur Tür für das Höchste wird."

Zu gerne würde ich wissen, wie das in der Praxis aussieht. Gemeinhin denkt der Laie beim Wort „Tantra" an freie Liebe und Sex. Doch beim Kuschel-Tantra in Arambol geht es, laut Wadud, weitaus gesitteter zu.

„Setzt sich die Frau auf den Schoß eines Mannes, ist in der Regel ein Kissen dazwischen", hat er mir noch gestern Abend erzählt.

„In der Regel oder während der Regel?", fragte ich vorsichtshalber nach.

„Hm?"

„Na prinzipiell oder bloß während der Periode?"

„Ähm ... also ich glaube so richtige Regeln gibt es da nicht. Aber immerhin dürfen sich die Frauen ihre Übungspartner auswählen. Es sollte jedoch nicht unbedingt der eigene Mann oder Freund sein."

Die Vorstellung, mich auf den Schoß eines Fremden zu setzen, erschreckt mich. Auch wenn der tantrisch erleuchtete Typ mir dabei völlig absichtslos in die Augen schaut und durch seine Gegenwart GOTT in mein Leben eintritt. Sorry, GOTT! Ich glaube, ich bin noch nicht so weit.

Als ich dann dennoch mit einer gewissen Wehmut am Love Temple vorbeischlendere, fällt mein Blick auf ein pinkfarbenes Badetuch mit einem bestickten Ying-Yang in der Mitte ... und obendrauf ... ich fasse es nicht! ... liegt mein ausgesetzter Tantra-Ratgeber über Jesus und Maria Magdalena! Mit den bedruckten Seiten nach unten, damit der Wind sie nicht verblättern kann. Die Farbe des Strandtuches lässt auf eine LeserIN schließen. Wie sieht die Zielgruppe von Maria, der Isis-Priesterin, aus? Es drängt mich, diese Frage zu lösen! Möglichst unauffällig setze ich mich nahe des Ying-Yang-Badetuches in den Sand, um in geheimer Mission auf die Rückkehr der schönen Finderin zu warten. Moment mal, wer sagt eigentlich, dass sie schön ist? ...

Hätte ich Eckhart Tolle nicht nur gelesen, sondern auch auf zellularer Ebene voll integriert, würde ich jetzt in der friedvollen Beobachtung der Wellen versinken. Doch leider schaltet sich schon nach wenigen Sekunden in meinem Kopf ein schauriges Heimkino an, das auch die dazu passenden Gedankenschleifen anwirft: Bestimmt ist die Finderin meines Buches ins Kuschel-Tantra gegangen. Und sicher ist Wadud auch dort! Wo soll er denn sonst sein? Bestimmt ist genau JETZT Damenwahl. Und bestimmt wird sich die grünäugige Besitzerin MEINES Tantra-Ratgebers auf Waduds Schoß setzen! Ohne regulärem Kissen dazwischen ...

Alles Weitere würde ich mir jetzt gerne ersparen ... doch die hauseigene Zensur versagt heute total. Was, wenn die vollbusige Elfe vom pinkfarbenen Badetuch Wadud von ihrem geheimnisvollen Fund erzählt? Es wird ihn bestimmt völlig begeistern, auf eine Maria-Magdalena-Expertin gestoßen zu sein, die im Bett – statt über alte Papyrusfunde aus Ägypten zu referieren – alles auslebt, wofür Maria Magdalena in der Eso-Bewegung herhalten muss: Sex, Love and Soul ...

Das Kino in meinem Kopf kennt da weder Alters- noch Schmerzgrenzen. Ich muss unbedingt etwas dagegen tun! Kurz überlege ich, einen Realitätscheck zu wagen und einen scheuen Blick in den Love Temple hineinzuwerfen, um zu sehen wie weit es mit den beiden schon steht. Was aber, wenn Wadud mich bei diesem peinlichen Kontrollgang entdeckt? Nein. Das Problem muss anders gelöst werden. Ich brauche jemanden, der mich aus meinem Gedankenkino in den AUGENBLICK zurückholt. Auf Zehenspitzen springe ich durch den glühenden Sand in Richtung Magic Park. Dort findet heute ein Kundalini-Yogakurs statt. Nur für Frauen! Mit Viriam Kaur – Arambols stärkster Präsenz-Priesterin ...

„Ong Namo Guru Dev Namo – Ich begrüße die kosmische Energie und den erhabenen Weg ..."

Kurze Zeit später liege ich auf dem Flachdach des Magic Parks und lausche Viriams hinduistischen Mantren zum Spiel eines Hangs. Das Hang ist ein rundes Gefäß, das durch das Anschlagen mit Fingern und Handballen unglaubliche Töne von sich gibt. Ein Mini-Ufo aus gehärtetem Stahl, „handmade in Switzerland". Der Heilige Gral unter den Musikinstrumenten in unserer nach innerem Wachstum strebenden Parallelgesellschaft. Man kann ein Hang mit keiner Kreditkarte der Welt kaufen. Interessenten müssen bei seinen Schweizer Erschaffern in Form eines Briefes persönlich vorstellig werden. Nicht jeder bekommt ein Hang in die Hände gelegt! Weltweit gibt es nur 10.000 Stück davon. Und so ist das Hang auch nur an den ganz besonderen Orten der Erde zu finden. Wie zum Beispiel in Arambol.

Zu den mystischen, sich immer wieder überlagernden Klängen lasse ich mich in den friedvollen Moment der Gegenwart hineinfallen. Viriam Kaur ist mehr als eine Yogalehrerin. Die Britin mit dem weißen Turban, der sich wie eine Riesenschlange um ihren Kopf windet, ist eine strenge Dompteurin unserer unnützen Gedanken. Überlegst du, was es nach dem Yoga zum Essen gibt? Keine Chance!

Drohst du dich in Zukunftssorgen zu verlieren? Vergiss es! Willst du über alte Wunden nachdenken, die dir irgendeine Pappnase zugefügt hat? Abgehakt!

Auf der Yogamatte gibt es weder Vergangenheit noch Zukunft. Zumindest solange Viriam die Zügel des gegenwärtigen Augenblicks fest in der Hand hält. Ihre Mission: die schlafende Kundalini in uns zu erwecken. Jene Schubkraft unserer ureigensten Sehnsucht, wieder eins zu werden mit Gott. Jeder trägt dieses machtvolle Haustier in sich. Mit Yoga- und Atemübungen räumen wir – falls das Reptil tatsächlich erwacht – schon mal den Weg frei. Er führt durch die sieben subtilen Energiezentren des Körpers, auch Chakren genannt ...

Das Wurzel-Chakra, Zentrum unserer ersten Lebensmotivation: ICH BIN

Das Sakral-Chakra, Zentrum unserer zweiten Lebensmotivation: ICH FÜHLE

Das Solarplexus-Chakra, Zentrum unserer dritten Lebensmotivation: ICH WILL

Das Herz-Chakra, Zentrum unserer vierten Lebensmotivation: **ICH LIEBE**

Das Kehl-Chakra, Zentrum unserer fünften Lebensmotivation: **ICH DRÜCKE MICH AUS!**

Das dritte Auge zwischen den Brauen:

ICH SEHE MIT DEM INNEREN BLICK

Die violette Krone der Chakras, Zentrum unseres Seins:

PENG! ...

ICH BIN REINES BEWUSSTSEIN ...

Wie Wasserdampf sickert mein REINES BEWUSSTSEIN aus der Enge meiner Schädeldecke hinaus und erhebt sich in das Blätterdach der Schatten spendenden Palmen ... weitet sich aus über den Hain ... die Sanddünen ... und den Love Temple hinweg, in dem nun geschehen mag, WAS AUCH IMMER GESCHEHEN WILL ... sickert weiter über die Wellen des Meeres hinweg ... über die Grenzen des Landes ... die Grenzen des Kontinents ... verlässt unseren Planeten ... und fließt in den unendlichen Raum des Universums. Geschafft! Hier gibt es keine Probleme mehr. Weder mit pinkfarbenen Strandtüchern noch mit der implantierten Erbschuld der Frauen oder dem mysteriösen Verschwinden von Frozen François alias Wadud oder umgekehrt. In der Sphäre des gegenwärtigen Augenblicks ist nur noch tiefster, innerer Friede.

Nach dem Kundalini-Yoga schlendert mein erweitertes Bewusstsein noch mal an den Strand. Nur mal so. Zum Schauen ... Das pinkfarbene Ying-Yang-Badetuch und mein Tantra-Ratgeber sind verschwunden.

Nach Lukas 8, Vers 2 hat Jesus Maria Magdalena sieben

Dämonen ausgetrieben. Die Kirche des Mittelalters machte später die sieben Todsünden daraus.

Vielleicht hat Jesus „in Wahrheit" die sieben Chakren von Maria geöffnet, um schon mal den Weg freizuräumen ... „channell" ich mal so vor mich hin.

Den Weg wohin?

Zum Ziel.

Ich dachte, der Weg ist das Ziel?

Ja. Aber man wird sich dazwischen auch mal hinsetzen dürfen! Oder?!

Ich setze mich in den Sand und versinke in der Beobachtung der weißen Wolken, die wie friedliche Schafe in das große Weideland Gottes ziehen.

Hello to the Queen!

Die letzten Jahre ihres Lebens verbrachte Wolken-Oma im Bett. Ihre Beine waren zu müde und ihre Füße zu krumm, um weiterhin Hüterin eines Paradiesgartens zu sein.

Doch um die Zellen ihres Gehirns zu stimulieren, brauchten ihre Füße die Berührung der Erde, den frischen Tau des Morgens oder das Ertasten eines moosigen Waldbodens. Sie sehnten sich nach der Erfrischung eiskalter Gebirgsbäche, sie wollten über die warme Rinde gefällter Baumstämme balancieren und in den matschigen Grund warmer Regenpfützen hineinspringen.

Doch all das konnte Wolken-Oma nicht mehr.

„Erzähl mir, mein Zazilie", waren stets ihre ersten Worte, wenn ich zu Besuch kam: „Erzähl mir von deinem spannenden Leben."

Dann zog ich die dicken Stricksocken von ihren Füßen und während ich von meinen erlebten und erfundenen Abenteuern erzählte, massierte ich ihre schmerzenden Fußsohlen und krummen Zehen. Glücklich schloss Wolken-Oma die Augen und ließ sich durch das ewige Eis der Gletschermoränen mitnehmen, durch die lichtdurchfluteten Regenwälder Brasiliens, zu den heißen Quellen Islands, in die vor Hitze flimmernden Wüsten Australiens und in die Maharadscha-Paläste des sagenumwobenen Indiens ...

„Der Körper ist die höchste Kreation unserer Existenz. Jeder Mensch trägt Weisheit im Körper. Wir sind Klempner, die den Zugang zu dieser körpereigenen Weisheit öffnen. Ich lege euch nun das Werkzeug dazu in eure Hände. Die Technik. Die Noten. Ihr werdet daraus eure eigene Symphonie komponieren."

Eifrig notiere ich jedes kostbare Wort unseres Lehrers Tapesh, dem Gründer von „Alchemie of Touch".

„Die Alchemie der Berührung" ist eine Massagetechnik, die aus einem meditativen Bewusstseinszustand des Gebenden und des Empfangenden heraus arbeitet. Sie löst nicht nur Schmerzen und Verspannungen auf, sondern auch abgelagerte Erinnerungen und Traumen. Sie öffnet jenen mystischen Raum, in dem Heilung geschieht.

Ich habe mir mit diesem Massagekurs einen lang gehegten Traum erfüllt: Ich werde lernen, mit meinen „zwei Linken" zu arbeiten. Mit meinen Händen, die sich seit meiner Kindheit wie abgeschnitten anfühlen von meinem Körper. Seit ich in jenem Zimmer mit den tanzenden Schlümpfen unter Androhung gewaltsam gebrochener Finger an ein Schweigegelübde gefesselt wurde. Die lebenslange Taubheit in meinen Händen ist ein Relikt dieser Zeit. Schon als

Kind versuchte ich, sie intuitiv zum Leben zu erwecken, indem ich mit Knetmasse spielte oder Wolken-Omas Füße massierte. Später verspürte ich immer wieder den Wunsch, einen Massagekurs zu machen. Doch meine beruflichen Ambitionen folgten stürmischeren Flussläufen.

In Arambol bin ich im Mekka der internationalen Body-Worker-Szene gelandet. Die Aushänge an den Pinnwänden der einschlägigen Cafés übertreffen sich mit verlockenden Ausbildungsangeboten. Ich habe mich für Tapesh F. Paradiso entschieden. Wegen seines Namens und weil mich schon lange die „Alchemie der Berührung“ fasziniert: Wie konnte Jesus so viele Menschen nur durch das Auflegen seiner Hände heilen?

Dummerweise muss ich meine zwei Linken dreimal so lange wie alle anderen Kursteilnehmer aufwärmen. Außerdem bin ich mit Abstand die älteste Schülerin und fürchte, an begrenzter Aufnahmefähigkeit zu scheitern: Tapesh F. Paradiso ist Italiener und zieht sein Programm mit Alpha Romeo-Geschwindigkeit durch. Die größte Herausforderung jedoch ist meine Übungspartnerin. Da Roswitha auch Österreicherin ist, war es wohl für Tapesh naheliegend, uns an eine gemeinsame Massageliege zu verdonnern. Als Roswitha dann das erste Mal ausgestreckt vor mir lag, wurde mir klar, was uns auf tieferer Ebene zusammengeführt hatte: Unsere Körper erzählen die Geschichte ähnlicher Traumen. Es ist kaum möglich, sie zu berühren, weil so viel unerlöster Schmerz in ihren Zellen festsitzt.

Warum habe ich nicht den fröhlich-kompakten Ukrainer Alexej auf die Liege bekommen? Ich bin nun 50! Ich habe keine Zeit mehr, mich von den Empfindlichkeiten einer Übungspartnerin zurückwerfen zu lassen!

„Ich brauche eine andere Partnerin", erklärte ich Tapesh heute in einer Pause. „Oder besser noch einen Partner. Meine Hände wollen kneten, massieren und anpacken!"

„Nein, Maria. Du brauchst genau DIE Partnerin, die du hast."

„So ist es!", bestätigt mir der wieder aufgetauchte Wadud, als ich ihm beim Abendessen im Chinas Garden mein Leid klage. „Jetzt kannst du an deinem Missbrauch nicht länger vorbeischauen. Er liegt direkt vor dir auf dem Tisch."

„Ich möchte Massage lernen und keine Psychotherapie machen."

„Hast du Lust, dir noch eine ‚Hello to the Queen' mit mir zu teilen?"

„Gerne. Das war die genialste ‚Queen', die wir jemals in Arambol hatten."

„Dafür nimmt man auch die Abgase und das Glutamat im Tofu-Gemüse in Kauf."

„Ist es denn wirklich so mies mit mir?"

„Zu essen?"

„Im Bett."

„Tja ... Wie soll ich sagen? Es ist, als ob du nicht wirklich da wärest. Der Massagekurs ist eine gute Gelegenheit, endlich Licht in dieses traurige Kapitel zu bringen."

Autsch. Wie gut, dass aus der Küche direkt das Wundpflaster kommt – die zweite „Hello to the Queen" dieses Abends: in Butter und Zucker gebratene Bananen auf einem Bett von Keksbröseln, mit einer dicken Decke aus Vanilleeis, gekrönt mit heißer, zerfließender Schokolade, getoppt mit gerösteten Haselnüssen und mit größter Wertschätzung serviert: „Hello to the Queen!"

Und damit meinte der Kellner wohl MICH!

Ich schätze Waduds Ehrlichkeit. Sie mag verletzend sein. Dafür weiß man, woran man ist. Er lügt nicht und dafür betrügt er auch nicht. Natürlich war er am „Tag des pinkfarbenen Strandtuches“ nicht zum Kuschel-Tantra im Love Temple. Schon gar nicht mit einer grünäugigen Schönheit auf seinem Schoß. Warum er jedoch den ganzen Tag verschwunden blieb, wollte er mir auch an diesem Abend nicht verraten. Nur so viel: Es hatte etwas mit dem bevorstehenden Weihnachtsfest zu tun.

Ein Musterbeispiel für die Kluft zwischen Realität und Gedankenkino, geboren aus der tief sitzenden Angst den Partner an eine andere Frau zu verlieren. Deshalb bin ich nicht wirklich bereit, mich zu binden. Die Ursache meiner Ängste kenne ich. Aber was hilft es schon, über die Gründe seiner Glück verhindernden Verhaltensmuster informiert zu sein?

Es macht keinen Sinn, ein Leben lang auf unsere alten Verletzungen zu starren. Traumen sind wie Kratzer auf einer Schallplatte, die uns daran hindern, das Lied unseres Lebens zu spielen. Immer wieder bleiben wir an derselben Stelle hängen. Traumarillen vertiefen sich, je mehr wir uns auf sie konzentrieren. Heilung bedeutet Wiederherstellung einer göttlichen Norm, die in Unordnung geraten ist. Die Gründe dafür sind multikausal. Wir müssten unzählige Rückführungen, Reinkarnationstherapien und Ausflüge in außerirdische Daseinsbereiche machen, um sie alle mental zu ergründen.

Gibt es einfachere Wege, unsere Blockaden zu lösen? Radikale Abkürzungen, bei denen wir leichtfüßig in unsere „göttliche Norm“ zurückspringen können? Reset! Alles auf Anfang?

Jesus brauchte einen Blinden nur zu berühren, damit in ihm das Augenlicht wieder erwachte. Was geschah in so einem Moment?

Hastig raucht Roswitha ihre selbst gedrehte Zigarette zu Ende, bevor sie sich zitternd auf die Massageliege legt. Als würde sie bei fast 40 Grad im Schatten noch frieren. Ich hole ein Strandtuch aus meiner Tasche und decke sie erst einmal zu.

„Schaffst du es, deine Augen zu schließen?"

„Ich weiß nicht."

„Okay. Dann schließe ich eben meine."

Ich lege meine rechte Hand auf ihr Kreuzbein, mein Linke ans Ende des Rückens und warte, bis sich Roswithas Atem mit meinem verbindet. Dann geht alles von selbst. Meine zwei Linken tun ihre Arbeit intuitiv. Wie damals im Kindergarten mit Plastilin. Da waren wir alle noch Alchemisten und konnten aus einem Klumpen verdrehter Knetmasse eine Prinzessin hervorholen!

Ich decke das Tuch nur an den Stellen auf, an denen ich arbeite. Schamgefühl ist Achtsamkeit gegenüber unserem Geschlecht. Eine gesunde Instanz des weiblichen Körpers, der über viele Jahrtausende benutzt, missbraucht, verletzt, vergewaltigt, gefoltert und gebrandmarkt wurde. Ein geistiges Tuch, mit dem wir bedecken, was gewaltvoll entblößt worden ist. Ein schützender Mantel, unter dem sich unsere Seele erholt und wir unsere Würde als Frau wiederfinden. Über viele Leben hinweg waren wir in weiblichen Inkarnationen Opfer der Männer und in männlichen Inkarnationen Täter an Frauen. Unser Körper ist Ausdruck dieser dualen Seelenreise. Alles, was wir jemals freudvoll erfahren oder qualvoll erlitten haben, ist in ihm gespeichert.

Als sich meine Hände in Roswithas Körper vertiefen, erwachen Bilder vor meinem geistigen Auge. Erinnerungen der Opfer und der Täter in uns. Langsam beginnen die

Schmerzenssteine in ihrem Körper unter meinen Händen zu schmelzen. Sie werden zu Schmetterlingen, die endlich – von Schuld und Schmach befreit – davonfliegen können.

„Bist du bereit, dich auf den Rücken zu legen?"

„Ja. Aber nur, wenn du nicht schaust."

Einsamkeit, Schrecken und Schutzlosigkeit. Was kann ich nur tun, um solch ein Ausmaß an innerer Not zu lindern? ... Schneeflöckchen, Weißröckchen ... Da ist sie wieder. Die Erinnerung an Wolken-Oma: Die große Zauberin, die von den verschneiten Notenlinien der Wiener Strommasten Kinderlieder herabschneien ließ. Leise beginne ich zur Bewegung meiner Hände zu summen ...

Schneeflöckchen, Weißröckchen, wann kommst du geschneit,
du wohnst in den Wolken, dein Weg ist so weit ...

Da fällt wie ein Bote des Himmels eine Schneeflocke herab. So klein und einsam in diesem schrill-bunten Goa-Beach-Kosmos und doch so vollendet in ihrer Form.

„Was ist das für ein Licht, das aus deinen Kristallen heraus leuchtet?"

„Das Licht der Auferstehung", lautet die Antwort. „In ihm werden wir jeden Augenblick wieder neu geboren."

Komm setz dich ans Fenster, du lieblicher Stern,
malst Blumen und Blätter, wir haben dich gern.

„Schick' noch mehr von deinen Freunden herab", bitte ich meinen leuchtenden Helfer, „Damit sich alle unsere Verletzungen in deinem Licht auflösen können."

Da geht der Himmel über uns auf und in der Mitte eines vor Hitze glühenden Tages fallen Millionen geistiger

Schneeflocken in unseren inwendigen Raum. Sie decken unsere Wunden zu, damit sich unsere Zellen erholen und wieder in ihre göttliche Norm ausrichten können.

Schneeflöckchen, Weißröckchen, deck die Blümelein zu,
dann schlafen sie sicher, in himmlischer Ruh.

„Kommst du mit in den China Garden?“, frage ich Roswitha am Ende dieses Kurstages.

„Liegt der nicht direkt an der Hauptstraße?“, meint sie die Nase leicht rümpfend. „Und kochen die nicht mit Glutamat?“

„Ja. Aber dafür werden Frauen dort noch wie Königinnen behandelt.“

Als uns der Kellner die erste „Hello to the Queen“ auf den Tisch stellt, ist klar: Es wird nicht die letzte dieses Abends sein!

Warten auf Maria

Tapesh hat unsere Abschlussprüfung auf ein ungewöhnliches Datum gelegt: Am 24. Dezember um 14.00 Uhr müssen wir vorführen, was wir in diesen intensiven Tagen gelernt haben ... Vier Stunden später erhalten alle glücklichen Teilnehmer und Teilnehmerinnen ihre Zertifikate. Sogar ich mit meinen zwei linken Händen.

„Du hast etwas ganz Eigenes kreiert“, sagt Tapesh, als er mir mein Diplom überreicht. „Was es genau ist, weiß ich noch nicht. Aber eines versichere ich dir: Wenn du willst, kannst du Kölns erfolgreichste Body-Workerin werden.“

Überglücklich renne ich durch den Schaum der auslaufenden Wellen, den Trommeln des Drum Circles entgegen, die das Ende dieses Tages anstimmen.

Wadud wartet auf mich. „Na?! Darf man gratulieren?"

Stürmisch falle ich ihm um den Hals: „Ich brauche nur noch eine Liege, um loslegen zu können!"

Er überreicht mir ein in goldenes Schneeflockenpapier verpacktes Geschenk.

„Frohe Weihnachten, Maria."

„Wo hast du DIE denn gefunden?", rufe ich begeistert, als ich das Papier auseinanderfalte ...

Das Fest der Liebe wird in Goa im Glanz bunter Lichterketten gefeiert, mit denen die internationalen Winter- und Schneematsch-Aussteiger ihre Zimmer, Gärten und Balkone schmücken. Leider waren sie in Arambol schon vier Wochen vor Weihnachten ausverkauft.

„An dem Tag, an dem du mich am Strand gesucht hast, war ich mit dem Moped unterwegs, um nach deiner Lichterkette zu suchen."

„Das ist das allerschönste Weihnachtsgeschenk! Lass sie uns sofort auf meinem Balkon aufhängen!"

Die Lichterkette ist so lang, dass ich vorschlage, sie auch in die Balustrade des Nachbarbalkons zu fädeln. Viele russische Touristen konnten aufgrund der aktuellen Wirtschaftskrise ihre gebuchten Weihnachtsurlaube nicht antreten. Und so ist der Balkon neben mir unbeleuchtet und leer. Als ich mit meiner Lichterkette auf den Nachbarbalkon klettere, traue ich meinen Augen nicht:

„Wadud! Wadud! ... Da steht eine Liege. Eine Massageliege aus Holz!"

Mein Vermieter hat nichts dagegen, dass wir die verwaiste Liege auf meinen Balkon stellen. Nur Wadud findet die Aussicht, dass ich morgen schon mit meiner Arbeit als Body-Workerin loslegen will, nicht wirklich prickelnd.

„Es ist Weihnachten! Ich dachte, wir beide unternehmen mal etwas zusammen! Du warst noch nie am Süßwassersee!"

„Ich muss morgen dringend einen Aufsatz für die Liege besorgen! Und Stoffe, um meinen Balkon blickdicht zu kriegen!"

„Na gut, wenn du meinst."

„Ich könnte ein Schild vor dem Haus anbringen: ‚Marias Touch' – Wie findest du das?"

„Ganz ehrlich, Maria ... Ich glaube, das wird nichts mit uns."

„Wie bitte?!"

„Du bist nach Indien gekommen, um dein Leben neu zu beginnen. Oder sagen wir besser: endlich damit zu beginnen zu LEBEN! Aber in Wahrheit hast du dein Stress-Programm einfach nur mitgenommen: dein Buch, deinen Verein, der Massagekurs. Du bist ständig in Action! Ich schaue seit Wochen einer One-Woman-Show zu. Es ist nicht möglich, einfach mit dir zu SEIN. Ständig bin ich damit beschäftigt, auf dich zu warten."

„Wadud hat recht", denke ich, als ich wieder alleine in meinem Wolkenschloss liege: Alle Menschen, die mich lieben, warten auf mich. Solange, bis sie es irgendwann aufgeben. Johannes wartete die ganze Kindheit darauf, dass ich von irgendeinem Filmprojekt wieder nach Hause komme. Doch kaum war ich zu Hause, bereitete ich schon das nächste Projekt vor.

Heute haben wir geskypt. Er hat mich gar nicht gefragt, wann ich wieder zurückkomme.

Danach rief ich „Mum“ an, Mum heißt eigentlich „Marta ohne h“ und war vor dreißig Jahren meine erste Bühnenpartnerin am Theater. Sie war 18 Jahre älter und eine erfahrene Schauspielerin. Da ihr großer Kinderwunsch unerfüllt geblieben war, hat sie seither mein Leben als mütterliche Freundin begleitet. Göttliche Fügung. Sie nennt mich „Zazie“ und ich nenne sie „Mum“.

Meiner Mum geht es gerade nicht gut. Sie leidet an Rheuma, dem Winter in Berlin und ihrem Vermieter, der sie aus der Wohnung rausklagen will.

„Komm nach Arambol!“, rief ich durch den Computerbildschirm nach Deutschland. „Hier ist es genial, schmutzig, laut und sehr warm! Außerdem bin ich jetzt geprüfte Masseurin und möchte dich so schnell wie möglich auf meiner Liege haben.“

„Ich kann nicht weg, liebste Zazie. Ich warte auf den Gerichtstermin wegen meiner Wohnung.“

„Willst du irgend so ein blödes Gericht über dein Leben bestimmen lassen? Nimm den nächsten Flieger und komm!“

Mum sucht jetzt nach einem erschwinglichen Flug nach Goa, Wadud findet es gar nicht lustig, dass nun auch die „Schwiegermutter“ nach Arambol kommt und auch ich habe schon fröhlichere Weihnachten als diese erlebt.

Die Aussteuer ist eine Steuer zur Daseinsberechtigung einer Frau

Noch in den 1970er-Jahren war es in Österreich üblich, möglichst früh mit dem Anlegen einer Mitgift für die Töchter zu beginnen, auch Aussteuer oder Heimsteuer genannt. Und so fand ich ab meinem zehnten Lebensjahr unter dem Christbaum immer wieder dezent verpackte „Aussteuergeschenke“ mit dem Aufkleber „Achtung zerbrechlich“: Kuchenteller, Kaffeetassen oder auch mal eine Suppenschüssel der ostdeutschen Traditionsmarke Meißner Porzellan. Freya sammelte die Edition „Weinlaub“ für mich und steckte diese solide Geschenkidee zudem diversen Tanten und Großtanten. Über einen mit Weinreben verzierten Kuchenteller in Begeisterungsstürme auszubrechen, ist für ein kleines Mädchen nicht einfach. Ich bedankte mich stets mit artiger Höflichkeit. Denn eines war mir schon damals klar: Der Kuchenteller machte nur Sinn, wenn im Laufe der Jahre noch fünf weitere Kuchenteller dazukamen.

Hätte ich damals gewusst, wer hinter der Erfindung des Meißner Porzellans steckte, hätte ich meine Suppenschüssel vielleicht sogar ins Bett mitgenommen: August der Starke, Reichsfürst der Sachsen und König von Polen. Unter seinem Schutz forschte der deutsche Alchemist Johann Friedrich Böttcher fieberhaft nach der Formel zur Herstellung von Gold. Denn es galt, die Löcher der Staatskasse zu flicken. August war eine der schillerndsten Figuren höfischer Prachtentfaltung und entsprechend anspruchsvoll waren auch seine Maitressen – deren berühmteste „Anna Aloysia“ eine Ahnin mütterlicherseits von mir war. Die Welt ist so klein!

Anna Aloysia soll nicht nur schön, sondern auch geistreich, eloquent und ... tja, ziemlich lebenslustig gewesen sein. Als der König seine Geliebte in flagranti mit seinem besten Minister erwischte, schickte er sie in Verbannung. Aloysia hatte zwei Stunden Zeit, um ihre Sachen zu packen.

Den prachtvollen Schmuck, den sie zur Königskrönung in Krakau getragen hatte, ließ sie verbotenerweise mitgehen. Wütend jagte August ihr seine Soldaten hinterher. Kurz vor der Landesgrenze holten sie die in Ungnade gefallene Maitresse ein. Unter Tränen händigte ihnen Anna Aloysia den Schmuck aus. In einer versiegelten Schatulle.

Als der König diese wenige Stunden später öffnete, brach er in schallendes Gelächter aus. Die pfiffige Aloysia hatte das Ende ihrer „Karriere" bei Hofe mit einer Pointe gekrönt: Die Schatulle war bis obenhin mit Steinen gefüllt.

Den finanziellen Verlust machte Augusts Alchemist wieder wett. Johannes Böttcher fand zwar nicht die Formel zur Herstellung von Gold, dafür aber die für edles Porzellan! Mit dem „weißem Gold Sachsens" war man nun endlich nicht mehr von den teuren China-Importen abhängig.

Die einst königliche, dann staatliche und schließlich privatisierte Porzellan-Manufaktur in Meißen produziert heute noch mit großem Erfolg Traditionsware.

Leider ist mein Weinlaub-Service nie fertig gesammelt worden. Denn irgendwann erkannte auch Freya, dass ich für den konventionellen Heiratsmarkt unbrauchbar war. Und so schleppe ich seit über dreißig Jahren drei Kaffeetassen, fünf Kuchenteller und eine mit Weinlaub verzierte Suppenschüssel von einem Umzug zum nächsten mit durch mein Leben ...

In Indien reicht ein Kaffeeservice nicht aus, um als Frau auf dem Heiratsmarkt zu bestehen. Hier muss ein Brautvater schon mehr auf den Tisch legen: Flachbildschirm, I-Pad, Kühlschrank, Spielekonsolen ... Wird die vereinbarte Wunschliste der Familie des Bräutigams nicht abgearbeitet, lebt seine Tochter dort sehr gefährlich. Der traditionelle

Arbeitsplatz einer indischen Frau ist der Herd, Kerosin ist billig zu kriegen ... Hinterher war es ein Arbeitsunfall.

Die „Brautverbrennung“ war lange Zeit die beliebteste Methode, um eine junge Frau, die sich wirtschaftlich nicht gelohnt hat, wieder loszuwerden. Seit die Gesetzgebung in den Grauzonen häuslicher Gewalt härter durchgreift, werden Bräute mit zu kleiner Mitgift psychisch unter Druck gesetzt, damit sie „freiwillig verschwinden“.

Hingebungsvoll beten die Hindus zu ihren reich geschmückten Göttinnen, doch der „Genderzid“ zieht sich brutal durch alle Gesellschaftsschichten.

1961 wurde die Aussteuer zum Schutz der Frauen in Indien verboten. Doch wo frauenfeindliche Traditionen zu tief im kollektiven Bewusstsein verankert sind, ist Gesetzgebung machtlos: Weil die Mitgift für Mädchen so hoch ist, werden jeden Monat in Indien 50.000 weibliche Föten wieder, wie es hier heißt, „nach Hause geschickt“.

In zehn Jahren wird es für viele Millionen von Indern im heiratsfähigen Alter keine Bräute mehr geben. „Inder sucht Frau“ könnte dann ein erfolgreiches internationales Fernsehformat der Zukunft sein! Ich sollte es schon mal bei RTL sichern.

Nachdem ich meinen Balkon mit bunten Tüchern blickdicht gemacht hatte, lud ich alle meine Freunde und Bekannten zu einer „Marias Touch“-Probesession ein.

Ana und Arun schenkten mir als Dankeschön Essensgutscheine. So konnte ich Wadud zum Silvesterbuffet im Magic Park einladen! Um Mitternacht wollten wir am Strand ein Lagerfeuer machen, um unsere „Abschiedszettel“ zu verbrennen: Alles, was wir in diesem Jahr schnell noch loswerden wollten. ANGST stand oben auf meiner Liste, gefolgt von den üblichen Ablegern: Zukunftssorgen, Eifersucht und das Gefühl als Frau nicht zu genügen, weil ich nie Zeit für meine Rückbildungsgymnastik hatte. Doch kaum hatten wir ein Loch für das Feuer ausgehoben, waren wir umringt von einer Horde Inder, die sich fotografieren lassen wollten – vornehmlich mit mir ...

„Lass uns sofort abhauen von hier“, meinte Wadud besorgt.

„Hey, wollten wir nicht unsere Ängste loszuwerden?“

„Die Jungs sind betrunken!“

„Es ist Silvester, na und?“

„Mann checkst du nicht, dass du die EINZIGE Frau weit und breit bist?!“

Das war ein Argument. Schnell verbuddelten wir unsere existenziellen Angstlisten und rannten, während über unseren Köpfen die Feuerwerke explodierten, aus Angst vor den betrunkenen Indern davon.

Nun ist es früh morgens und ich sitze hier alleine in einer Müllhalde aus leeren Pappbechern, Bierflaschen und den Resten verschossener Feuerwerkskörper.

The Party is over. Der Strand ist leer. Das neue Jahr hat begonnen. Ich warte fröstelnd auf den Sonnenaufgang.

Doch der Himmel scheint heute erschöpft zu sein. Das Meer wirft grau schäumende Wellen an Land. Der Wind treibt eine grüne Plastiktüte über den Strand. Und plötzlich warte ich nicht mehr auf den Sonnenaufgang. Der Moment ist wie er ist, vollkommen und schön. Denn durch den Müll Indiens hat das Licht der Großen Göttin zu strahlen begonnen, die ALLES in ihrem Schoß hält: Schöpfung und Missbrauch. Liebe und Unkenntnis. Schönheit, Verfall und Neuanfang.

„Es ist alles nur ein Theater", sagt sie. „Ob du dich für Tibet einsetzt oder die Rechte der Frauen – identifiziere dich nicht damit. Verschenke dein Sein nicht an die nächste Rolle im Spielplan."

„Ich finde es aber extrem wichtig, auf die Situation der Frauen hinzuweisen!", halte ich tapfer dagegen. „Schon aus eigenem Interesse: Aktuell stellt Indien 17,3 Prozent der Weltbevölkerung. China kommt auf 19,5 Prozent. Dort sieht es übrigens mit der Beseitigung unerwünschter Mädchen auch nicht viel besser aus. Hinzukommen die arabisch-muslimischen Staaten, die ihre Frauen hinter schwarzen Schleiern verstecken und nicht zu vergessen die afrikanischen Länder, wo sich die Mitgift einer Frau in ihrer Genitalverstümmelung manifestiert. Die Gefahr also, mit meiner nächsten Reinkarnation in ein lebensgefährliches Umfeld geboren zu werden, ist außerordentlich groß! Denn ich kann nicht davon ausgehen, noch einmal einen der knapp bemessenen Dirndl-Plätze der Alpenrepublik Österreich zu ergattern!"

„Da ist nicht Jude noch Grieche, da ist nicht Sklave noch Freier, da ist nicht Mann noch Frau; denn ihr alle seid einer in Jesus Christus."

„Galater 3,28. Du siehst, auch ich habe die Bibel gelesen."

„Jesus spricht hier nicht von der Gleichstellung der Frau, sondern vom EINSSEIN mit Gott."

„Und warum folgten ihm dann so viele Frauen nach?"

„Weil er ihnen die Tür zum Himmelreich geöffnet hat. Das Himmelreich Gottes ist unser erwachter Geisteszustand. Wir können uns als Frauenrechtlerinnen, Umweltschützerinnen und Friedenskämpferinnen bis zur Totalverausgabung abkämpfen. Aber nichts von dem ist vergleichbar mit dem inneren Frieden, der sich einstellt, wenn wir aus dem

Traum der Dualität im Einssein mit Gott und der gesamten Schöpfung erwachen. In diesem Augenblick löst sich der menschliche Wahnsinn auf. Kümmere dich also nicht um die Symptome der Zeit. Denn in ihnen ist schon der göttliche Ausgleich verankert. Schau auf das Ganze. Sieh wie gut und perfekt alles schon ist. Hänge dein Herz nicht an die Wolken im Himmel. Lasse dein Herz der Himmel sein, durch den sie ziehen."

Mario der Zigeuner

Heute soll Mario ankommen. In Arambol. Und offensichtlich bin ich nicht die Einzige, die ihn schon sehnsüchtig erwartet. „Weißt du zufällig, ob Mario schon da ist?", wurde ich in den vergangenen Tagen immer wieder von Frauen auf meiner Liege gefragt.

„Keine Ahnung. Ich kenne ihn nicht einmal. Ich weiß nur, dass ich auch zu ihm möchte."

„Ah, dann bin ich ja schon gespannt, was er DIR sagen wird."

Mario ist ein Zigeunermusiker aus Deutschland, der jedes Jahr für mehrere Wochen nach Arambol kommt, um die Tassen im Schrank der nach Erleuchtung Suchenden wieder in Ordnung zu bringen. Mario soll auch hellsehen können und wer keinen Durchblick mehr hat, lässt sich von Mario seinen Lebensbaum zeichnen. Ich warte schon seit meiner Ankunft in Indien auf ihn.

„Wo kann ich Mario finden, wenn er dann endlich da ist?", fragte ich Wadud heute Morgen.

„Mario ist überall."

„Und wie erkenne ich ihn?"

„An seiner Leibesfülle. Und an seiner Geige, die er meistens dabeihat."

Am Mittag erhielt ich dann zufällig die Nachricht von seiner bevorstehenden Ankunft: Eine Rückenpatientin aus Schweden sagte ihre Massage ab, weil sie schnell noch eine Hütte „für Mario" klarmachen musste. Als Zigeuner hatte er wohl nicht daran gedacht, diese im Vorfeld zu buchen.

„Du kennst Mario?!"

„Ja, wir sind gut befreundet."

„Ich muss ihn unbedingt sehen! Am besten noch heute!"

„Wo bist du heute Abend?", fragte meine Patientin.

„Wie immer: im Singing Circle vor dem Carpe Diem."

Wer in Arambol eine Gitarre und ein paar gute Songs dabeihat, bleibt nicht lange alleine. Vor einigen Jahren hatte Ambho, ein Landschaftspfleger aus Schweden, am Nullpunkt von Arambol begonnen Osho-Lieder zu singen. Heute ist der „Singing Circle" vor dem Carpe Diem zu einem Statement geworden: Eine singende Strandmission, in der jeder Neuankömmling willkommen ist, sich jeder einsame Nachtschwärmer dazugesellen und jeder Musiker seinen Part einbringen kann. Es gibt nur eine Spielregel: Lausche vor allem auf die anderen. Werde zum Teil eines Ganzen. Erhebe dein Herz statt deiner Stimme und du wirst sehen: Du landest im Himmel. Ganz ohne Drogen.

Jeden Abend erschafft sich der Singing Circle aufs Neue. Oft explodiert er zu einer berauschenden, von der Kraft des Meeres getragenen Session. Und manchmal verwandelt sich das Himmelsgewölbe über uns in eine aus Stimmen gewebte Klang-Kathedrale, in der wir gemeinsam die Schöpfung besingen.

An besonderen Abenden erweist Deutschlands aufregendste Leopardin mit ihrer Gitarre dem Singing Circle die Ehre: die Entertainerin und Autorin Sissi Perlinger, die auch jedes Jahr in Arambol überwintert. Weil man hier in Wildkatzenleggings und gelb-braun gefleckten T-Shirts einfach besser abtanzen und sich neue Spaßnummern ausdenken kann. Die tiefsten Wahrheiten lassen sich am besten in Gleichnisse oder Witze verpacken. Oder in Lieder.

Der Singing Circle ist meine neue Familie: Nico aus Amerika, unschlagbarer Meister des Poetry Slams; die mutige Inderin Lila, die sich aus dem traditionellen Frauenbild ihrer Familie frei singt; meine israelische Herzensschwester Shivan; meine französische Blutsschwester Blandine; John, der älteste Freak hier am Strand und mein Freund Niklas, der so sehr unter Flugangst leidet, dass er jedes Jahr per Anhalter von Schweden nach Arambol kommt. Weil hier so viel Herrlichkeit ist nahe des Ozeans ...

There is so much magnificence near the ocean
Waves are coming in, waves are coming in
Hallelujah! ... Hallelujah! ... Hallelujah!
(Peter Makena alias Anubhava)

Da legt sich das Spiel einer Geige unter unsere Stimmen. Unendlich zart und kraftvoll zugleich. Wie auf einem Kissen aus schwarzem Samt trägt es uns über den Horizont des Ozeans hinweg ans Ende der Welt. Mario, der Zigeuner, ist da!

Ich halte meine Augen geschlossen, um ganz in seinem Spiel aufzugehen.

Wie Mario wohl aussehen mag?

Seine Körperfülle ist majestätisch, sein Haar etwas schütter und sein Blick hellwach, als wir einander am nächsten Morgen gegenübersitzen. Sein Geist ist weit, sein Verstand sehr klar, seine Sprache gewählt und seine Umgangsformen zeugen von der inneren Freiheit, sich in allen gesellschaftlichen Milieus zurechtzufinden.

Herzens- und Kulturbildung ist also reichlich vorhanden und zum Glück auch Humor. Marios Alter hingegen lässt sich nur schwer schätzen.

„Was kann ich für dich tun?“, fragt er und bestellt uns einen Shanti-Morning-Start-up-Coffee mit Zimt und Kardamom auf der extragroßen Portion Sojamilchschaum.

Wir haben uns in einer ruhigen Ecke des Magic Parks niedergelassen und ich lege denselben Fragenkatalog auf den Tisch, den ich bereits bei meinem etwas missglückten Besuch in der Palmblattbibliothek dabeihatte: „Ich habe keine Zeit mehr für Umwege.“

„Das habe ich gestern Abend gemerkt“, lacht Mario. „Ich bin selten so stürmisch von einer fremden Frau begrüßt worden.“

„Ich kann keinen Tag länger mehr warten. Ich muss JETZT wissen: Wer bin ich? Warum bin ich in diese verrückte Welt gekommen? Was ist meine Berufung?

Ich bin bereit, mein Leben dafür zu geben! Und wenn du mir jetzt sagst, meine Lebensaufgabe ist es, die Böden anderer Leute zu putzen, so will ich das mit der allergrößten mir menschenmöglichen Freude und Demut tun.“

„Okay. Wann bist du geboren?“

Mario fügt meine Geburtszahlen in ein Pentagramm ein. „Das hat nichts mit dem Erstellen eines Horoskops zu tun“, erklärt er. „Ich errechne die Eckdaten deines Lebensbaumes.“

Mit wenigen Strichen wirft er ihn schließlich auf ein Blatt Papier.

„Das ist kein Baum“, sage ich enttäuscht. „Das ist ein Strauch.“

„So ist es“, sagt Mario gelassen. „Aber fangen wir mal von vorne an ...“

Wenn Lebensbäume zu sprechen beginnen

Niemand kommt mit einem perfekten Lebensbaum zur Welt. Dem einen fehlen Blätter in seiner Krone oder Wurzelanteile, der andere hat einen zu dünnen Stamm, um die schwere Krone zu tragen. Viele haben Ausbuchtungen, weil bestimme Lebensthemen gestaut sind oder aber ein Lebensbaum hat GAR KEINEN Stamm. So wie meiner. Ich seufze.

„Macht nichts“, meint Mario. „Es zeigt nur, dass es in deinem Leben darum geht, den fehlenden Stamm zu entwickeln, damit du in deine dir bestimmte Größe hineinwachsen kannst. Noch läufst du als eine Art Geheimagent rum und dein Hut ist größer als du selbst. Deshalb fühlt es sich für dich vertraut an, die Böden anderer Menschen zu putzen. Die Sträucher sind das Bodenpersonal eines Waldes. Das ist – wie du selbst schon erkannt hast – nicht weiter schlimm, denn im Grunde ist es nicht wichtig, ob du Putzfrau oder Vorstandsvorsitzender eines Pharmakonzerns bist. Dennoch sollten wir Rücksicht auf unsere Talente nehmen, denn sie sind Wegweiser in unsere Berufung. Wenn du also bereit bist, einen Stamm zu entwickeln und erwachsen zu werden, sollten wir uns deinen Strauch mal näher anschauen.“

Aus den wenigen Strichen meines „Lebensstrauches“ heraus erzählt mir Mario mein Leben. Es ist wirklich beeindruckend. Endlich kann ich verstehen, warum ich im Dauerstress bin: Lebensstrauch-Menschen ruhen nicht in der Mitte ihres Stammes, sondern hetzen selbstentfremdet von einem Strohfeuer zum nächsten, um sich voll und ganz in die Flammen zu werfen und verzehren zu lassen.

„Ein anstrengendes und wenig effizientes Lebensmodell“, bestätigt mir Mario. „Und wenn man ein so hohes Intuitionsblatt wie du hat, geht es einem irgendwann auf die Nerven, nicht mit den anderen Kollegen des Waldes auf Augenhöhe zu sein.“

„Stimmt. Egal, in welcher Funktion ich irgendwo auftrete – ich werde immer für die Praktikantin gehalten.“

„Die Frage ist: Was hält dich klein? Was hindert dich, deine innere Größe und Autorität anzunehmen und in deine Lebensaufgabe zu wachsen?“

„Was ist denn überhaupt meine Lebensaufgabe?“

„Lass uns erst noch deine Konzepte aufräumen: Du sagst, du willst in Köln als Body-Workerin arbeiten?“

„Unsere Traumen sind im Körper als Schmerzen und Blockaden gespeichert. Ich finde es eine schöne Aufgabe, diese Wunden zu heilen.“

„Die Menschheit muss nicht geheilt werden, sondern endlich aufwachen.“

„Dann ist ‚Marias Touch‘ auch wieder eine Einbahnstraße?“

„Du kannst das natürlich weitermachen. Aber du solltest dich dabei nicht völlig verausgaben. Mit deinen Talenten kannst du viel mehr Menschen erreichen als drei Rückenpatienten am Tag.“

„Manchmal sind es vier oder fünf!“

„Dein größtes Gottesgeschenk ist die Gabe der Zunge und deine außergewöhnliche Intuition."

„Und was fängt man damit an?"

„Du arbeitest gerade an einem Buch, oder?"

„Ich versuche es."

„Du solltest dich damit beeilen. Die geistige Welt kann dieses Werk gut gebrauchen. Das ist übrigens eine Durchsage, die ich gerade bekam."

„Dass man auf mich wartet?"

„Dass du dich endlich auf deinen Hintern setzen sollst!"

„Es kommt aber ständig etwas dazwischen."

„Weil du ein ‚Gourmet des Leidens' bist. Vor allem, was die Auswahl deiner Männer betrifft. Maria. Der Vater deines Sohnes wäre es schon gewesen, aber ihr ward nicht in der Lage euer Schiff aus der Werft zu schieben. Was danach kam, waren mehr oder weniger drastische Fehlgriffe."

„Es gibt da aktuell einen ..."

„Du stolperst wie eine Suchtkranke von einer Beziehung zur nächsten, gibst deine Autorität an den Mann ab und landest wieder im nächsten Drama."

„Heißt das, ich sollte besser GAR KEINEN Mann haben?"

„Also ...", Mario holt tief Luft, „Wenn ein Mann ernsthaft mit dir zusammen sein will, hat er nur EINE Chance: Er muss dich vom Fleck weg heiraten. Nur so kannst du überhaupt das nötige Vertrauen entwickeln, dich auf eine Beziehung einzulassen. Alles andere ist Kindergarten und mündet im üblichen Chaos."

„Also der aktuelle ...?"

„Vergiss ihn."

„Echt?"

„So richtig viel Zeit hast du nicht mehr. Deine Seele spürt, dass sie nicht länger davonrennen kann. Sie muss JETZT durch das Tor gehen, das schon so lange offen steht ..."

„Hast du noch ein Anliegen?“, fragt Mario am Ende des „Readings“.

„Ich habe das Gefühl, dass ein Teil meiner Seele abgehauen ist. Es geschah in Hamburg, als ich ...“

„Und was ist die Frage?“

„Was kann ich tun, um meinen verlorenen Seelenanteil wieder zurückzuholen?“

„Sprich mit ihm.“

„Wie? Jetzt?“

„Wann sonst?“

„Fühlt sich irgendwie komisch an.“

„Sag’ einfach mal ‚Hallo‘. Wir sagen den ganzen Tag ‚Hallo‘ zu allen möglichen Pappnasen. Nur nicht zu unserer Seele.“

„Hallo ... ähm ... Hallo! Ich bin’s, Maria. Kannst du mich hören? ... Ich wollte dich bitten, wieder zu mir zurückzukommen. Ich fühle mich sonst irgendwie amputiert.“

„Ich bin nie wirklich weg gewesen. Hab ich dir das nicht schon mal gesagt?“

„Damals war ich aber ziemlich bekifft.“

„Stimmt.“

„Du erinnerst dich noch daran?“

„Ich muss mich nicht erinnern. Ich weiß es.“

„Dann weißt du auch, was damals auf dem goldenen OM der indischen Zudecke passiert ist?“

„Ja. Ich weiß, was da gerade passiert.“

„JETZT?!?“

„Zeit existiert für mich nicht.“

„Dann könnte ich vielleicht jetzt noch das Schlimmste verhindern?“

„Nein. Sorry. Noch bist du nicht so weit für das, was ihr ‚Zeitreise‘ nennt.“

„Mist.“

„Es geht auch nicht darum, dass ICH zu dir zurückkomme, sondern dass DU mir folgst. Nur wer sein Gefängnis verlässt, wird zum Leuchtturm für andere."

„Klingt nach einem Kalenderspruch."

„Ich habe noch mehr auf Lager. Zum Beispiel den: ‚Am Fuße des Leuchtturms herrscht Finsternis.' Konfuzius. Ist was zum Nachdenken."

„Klappt doch schon wunderbar!", ruft Mario zufrieden. „Ich muss mich von euch beiden Süßen jetzt aber verabschieden, der nächste Klient wartet auf mich."

Nun ist es 3.00 Uhr morgens und ich denke immer noch über Zeitreisen, Konfuzius und Leuchttürme nach. Mein Herz rast vor Aufregung, an Schlaf ist heute Nacht nicht mehr zu denken. Seit Stunden hält mich mein getürmter Seelenanteil mit weisen Ratschlägen und Kalendersprüchen auf Trab.

„Dort, wo Freude ist, ist auch die Wahrheit."

„Paul Claudel."

„Richtig."

„Hast du auch noch was Eigenes auf Lager?"

„Wo du wahrhaftig bist, bist du auch frei."

„Und wie bin ich wahrhaftig?"

„Folge dem Ruf deines Herzens."

„Das ist drittklassiger esoterischer Hausfrauenratgeber!"

„Hättest dir besser mal einen zu Herzen genommen! Dann wärst du nämlich nicht im Bett deines Hamburger Sizilianers liegen geblieben, als du Sehnsucht nach deinem Kind hattest! Dann wärst in den nächstbesten Zug nach Köln eingestiegen. Doch aus Angst, dein blasiertes Promi-Kartenhaus würde zusammenbrechen, bist du liegen geblieben. Tja, irgendwann bricht jede Illusion zusammen."

„Okay. Und wie finde ich nun den Weg aus der Illusion?"

„Folge mir! Ich bin dein Ruf in die Freiheit. Ich bin deine innere Stimme. Ich bin da, wo die Bäume zu leuchten beginnen, wenn der Wind dir Nachrichten aus dem Himmel zuträgt. Ich bin da, wo dein Körper von einem Schauer erfasst wird und dein Herz vor Rührung und Glück zittert. Wo ein Lied dir nah und vertraut ist und wo es leichtfällt, einen Menschen zu lieben. Ich bin da, wo ein Sommergewitter dem Himmel die Schwere abjagt und wo du wieder frei atmen und laut über dich lachen kannst. Denn Gott ist ein Komödiant, nur keiner traut sich richtig zu lachen."

„Und von wem ist der Komödiant? Doch nicht von dir!"

„Gut geklaut. Von Voltaire, meine Liebe."

Um 5.00 Uhr morgens habe ich die Nase voll von Voltaire, Claudel und meiner besseren Hälfte. Ich stehe auf, ziehe mir eine Jogginghose an und folge dem Ruf meines Herzens. Ohne Rücksicht auf weitere Blamagen, Fettnäpfchen oder Imageverluste. Ich habe ohnehin nichts mehr zu verlieren! Mit festem Schritt verscheuche ich die Schlangen auf dem zugewachsenen Pfad, der sich zu einer kleinen Kirche aus portugiesischer Kolonialzeit schlängelt. Jeden Abend zünde ich dort in einer windstillen Nische der Außenmauer drei Kerzen an: Eine für Johannes, eine für Mum und eine für dieses Buch. Bis auf den Sockel heruntergebrannt glimmen sie in ihren letzten Zügen. Schnell entzünde ich drei neue Kerzen an ihnen. Dann laufe ich weiter zu Marios Hütte und trommle entschlossen gegen die Tür.

„Wer da?", höre ich seine majestätische Stimme.

„Der kleine Wacholderstrauch von heute Morgen. Ich muss dringend mit dir reden."

„Das trifft sich gut", antwortet Mario. „Ich warte schon Stunden auf dich."

Freyas Seele vor meinen Augen

Der bunte Weidenkorb, den Freya bei einem Familienausflug zum Neusiedler See gekauft hatte, schlägt bei jedem Schritt gegen meine mageren Hüftknochen. Das Lernen fürs Abitur hat meine letzten Reserven verzehrt. Die ersten goldenen Blätter fallen bereits von den alten Kastanien unserer Straße herab. Mit welch verspielter Heiterkeit uns der Wind einen stürmischen Herbst ankündigt.

„Das Frizzi ist tot", sagt Freya plötzlich. Es kommt aus dem Nichts. Ihre Worte klingen unwirklich und fast zu banal für den Anlass. „Ich wollte es dir nicht zu Hause sagen. Du weißt, dein Vater spricht nicht gerne über Gefühlsdinge."

„Es ist also wahr", denke ich. „Meine Mutter ist tot."

Sollte ich jetzt irgendetwas spüren? Oder irgendwas sagen? Mir fällt nichts Passendes ein. Die milchverglaste Tür des Supermarktes schiebt sich auseinander. Immer noch klimpern die Flaschen im Korb. Freya stellt sich an der Brottheke an, während ich das Leergut abgebe und sechs neue Flaschen Römerquelle aus dem Regal hole.

„Magst du ein Nusskipferl?", fragt mich Freya, als ich an der Brottheke wieder zu ihr stoße. Ich schüttle den Kopf. Bleibe stumm. Freya spricht weiter:

„Soll ich für heute Abend ein Schrammelbrot nehmen oder lieber ein paar Mohnweckerl und zwei Wachauer Laberl für den Papa? Wir haben noch Liptauer und Gemüsesülze im Kühlschrank ..."

Meine Mutter ist gestorben und ich stehe an einer Brottheke und überlege, ob ich lieber ein Mohnweckerl zum Liptauer esse oder nur Brot. Meine Mutter ist tot, doch nirgendwo bricht irgendetwas entzwei. Die Zeitungen werden nun ein letztes Mal über sie schreiben. Dann wird auch diese Verbindung zum Frizzi beendet sein.

„Zum Liptauer passt das Brot besser", höre ich mich zu meiner Stiefmutter sagen.

Ein halbes Jahr später packte ich Papas alten Armeerucksack. Ich nahm nur das Wichtigste mit: mein Abiturzeugnis, eine abgeschnittene Jeans, ein paar T-Shirts, eine Decke und Hermann Hesses Siddhartha. Leise zog ich die Wohnungstür hinter mir zu. Ich verließ das Haus meiner Eltern, ohne einen Abschiedsgruß zu hinterlassen. Die erste Nacht verbrachte ich auf einer Parkbank im Wiener Stadtpark und träumte unter Shivas Mondsichel von Indien. Da tauchten im Meer blasser Sterne verschwommen Papas traurige Augen auf. Er stand am Fenster und hielt Ausschau nach mir. Obwohl er wusste, dass ich nicht mehr zurückkommen würde ...

Heute, dreißig Jahre später, sitze ich im Carpe Diem und zeichne den Lebensbaum meines Vaters. Ich dachte immer, er sei ein Vernunftmensch. Ratio pur! Wie kann es sein, dass ich kein Verstandesblatt in seiner Baumkrone finde? Stattdessen eine ausgeprägte Wasserwurzel, die auf ein tiefes Gefühlsleben deutet.

Durch seinen Lebensbaum sehe ich meinen Vater plötzlich mit ganz anderen Augen. Durch seinen Lebensbaum wird mir mein Vater plötzlich so nah. Durch seinen Lebensbaum blicke ich direkt in seine Seele. Ich habe so große Sehnsucht nach ihm.

„Ich möchte deine Schülerin sein", stieß ich atemlos hervor, als mir Mario die Tür seiner Hütte öffnete und sich gar nicht wunderte, dass ich mit zerzausten Haaren im Pyjama vor ihm stand ...

Das war vor drei Wochen. Vieles rückte seither wie von selber auf seinen Platz: Jeden Morgen lehrt mich Mario die tiefere Bedeutung von Zahlen. Wadud gönnt sich eine „Auszeit“ von unserer Beziehung und Mum kann es kaum fassen, tatsächlich in Goa gelandet zu sein. Kreischend hüpft sie durch die schäumenden Wellen.

„Die Ähnlichkeit zwischen euch ist wirklich verblüffend“, meint Mario.

„Sie ist genauso alt wie das Frizzi jetzt wäre.“

Frizzis und Mums Lebensbäume ähneln sich auf erstaunliche Weise. Ich habe Mum genau ein Jahr nach dem Tod meiner Mutter kennengelernt. Es wäre nach Frizzis Lebensbaum ihr Schicksalsjahr gewesen. Das Zeitfenster hätte weit offen gestanden, um alte Verstrickungen zu lösen. In ihrem 36. Lebensjahr lag der Zeitpunkt für einen Neustart! Stattdessen nahm sich das Frizzi genau vor dieser Weichenstellung mit 35 Jahren das Leben. Einen Monat, bevor ich auf sie gewartet hätte. Unter dem erwachenden Morgenstern. Bis sie aus ihrem Künstlerlokal getreten und das Rollgitter heruntergelassen hätte.

„Hallo, ich bin’s. Dein Kind. Erkennst du mich wieder?“

Unsere Wiederbegegnung hätte alle Schuldgefühle von ihren Schultern genommen. Weil ich nie böse auf sie und auch meine Liebe für sie unverwüstlich war. Ich hätte den tödlichen Dorn, als Mutter vollends versagt zu haben, aus ihrem Herzen gezogen.

Da dies nicht möglich war, habe ich ihre Schuldgefühle auf meine Schultern umgeladen und drohe nun doppelt an der Trennung von meinem Kind zu verbluten.

„Hast du schon Freyas Lebensbaum gezeichnet?“, fragt Mario.

„Noch nicht.“

„Mach mal.“

Als ich Freyas Lebensbaum zu Papier bringe, erblüht vor unseren Augen ein zauberhaftes Gewächs. Auch Mario ist tief berührt. Selten hat er einen Lebensbaum von solch fragiler Schönheit gesehen. Er passt gar nicht zu dem robusten Bild, das ich von ihr habe! Wie eine wurzellose Wasserrose schwebt ihre Seele über meinem Blatt, mit einem zu dünnen Stamm für die vollendete Krone. Mein Herz wird von einer tiefen Trauer erfasst: „Wir hätten einander so viel geben können! Sie hat diese große Krone! Und ich habe die Wurzeln, die ihrem zarten Stamm fehlen."

„Freya konnte aber mit deinen Wurzeln nichts anfangen", sagt Mario. „Weil deine Wurzeln ins Himmelreich wachsen. Und sie suchte Halt am Grunde ihres tiefen Gefühlssees."

„Ich habe Freya seit vielen Jahren nicht mehr gesehen. Es muss ihre zarte Seele tief verletzt haben, dass ich sie als Mutter nie anerkannt habe. Obwohl sie immer da war. Freya ist nie fortgegangen. Sie hat nie jemanden verlassen. Ich war es, die meinen Vater und Freya verließ."

„Wann war das?", fragt Mario.

„An dem Tag, an dem ich mein Abiturzeugnis bekam."

Jeden Nachmittag darf ich Mario zu seinen Readings in den Magic Park begleiten.

Es ist faszinierend, unter seiner Feder Lebensbäume wachsen zu sehen und die Menschen in ihrem persönlichen Ringen um Wachstum zu erleben. Manche kommen wegen einer Erkrankung zu Mario, wegen eines schweren Verlustes, Liebeskummer oder einer wichtigen Lebensentscheidung. Andere bloß wegen der Auswahl eines neuen Tattoos.

„Es gibt keine kleinen oder großen Anliegen", korrigiert mich Mario. „Für jeden Menschen ist die Frage, die ihn gerade bewegt, existenziell. Bewerte nicht die Fragen der anderen. Bewerte auch nie die anderen selbst. Nur wenn du Gott in deinem Gegenüber erkennst, wird es sich selbst als göttlich erkennen. Darum geht es in einem Reading. Alles andere ist bloß die Garnitur auf dem Kuchen."

„Zazie, wo bleibst du?", ruft mir Mum schon von unserem Balkon entgegen, als ich nach einem intensiven Tag an Marios Seite nach Hause komme. „Da wartet jemand auf seine Massage und du musst doch vorher noch dringend etwas essen!"

Die junge Frau ist aus Polen. Sie blickt mich an, als würde ich ihr gleich eine Darmspiegelung verpassen.

„Ich habe noch nie in meinem Leben eine Massage bekommen."

„Warum nicht?", frage ich verwundert.

Da bricht das Mädchen in Tränen aus: „Weil ich meinen Körper niemandem zumuten kann."

Ich bin fassungslos. „Habe ich dich deswegen noch nie am Strand unten gesehen?"

Sie nickt schluchzend.

„Vertraust du mir, wenn ich dir sage, dass ich dich schön finde? Und dass es mir eine Freude sein wird, dich zu berühren? Weil aus jeder Bruchstelle deines Lebens deine wundervolle Seele in diese Welt strahlt ..."

Am Ende unserer Session bitte ich sie, von nun an jeden Morgen ans Meer zu gehen – noch bevor die Nabelschau der russischen Superfrauen auf den Strandliegen beginnt – und sich von der Sonne, vom Wind und vom Wasser umarmen zu lassen.

„Tu es für mich. Denn ich muss für drei Wochen zurück in den Winter. Aber wenn ich wieder in Arambol bin, will ich etwas Farbe auf deiner Haut sehen. Versprochen?"

An diesem Abend spielt Mario im Magic Park auf. Wie ausgelassene Kinder tanzen Mum und ich zwischen den Tischen. Wir feiern ihren Geburtstag. Wir feiern diesen Moment, wir feiern das Leben und meinen Abschied von Arambol.

Morgen früh reise ich für zwei Tibet-Abende nach Deutschland zurück, weil meine Stimme für Tibet nie verklingen wird. So wie der kalte Wind Chinas die Flamme der Wahrheit auf dem Dach der Welt nicht auszulöschen vermag. Vor einigen Tagen hat sich wieder eine junge Tibeterin mit Benzin übergossen und angezündet, um als lebende Fackel an die Ethik der westlichen Welt zu appellieren: Vergesst uns nicht! Lasst nicht die Gier, das Unwissen, die Gleichgültigkeit und die Angst in dieser Welt siegen! Darum brenne auch ich hier. Um etwas Licht ins Dunkel zu bringen ..."

Wenn an der Höhlenwand die Bilder ausgehen ...

„Wir werden dich besuchen", versprachen die Mütter ihren Kindern zum Abschied. Weil ein Abschied von seinem Kind nur mit diesem Versprechen möglich ist. Vor allem, wenn es ein Abschied für immer ist. Fünfzehn Jahre sind nun seit der Flucht dieser sechs tibetischen Kinder vergangen. Doch nur einer Mutter ist es gelungen, ihr großes Versprechen zu halten ..."

Zwischen zwei Brandschutztüren im Freiburger Konzerthaus repetiere ich die Texte, die ich in wenigen Minuten zu den Bildern meiner Multivisionsshow „Good Bye Tibet" erzählen werde. Im Zuschauerraum warten 1700 Menschen auf unsere Geschichte. Es ist die Geschichte von sechs tibetischen Kindern, die von ihren Eltern über das höchste Gebirge der Welt ins Exil nach Indien geschickt wurden. Es ist die Geschichte unserer schicksalhaften Begegnung auf einem fast 6000 Meter hohen Grenzpass zwischen Tibet und Nepal. Einer der großen Momente in meinem Leben. Doch jetzt fühle ich mich so, als müsste ich nach mehr als dreißig Jahren noch mal zum Mathe-Abi antreten. Ohne Rechen-Auffrischungs-Maßnahmen. Ich stehe vor dem tiefsten meiner Abgründe: der Angst zu versagen. Als würde mich auf der Bühne eine Guillotine erwarten. Zwischen den beiden Türen droht die Weite meines Herzens, die ich in Goa fand, wieder zu einem kleinen Eisklumpen zu schrumpfen.

Verzweifelt rufe ich Mario an. In Indien ist es nun Mitternacht. Aber er ist es ja gewohnt, nachts von mir aus dem Bett geschmissen zu werden.

„Mario, ich kann da nicht raus auf die Bühne. Ich spüre den Boden unter meinen Füßen nicht mehr. Ich habe solche Angst!“

„Gut, wie viele Minuten haben wir noch?“

„Acht.“

„Wo bist du?“

„Vor dem Bühneneingang.“

„Mach einen Schritt in Richtung der Tür und betritt das Feld des gegenwärtigen Augenblicks. Komm erst mal im JETZT an.“

„Okay. Bin da.“

„Wovor genau hast du Angst?“

„Dass die Menschen da draußen meinen Vortrag nicht gut finden.“

„Es gibt keine Trennung zwischen den Menschen ‚da

draußen' und dir. Es gibt ‚da draußen' auch niemanden, der dich kritisiert. Die Kritik findet nur in deinem Kopf statt. Du projizierst deinen inneren Kritiker auf die armen Leute ‚da draußen'. Dabei haben sie 25 Euro bezahlt, um dich zu erleben! Sie haben es nicht verdient, dass du sie mit deinen Selbstzweifeln beleidigst. Sie haben deine volle Hingabe verdient. Also: Lege die Hände auf deine Brust ... Atme Liebe ein ... und atme deine Angst aus ... atme Liebe ein ... und atme deine Angst aus ... "

„Danke, Mario", sage ich unter Tränen. Denn das Auftauen erfrorener Herzklumpen ist genauso schmerzhaft wie das Auftauen erfrorener Zehen nach einer Schlittschuhpartie.

„Was steht noch an?"

„Ich habe vergessen, neue Batterien für meine Fernbedienung zu kaufen. Was, wenn sie mitten in der Show aussetzt?!"

„Kannst du jetzt, in diesem Moment, noch etwas tun?"

„Nein. Zu spät."

„Dann mache einen weiteren Schritt in Richtung der Bühnentür und tritt in das Feld deiner göttlichen Helfer."

„Göttliche Helfer?"

„Du kannst sie auch Schutzengel oder gute Wesen nennen."

„Okay. Bin da."

„Spürst du sie?"

„Ja! Sie stehen vor mir Spalier. Wie in einer Königsparade!"

„Deine Bodyguards warten schon lange auf einen Job von dir. Aber sie können nur loslegen, wenn du sie beauftragst. Also schieß los ..."

„Möge meine Fernbedienung die nächsten zwei Stunden durchhalten! Und mögen mir auf der Bühne in jeder Sekunde die richtigen Worte einfallen! BITTE KÜMMERT EUCH DARUM!"

„Sehr gut. Mit dem nächsten Schritt wirst du die Bühne betreten. Deinen inwendigen Raum. Du bist die Bühne. Du bist das Licht, die Leinwand und alles, was darauf geschieht. Du bist jeder einzelne Zuschauer. Spüre ihren Atemzug in deinen Worten. Spüre dein Herz in ihrer Brust schlagen. Lass es geschehen. Mach den Schritt ... Jetzt."

Zwei Stunden später ...

„Maria? Maria, wo steckst du? ... Maria, du musst noch mal raus auf die Bühne! Das ist DEIN Applaus. Die Leute warten auf dich!"

„Ich kann nicht. Ich habe alles vermasselt."

„Wieso? Es war großartig! Also raus mit dir!"

Mit Nachdruck schiebt mich der Veranstalter durch die beiden Brandschutztüren in den Konzertsaal, dessen Zuschauerraum nun hell erleuchtet ist. Die vagen Silhouetten der Menschen haben plötzlich Gesichter. 1.700 Seelen strahlen mich an. Wie kann das sein? Nach der peinlichsten aller Pannen, die einem Multivisionsreferenten passieren kann: Der Totalausfall meines Computers! Am Ende der Show. Genau zum Höhepunkt meiner Geschichte wurde es auf der Leinwand schwarz. Zappenduster. Für einen kurzen Augenblick blieb mir das Herz stehen. Doch dann hörte ich Marios Stimme in mir, die mich ermahnte weiterzumachen: „Dein größtes Gottesgeschenk ist die Zunge, Maria! Erinnere dich gefälligst daran!"

Also erzählte ich das, was eigentlich auf der Leinwand geschehen sollte, in Worten, geformt aus meinen inneren Bildern. Ich erzählte von meinem letzten großen Abenteuer, als ich mit meinen tibetischen Patenkindern zehn Jahre nach ihrer Flucht den Weg bis zur Grenze Tibets zurückging. Damit sie verstehen konnten, was damals, als sie noch klein waren, mit ihnen geschah. Damit sie ihr Trauma am Ort des Geschehens auflösen konnten. Damit sie all ihre Schmerzen, ihre Tränen und unbeantworteten Fragen zwischen den Felsen, dem Schnee und dem ewigen Eis zurücklassen konnten. Um ihren Lebensweg ohne unnötige Steine im Gepäck weitergehen zu können.

An der Grenze band mein tibetischer Sohn Dhondup weiße Glücksschleifen aus Polyester in das flatternde Gewirr der bunten Gebetsfahnen. Und der Wind trug seine Wünsche für die Eltern nach Tibet hinein. Und die Wünsche unzähliger anderer tibetischer Exil-Kinder: „Wir sind jeden Tag mit unseren Gedanken bei euch. Denn selbst das höchste Gebirge der Welt kann die Liebe zwischen Eltern und Kindern nicht trennen. Tashi Delek. Glück und Segen."

Für einen kurzen Moment schwankten mir die Knie, weil ich die Bilder auf der Leinwand vermisste! Da trat Dhondup, der mich zu diesem Auftritt begleitet hatte, auf die Bühne und sang – a cappella – das Lied seines Lebens. Jenes, das er als kleiner Junge nachts auf der Flucht gesungen hatte, wenn wir uns vorstellten, die Sterne am Himmel seien unsere Mütter, die uns auf allen unseren Wegen behüten ...

Wenn ich in den Himmel schaue,
sehe ich einen leuchtenden Stern.
Wenn ich diesen Stern sehe,
schmerzt mein Herz
und Tränen laufen über mein Gesicht.
Oh Mutter!
Egal, wo ich bin und wohin ich auch gehe,
ich werde mich immer an deine Worte erinnern:
Gute Taten zu vollbringen und immerzu in jedem Moment
mein Bestes zu geben.

(Tibetisches Volkslied)

Danach war es ganz still im Freiburger Konzertsaal. Irgendwann brach tosend der Applaus aus. Da saß ich schon heulend zwischen den beiden Brandschutztüren und hatte meinen inwendigen Raum längst wieder verlassen. Mein Herz war so voll von Scham, dass meine Ohren taub waren für jegliche Form der Anerkennung und Zuwendung.

Selbst während der Autogrammstunde an unserem Büchertisch war ich nicht von der Besonderheit unseres Auftritts zu überzeugen. Da rief Mario aus Arambol an:

„Na, wie war's?"

„Eine Katastrophe!", rief ich vorwurfsvoll in den Hörer. „Am Schluss schmierte mein Computer ab und es gab keine Bilder mehr auf der Leinwand!"

„Und die Leute?"

„Sie haben den Bildausfall gar nicht bemerkt!"

„Natürlich nicht. Sie haben deine Bilder mit ihrem inneren Auge gesehen."

„Du hast ja keine Ahnung, was ein Technikausfall für eine Referentin bedeutet!"

„Dass das Schattentheater an der Höhlenwand endlich erlischt. Deine geistigen Helfer haben dir heute den Weg aus der Illusion gezeigt: Du hast das Talent, Menschen mit Geschichten und Bildern zu unterhalten. Doch deine wahre Berufung ist es, sie aus der Illusion ihres Höhlendaseins heraus in das Tageslicht und in die Freiheit zu führen. Vergiss das nicht."

In die Gegenwart eines Meisters musst du dich hineinfallen lassen

In Köln zeigt der Winter erst im Februar sein wahres Gesicht. Die Wochen davor sind ein harmloses Vorspiel. Ich glaube, das liegt an unserer Zeitwahrnehmung, die sich gerade drastisch verändert. Unsere inneren und äußeren Uhren ticken von Generation zu Generation schneller, während der Rhythmus der Natur stetig und gleich bleibt. Jagen wir in den Einkaufspassagen bereits nach Weihnachtsgeschenken, schütteln die Bäume im Stadtgarten gerade mal ihr goldenes Laub von den Ästen. Irgendetwas scheint da völlig verschoben zu sein.

Dass der Februar in Europa keine Lebensqualität mehr hat, sieht man den Menschen leider auch an. Erschöpft stehen sie an den Supermarktkassen und schleppen sich bleich durch die lichtlosen Straßen. „Der Winter dauert einfach zu lange", hört man sie stöhnen. Kein Wunder, wenn der eigentlich erst vor 14 Tagen begann!

Ich sitze wieder im Flieger nach Goa und habe aktuell ganz andere Sorgen: Werde ich auch diesen Flug überleben? Die Prognosen meiner Freunde in Köln sehen dazu leider recht mies aus. Denn ich bin richtig krank. Der Klima- und Kulturschock Deutschland war für meinen aufgeweichten Bewusstseinszustand einfach zu viel gewesen ...

Es hatte schon mit der Ankunft vor drei Wochen begonnen. In der Flughafen-S-Bahn fiel mir siedend heiß ein, dass meine Wohnung in Köln untervermietet war und ich de facto auf der Straße stand. Und auch Fredde schlug, sobald ich deutschen Boden betreten hatte und somit über das

Netz der Telekom erreichbar war, im Namen des Kölner Finanzamtes zu: „Ich will noch vor deiner erneuten Republikflucht die Buchhaltung vom letzten Quartal auf dem Tisch haben!"

Hinzu kam der Stress mit meinem Computer, der für den zweiten Tibet-Auftritt auseinandergeschraubt und klargemacht werden musste und schließlich die Show selbst: Zwar erhitzte sich mein Computer diesmal nicht bis zum Totalausfall, dafür aber kletterten meine inneren Temperaturen auf über vierzig Grad Fieber!

Nach dem Auftritt versuchten mich meine beste Freundin Walter, Krishna und K. K. K. K. mit allen psychologischen Tricks in Deutschland zu halten: „Mit so hohem Fieber ist nicht zu spaßen! Hast du nicht langsam genug von dem Stress?"

„Ich bin noch nicht fertig mit Indien!", krächzte ich verzweifelt dagegen. „Ich bin noch nicht durch mit meinem Erleuchtungsprozess. Ich bin auf halber Strecke stecken geblieben! Ich kann nicht hier bleiben. Unmöglich!"

Daraufhin verständigten sich meine drei glorreichen Freunde darauf, mich nicht zum Flieger zu bringen. Also bin ich heute früh um 5.00 Uhr mit der S-Bahn zum Flughafen gefahren. In meinen Goa-Strandparty-Klamotten. Das gab mir den Rest.

Aber im Ernst: Was habe ich tatsächlich noch in Indien verloren?

Wadud hat vor drei Tagen unsere aktuelle Fernbeziehung „mal vorläufig" beendet. Und selbst mein schönes Zimmer mit Balkon wartet in Arambol nicht mehr auf mich. Mum ist wieder in Berlin, weil sie sich den Gerichtsprozess mit ihrem Vermieter nun doch persönlich antun will und Mario befindet sich zeitgleich mit mir im pakistanisch-afghanischen Luftraum. Allerdings in die andere Richtung. Auch er musste früher als erwartet die Rückreise antreten, weil auch sein Finanzamt Probleme macht und sämtliche göttlichen Helfer offenbar gerade stocktaub auf dem Steuer-Ohr sind.

„Arambol ohne dich ist wie Strand ohne Sand!", jammerte ich bei unserem letzten Telefonat. „Wie Sojakaffee ohne Milchschaum! Wie Karneval ohne Kamelle!"

„Du wirst auch nicht lange in Arambol bleiben", antwortete Mario aus seiner ewig ruhigen Baumstamm-Mitte heraus. „Du wirst weiter nach Rishikesh gehen."

„Nach Rishikesh?"

„Es wird Zeit, dich in die Gegenwart richtiger Meister zu begeben. Schon mal was von ShantiMayi, Prem Baba oder Mooji gehört?"

Ich begegnete Mooji das erste Mal in Köln. In meiner Wohnung, auf Waduds Laptop-Bildschirm: Als ich eines Sonntags von meinem Putzjob mit Walter nach Hause kam, sah sich Wadud im Internet ein Satsang mit dem Advaita-Meister der Nicht-Dualität an. Es wurde live aus Portugal übertragen, wo Mooji den Großteil des Jahres Schweige-Retreats, Belehrungen und Satsangs abhält – SEIN in Gegenwart des Meisters. Von allen Erleuchtungslehrern zieht der gebürtige Jamaikaner mit der Weite seines Herzens, seinem Scharfsinn, seinem Humor und dem bärigen Rastaman-Look die meisten Erkenntnissuchenden an. Auch ich war sofort ergriffen von seiner komplexen Ausstrahlung, die über den Bildschirm in jeden unaufgeräumten Winkel meiner Wohnung und meines Daseins hinein strahlte.

„Wie hast du bloß diesen coolen Meister gefunden?", rief ich begeistert.

„Sophie hat mich auf Mooji aufmerksam gemacht. Sie wollte so gerne mal zu ihm hin. Aber leider wurde nichts mehr daraus."

„Lass uns sofort nach Portugal fahren!", rief ich. „Lass uns keinen Tag länger warten."

Wir haben das „Projekt Mooji" schließlich auf unsere Zeit in Indien vertagt, wo der Meister jedes Jahr während der europäischen Eiszeit sechs Wochen Satsang in Rishikesh abhält. DESWEGEN bin ich noch nicht fertig mit Indien. Ich möchte, nein, ich MUSS zu Mooji. Immerhin kam die Ansage von Mario.

Es ist 4.00 Uhr morgens, als ich in Arambol ankomme. Ana hat mir einen Fahrer zum Flughafen geschickt und im Magic Park ihre beste Hütte bezugsfertig gemacht. Neben dem Bett stehen Wasser und Tee. Von schweren Fieberschüben gebeutelt krieche ich samt meiner Strandparty-Klamotten unter das Moskitonetz.

Am nächsten Morgen sitzt Wadud an meinem Bett. Mit Früchten und frischen Säften. „Ana hat mir erzählt, dass du krank bist."

Ich greife nach seiner Hand: „Wadud ... Ich möchte dir etwas erzählen ... "

„Kommt jetzt die große Beichte des Lebens?"

„Nein. So weit ist es noch nicht ... Aber vielleicht ist es wichtig für dich ... Du hast doch ein paar Minuten. Oder?"

„Natürlich. Sonst säße ich jetzt ja nicht da."

„Ich war neunzehn Jahre alt, als ich zum ersten Mal nach Indien gereist bin ... Mit der ersten Liebe meines Lebens. Er hieß Jakob und hatte sein Abi auch auf einer Klosterschule gemacht. Unser Hunger nach Abenteuern war riesig ... und unser Budget im Vergleich dazu sehr klein ... Wir wollten von Delhi aus bis zum Mount Everest trampen!"

„Du warst wohl damals schon etwas verrückt."

„Wir haben es bis Nepal geschafft, sahen in der Ferne schon die verschneiten Gipfel der Achttausender leuchten. Weiter kamen wir nicht ... Jakob wurde sehr krank.

Ich beschloss, ihn zurück nach Delhi zu bringen. Wolken-Oma hatte gute Kontakte zur österreichischen Botschaft. Doch die Züge in Indien waren total überfüllt. Und irgendwann war Jakob zu schwach, um zwischen den grauen Wanderarbeitern auf dem Zugdach zu sitzen ... War es in Faizabad, Basti oder Gorakhpur? Ich weiß es nicht mehr. Jedenfalls hingen wir fest. Ich mietete ein Zimmer am Bahnhof und sprach beim Stationsmeister vor. Ich flehte ihn an, uns einen Schlafwagen zu geben. Es war ein netter, älterer Herr und er bot mir an, die Fahrkarten persönlich auf unser Zimmer zu bringen ..."

„Und dann?"

„Jakob schlief ... Er bekam es nicht mit, dass wir den Schlafwagen nicht ohne Gegenleistung bekamen. Zentimeter für Zentimeter habe ich um die Haut meines Körpers gefeilscht, die der Stationsmeister berühren durfte. Meine Chancen standen nicht gut bei dem Deal. Denn er hielt immerhin das Leben meiner ersten Liebe in seinen Händen. Verstehst du? ... Unsere Weiterfahrt nach Delhi im Erste-Klasse-Abteil ... ich erlebte sie nur noch wie aus der Ferne. Als wäre ich gar nicht mehr da.

Als wir in Delhi in der Klinik ankamen, kippte ich um. Typhus, Amöbenruhr und Salmonellenvergiftung. Ich war in Wahrheit viel kranker als Jakob."

„Und zäh wie eine streunende Katze."

„Ich wäre beinahe gestorben. Die Ärzte kämpften mit fiebersenkenden Infusionen. Ich aber legte meine Waffen nieder und schaute dem Kampf meines Lebens nur noch zu.

Alle meine Wünsche und meine Träume zogen mit den Wolken hinter die schneebedeckten Gipfel der Berge ... Drei Tage bin ich nicht mehr zu mir gekommen. Bis ich eines Nachts an einer Weggabelung stand. Der eine Weg führte zu meiner Mutter hinter die Schneeberge ... Der andere zurück in mein Leben."

„Du hast dich für dein Leben entschieden."

„Das Leben hat sich für mich entschieden. Es hat mir Freya geschickt."

„Deine Stiefmutter ist nach Delhi gekommen?"

„Es war ihre Seele, die an mein Bett kam. Vielleicht auch ihr höheres Selbst. Sie nahm meinen glühenden Kopf in ihre Hände. Jene Hände, vor denen ich als Kind immer Angst gehabt hatte ... Sie fühlten sich kühl und zugleich liebevoll an. „Bleib!", sagte sie. ‚Geh noch nicht. Du hast noch so viel zu leben und noch so viel zu geben ...' Es war Freya, die mich in mein Leben zurückgeholt hat."

„Und Jakob?"

„Wurde schnell wieder gesund. Warum ich ihn nach dieser Reise verließ, hat er nie wirklich erfahren. Wadud ... Was ich dir mit alldem eigentlich sagen will ... es liegt nicht an dir, dass ich mich nicht binden kann. Es lag auch nicht an Hank, dass ich ihn verließ. Irgendwann beginnt das Schattenmonster in mir jeden Mann, der mir zu nahe kommt, zu hassen. Und bevor das geschieht, ziehe ich weiter. Weil es Hass in Wolken-Omas Paradiesgarten nicht geben darf."

„Was wirst du nun tun?"

„Sobald ich aufstehen kann, werde ich zu Mooji nach Rishikesh reisen."

„Tja. Da wollten wir mal beide zusammen hin."

„Komm doch mit."

„Ich kann mir Mooji auch live im Internet ansehen."

„Das ist nicht dasselbe. Es ist, als ob du dir das Meer im Fernsehen anschaust. In die Gegenwart eines Meisters musst du dich ganz hineinfallen lassen."

Mother Ganga

Auf den Stufen des Theseustempels versammelten sich an den schönen Tagen des Sommers die Märchenfiguren der Flower-Power-Bewegung: Sie trugen weite Pluderhosen, Blumenkleider und gewundene Kränze im langen Haar. Der Wind liebte es, darin Fangen zu spielen. Sie sangen zum Klang ihrer bunt bemalten Gitarren, tanzten durch die Wolken ihrer Cannabis-Pfeifen und schlugen Räder zwischen den ordentlichen Tulpen der städtischen Beete.

„Wer sind diese lustigen Menschen?", fragte ich meinen Vater.

„Das sind die Kasperlmänner von Wien", antwortete er und zog mich an seiner Hand weiter in Richtung Urania, wo jeden Sonntag für die Kindergartenkinder ein richtiges Kasperltheater stattfand.

„War Jesus auch ein Kasperlmann?"

„Ja. Jesus war auch so ein Kasperl."

Zehn Jahre später fand ich in Papas Vinyl-Sammlung die „Rubber Soul" von den Beatles. Als ich sie das erste Mal auflegte, war ich elektrisiert. Das war eine Revolution! Jesus und die Beatles passten in meiner Welt perfekt zusammen. „Norwegian Wood" wurde zum Ohrwurm meiner biblischen Tagträume. Und manchmal wusste ich nicht mehr: Bin ich in Jesus oder John Lennon verliebt?

Es waren die Beatles, die meine Sehnsucht für Indien

entfachten. Ich träumte jeden Abend vor dem Einschlafen vom Land der Pluderhosen, der Pilzköpfe und erleuchteten Meister. In fortlaufenden Folgen, in denen ich die weibliche Hauptdarstellerin war. Dem männlichen Protagonisten an meiner Seite (einem Jesus-Lennon-Verschnitt) blieb ich während meiner gesamten Pubertät treu. Also im Geiste.

Rishikesh, der „Ort der Seher", ist schon immer ein Magnet für Beatles-Fans und Gottsucher gewesen. Jesus soll hier während der 18-jährigen Lücke seiner dünnen Bibel-Biografie für längere Zeit in einer Höhle über dem Ganges meditiert haben. Und die Beatles haben in Rishikesh nicht nur meditieren gelernt, sondern nebenher auch noch fast 50 Songs komponiert: Obladi Oblada ... Dear Prudence ... Mother Nature's Song ... „Das Weiße Album" wurde eines der besten unserer Musikgeschichte! Es hat Indien als Wiege spiritueller Erleuchtung salonfähig gemacht. Ich wage sogar zu behaupten: So wie es ohne Maria Magdalena heute kein Christentum gäbe, wäre auch die Yoga- und Erwachungs-Bewegung ohne die Beatles erst mal in Indien geblieben.

Es ist noch vor Sonnenaufgang, als ich unschlüssig vor der „Lakshman Shula" stehe – eine 140 Meter lange Hängebrücke, die das Westufer mit dem Ostufer des Ganges verbindet. Sie scheint ins Nichts zu führen. Im dichten Morgennebel sind die Ashrams und Tempel am gegenüberliegenden Ufer nur zu erahnen.

Ich weiß gar nicht, auf welcher Seite des Flusses Mooji seine Satsangs abhält. An eine Zimmerreservierung habe ich auch nicht gedacht. Ich habe nicht einmal Proviant auf meine weite Reise in die heilige Stadt am Ganges mitgenommen. Doch die Inder in meinem Zugsabteil teilten ihre Früchte, ihre Chapatis und den süßen Tee in den Thermoskannen mit mir. In Dehradun stieg ich in einen Bus, der bis in die Pilgerstadt Haridwar fuhr. Ein junger indischer Arzt bot mir an, für die Weiterfahrt eine Riksha mit ihm zu teilen. Es war noch Nacht und der Fahrtwind blies durch mich hindurch. Da gab mir der junge Inder seinen Pullover. Dankbar schloss ich meine Augen und lehnte mich an ihn. Als er mich weckte, hatten wir das Ziel meiner Reise erreicht.

„Sie müssen jetzt aussteigen. Ich fahre noch weiter in die Berge hinauf. Nein, Sie brauchen mir kein Geld zu geben. Sie waren auf dieser Reise mein Gast."

Von den Ausläufern des Himalajas fegt ein kräftiger Windstoß durch das bewaldete Flusstal. Er legt sich in meinen Rücken und schiebt mich in Richtung der Brücke. Ich bin noch so geschwächt von meiner Krankheit, dass ich mich dem Willen des Windes ergebe.

Unter meinen Füßen rauscht der heilige Fluss aus den Bergen kommend in Richtung der großen Ebenen, an deren Horizont nun ein zarter, goldener Lichtstreifen erwacht. Ich schließe meine Augen und lasse mich von ihm in ein anderes Reich führen. Es gibt keinen Grenzstein, kein Tor und keine Ausweiskontrolle. Nur eine unsichtbare Wand, durch die ich in einen anderen Daseinsraum eintrete. Die Luft wird heller, leichter und durchlässiger. Allmählich nehmen die Tempel und Ahsrams am anderen Ufer Gestalt an. Wieder auf festem Boden führt der Weg zu einem großen, orange gestrichenen Gebäude: dem Shre Sant Seva Ashram.

Dort ist nur noch ein einziges Gästezimmer frei. Es ist dunkel, eng und fensterlos.

Als ich es betrete, verliert die Welt an Leuchtkraft und die Materie um mich herum wird wieder dicht. Ich gebe dem freundlichen Mönch an der Rezeption den Schlüssel zurück: „Verzeihen Sie. Aber ich kann hier nicht bleiben."

„Stimmt etwas nicht mit dem Zimmer?"

„Doch. Alles okay. Es ist nur nicht mehr Teil meiner Welt."

Ich versuche mein Glück in den Low-Budget-Herbergen. Doch hier ist alles belegt. Auch in den exklusiveren Hotels mit Ausblick zum Fluss: kein Zimmer mehr frei.

In der Welthauptstadt des Yoga findet gerade ein internationales Festival statt. Hätte ich doch bloß die dunkle Besenkammer im Shre Sant Seva Ashram genommen! Reumütig kehre ich dorthin zurück. Zu spät: Gerade verlassen zwei bärtige Skandinavier mit „meinem" Zimmerschlüssel die Rezeption. Der Mönch zuckt seine Schultern: „Das kommt davon, wenn wir nicht in Demut annehmen, was uns das Schicksal bereithält."

Das sagt er nicht wirklich, aber ich glaube, das denkt er in diesem Moment. Und ich denke an die gute Mutter Maria in Bethlehem und den Stall.

Ich beschließe, die Herbergssuche aufzugeben und direkt zu Sri Mooji zu gehen.

In einer Stunde beginnt das Satsang – auf der anderen Seite des Ganges, wie ich gerade erfahre. Ich muss also wieder zurück.

„Nimm die Ram Jhula-Brücke flussabwärts. Am Westufer findest du Rikshas, die dich zum Swami Swatantranand Ashram bringen", erklärt mir der Mönch.

Meinen schweren Rucksack darf ich bei ihm lassen.

Noch haben die Läden, Restaurants und Cafés ihre Rollläden heruntergezogen.

Doch meine Nase wittert den Duft von frisch gebackenem Weißbrot. Ich folge der Fährte zu einer kleinen Backstube, die offenbar die Frühaufsteher mit Kaffee, Croissants und Müsli versorgt. Ich bestelle Tee und ein trockenes Brötchen, um langsam in Askese-Stimmung zu kommen. Denn von den tapferen Weltentsagern wird „Rishikesh" auch mit „Herr über die Sinne" übersetzt. Da alle Tische belegt sind, setze ich mich auf die Straße zu einem Sadhu, der sich über eine kleine Gabe in seiner Blechschale freut.

Sadhus sind hinduistische Asketen, die mit ihrer orangenen Kleidung, den langen Rastazöpfen, Bärten und Blumenketten im farbenfrohen Gewusel Indiens besonders herausleuchten. Sie haben ihr weltliches Dasein hinter sich gelassen. Manche Sadhus leben in Ashrams. Andere begnügen sich mit einem Platz in der Nähe eines Tempels, meditieren in Höhlen oder gehen auf Pilgerschaft. Es gibt auch in mir eine tiefe Sehnsucht nach so einem radikalen, dem Göttlichen hingegebenen Leben. Und gemäß der hinduistischen Lehre über die vier Lebensphasen eines Menschen steht es bei mir ohnehin an, den Wanderstab in die Hand zu nehmen. Denn mit dem 50. Lebensjahr beginnt für den gläubigen Hindu das „Vanaprasthya" – „das Leben im Wald". Der Ruhestand also. Statt Familie, Karriere oder Strandpartys in Goa ist dann Pranayama angesagt: mit Atem- und Meditationsübungen die noch verbleibende Lebensenergie unter Kontrolle kriegen. Das „Leben im Wald" ist der ultimative Ausstieg aus dem ewigen Der-Wille-ist-stark-aber-das-Fleisch-ist-schwach-Drama. Körper und Geist leben endlich im Einklang und die Belohnung dafür ist geistige Klarheit.

Sollte ich also kein Zimmer in Rishikesh finden, würde es sich anbieten, jetzt schon in Vanaprasthya zu gehen.

Als flotte Frührentnerin finde ich unter den coolen Sadhus bestimmt einen Schlafplatz!

Beinahe ist die Sache mit meinem Totalaustritt aus der europäischen Gemeinschaft schon beschlossene Sache, als sich von der gegenüberliegenden Seite der Straße etwas unscharf ein Hotelschild in mein kurzsichtiges Blickfeld schiebt: „Dev Ganga“ – „Göttin Ganges“. Da bricht die Sonne durch den Morgennebel und das Schild beginnt zu leuchten. Ich verabschiede mich von meinem netten Seniorenfreund, der sich gerade seine erste Cannabis-Pfeife anwirft, um eine allerletzte Zimmeranfrage für heute zu starten.

„Ja! Es ist gerade eins frei geworden“, erklärt mir der junge Rezeptionist. „Ein Gast musste heute Morgen überraschend abreisen.“

„Ich nehme es!!!“

„Wollen Sie es sich vielleicht vorher noch ansehen?“

„Nicht nötig. Ich muss weiter zu Mooji. Brauchen Sie eine Anzahlung, um das Zimmer für mich zu reservieren?“

Leichtfüßig renne ich durch den weißen Sand flussabwärts zur Ram Jhula-Brücke, schlängle mich an indischen Pilgern, stoischen Kühen und bettelnden Affen vorbei und springe am Westufer in eine Riksha, die auf den vierten Fahrgast gewartet hat, um Vollgas in Richtung Sri Mooji zu geben. Ich kann gar nicht mehr aufhören, zu lachen und zu weinen vor Glück.

„Gerade angekommen?“, fragt mich eine junge Frau, die aus Italien, Spanien, Brasilien oder sonst woher kommt. Was spielt es auch noch für eine Rolle! Sind wir nicht alle eins? Versuchen wir nicht alle unser Leben so gut wie möglich auf die Reihe zu kriegen und das Beste aus jedem Moment zu machen?

„Ja“, sage ich. „Ich bin endlich angekommen.“

Am Eingang des Swami Swatantranand Ashrams heißen weiß gekleidete Helfer und Helferinnen jeden Ankömmling mit einem himmlischen Lächeln willkommen. Sie sehen aus wie die Christkind-Helferengelchen meiner Kindheit!

Vertrauensvoll wende ich mich an das Schönste von ihnen: „Ich bin zum ersten Mal hier. Was muss ich jetzt tun?“

Mein Engel geleitet mich in eine riesige Halle, in der bereits rund 1500 Menschen aus aller Welt auf Sri Mooji warten!

„Dort vorne ist noch ein Platz frei geblieben“, flüstert mein Engel und schiebt mich sanft zu einem freien Sitzkissen in der Nähe der Bühne, auf der ein großer weißer Stuhl für den Meister bereitsteht.

„Mein Gott! Mein Gott“, jubelt alles in mir. „Ich bin im Himmel!“

Da kommt Sri Mooji, sorgsam umschwirrt von weiteren strahlenden Engeln.

Er faltet seine Hände zum schönsten Gruß, den die Menschheit erfunden hat: „Namasté“.

Mahatma Gandhi erklärte seinem Freund Albert Einstein die Bedeutung des Grußes mit folgenden Worten: „Ich verbeuge mich vor dem Ort in Dir, an dem der ganze Kosmos wohnt. Ich verbeuge mich vor dem Ort der Liebe, des Lichtes, des Friedens, der Wahrheit und der Weisheit in Dir. Ich verbeuge mich vor dem Ort, wo, wenn du an diesem Ort bist und ich an diesem Ort in mir bin, es nur das Eine von uns gibt.“ [1]

Ein warmer Tsunami erfasst meinen Körper. Ich ergebe mich der inneren Woge, die jeden Widerstand in mir hinwegreißt.

1. Das Zitat von Gandhi ist aus dem Buch „Wilder Geist – Wildes Herz“ von Dr. phil. Christina Kessler (Verlag: J. Kamphausen, 2011)

Mooji nimmt Platz und blickt sich im Saal um. Mein Atem steht still vor Aufregung: Es ist, als würde er jeden Anwesenden anschauen und tief in seine Seele hineinblicken. Eine plötzliche Gewissheit erfasst mich. Ein nie geahntes Glück: Das ist der Moment, auf den ich schon so viele Leben gewartet habe! Jesus ist wieder da! Er ist durch Sri Mooji wieder zu uns gekommen. Und nicht nur durch ihn: Jesus tritt durch jedes erwachte Herz in diesen Raum. Ich sehe das Szenario der Bergpredigt vor mir, als der Wanderprediger in Tausenden von Menschen das Licht der Liebe erweckte. So war es! Und so ist es!

Mooji beginnt zu sprechen, doch ich verstehe kein Wort. Ich bin so ergriffen von seiner Gegenwart, dass mein Verstand keinen Gedanken mehr greifen kann. Alles in mir kommt zur Ruhe. Mein ganzes aufgescheuchtes Leben erfüllt sich in diesem Moment. Alles ist gut. Und wenn ich hierbleibe, wird es noch besser! Ich schließe meine Augen. Selig lächelnd wie ein satter Säugling ...

„Der satte Säugling ist aber geklaut. Christian Morgenstern. Hab ich recht?“, ermahnt mich meine bessere Hälfte.

„Ist es nicht egal, wer Worte, Melodien und Bilder aus dem Universum abholt?“

„Schon mal was von Copyright gehört?“

„Meinst du Jesus hätte seine Bergpredigt urheberrechtlich schützen lassen? Oder 5 Euro Eintritt von seinen Zuhörern verlangt? Willst du jede Schneeflocke, die vom Himmel fällt, mit einem Copyrightzeichen brandmarken ...?“

Behutsam legt sich eine Hand auf meine Schulter. Ein Engel aus Afrika lächelt mich an. Verwirrt schaue ich mich um. Der Saal hat sich bereits zu leeren begonnen. Und auch der Platz des Meisters ist wieder leer. Wie konnte das nur passieren? Ich habe mein erstes Satsang verschlafen!

„Macht nichts“, sagt der junge Afrikaner. „Das passiert am Anfang. Hauptsache du konntest in Sri Moojis Gegenwart gut schlafen.“

„Oh ja!“, lache ich. „Als hätte ich in Gottes Armen geruht!“

Auf meinem Nachhauseweg setze ich mich in den warmen Sand und lasse den Fluss an mir vorbeiziehen. Mother Ganga trägt alles in sich: Ursprung und Ziel. Leben und Tod. Die Asche der Toten und die Blumenschiffchen der Kinder. Der Fluss ist ständig im Wandel und doch ist er immer derselbe. Ich stelle mir vor, Hesses Romanheld Siddharta zu sein und werde zum Betrachter meines Lebens. Zum Beobachter meines Seins, das alle Erscheinungsformen in seinem Raum hält. Wie eine Mutter. Und wenn mich nicht alles täuscht, fordert sie mich auf, in ihre Tiefe zu tauchen. Hier, nicht weit von seinem Ursprung, ist das Wasser des heiligen Flusses noch sauber und klar ... Na ja, so halbwegs zumindest, wenn man von den Küchenresten absieht, die irgendein Restaurantbesitzer ins Wasser gekippt haben muss.

„Ich habe leider keinen Bikini dabei“, entschuldige ich mich bei Mother Ganga.

„Mach’s wie die Inder. Steig einfach in deinen Klamotten rein.“

„Zu gefährlich. Du könntest mich an meinen Röcken in die Tiefe ziehen und für immer verschlucken.“

„Wer nichts riskiert, kann auch nichts gewinnen.“

„Ich würde lieber nur meine rechte Arthrose-Zehe reinstrecken. Vielleicht könntest du sie bei der Gelegenheit heilen?“

„In die Gegenwart Gottes kannst du nur ganz hineinspringen. Oder hast du schon mal einen Kopfsprung vom

Dreimeterbrett gemacht und dein linkes Bein oben auf dem Turm gelassen?“

„Ist es denn schon so weit?“

„Es ist immer so weit.“

„Ich würde es mir aber gerne noch bis morgen früh überlegen.“

Mit klopfendem Herzen betrete ich die Rezeption des Deva Ganga-Gästehauses:

Ob meine Besenkammer schon bezugsfertig ist? Der junge Knabe von der Rezeption bittet mich, ihm zu folgen. Über eine schmale Treppe geht es zu einem ausladenden Balkon, unter dem rauschend der Fluss vorbeizieht.

„Voilà“, sagt der Knabe. Offenbar hält er mich für eine Französin. „Voilà.“

Er sperrt die Tür zu einem großen Zimmer auf, in welches der Märchenbalkon direkt hineinführt.

Wie angewurzelt bleibe ich zwischen den beiden Türpfosten stehen. „Und das ist jetzt tatsächlich für MICH?“

„Natürlich! Sie haben es doch heute Morgen schon anbezahlt.“

Vorsichtig betrete ich das Reich, das meine geistigen Helfer in Windeseile für mich aufgebaut haben müssen. Denn als ich in Rishikesh ankam, waren sogar die Mauselöcher und Abflussrohre doppelt gebucht. Wie kann es sein, dass nun dieser Palast für mich frei wurde?

„Gott ist nicht zu vermeiden. Du kannst ihm nicht ausweichen. So wie er dir nicht ausweichen kann“, flüstert Mother Ganga mir zu.

Der Balkon über dem Ganges

„Dieses Kind kann Realität und Traum nicht unterscheiden", erzählte Freya ihren Cousinen, die jeden Mittwochnachmittag zum Bridgespielen kamen. Ich liebte es, heimlich an der Tür den Gesprächen der Erwachsenen zu lauschen. Vor allem, wenn es wieder um mich ging ...

„Dieses Kind erzählt Dinge, die nicht geschehen sein können und sieht Dinge, die einfach nicht da sind. Ich mache mir ernsthafte Sorgen."

„Vielleicht solltest du einen Kinderpsychologen konsultieren."

„Die sind doch selber alle verrückt!"

„Vielleicht hat sie einfach eine blühende Fantasie? Sie ist halt eine kleine Traumtänzerin. Bestimmt legt sich das irgendwann."

„Hoffentlich", sagte Freya ratlos. „Hoffentlich kommt das Zazie irgendwann in der Realität an."

Mooji wurde 1954 in Jamaika geboren. Sein Lebensweg führte ihn zunächst nach London, wo er als Straßenporträtmaler und schließlich als Kunstdozent arbeitete.

Die Begegnung mit einem christlichen Mystiker veränderte sein Leben von Grund auf. In einem Gebet erfuhr „Tony Moo", wie er sich damals noch nannte, die Gnade einer direkten Gotteserfahrung, sein spirituelles Bewusstsein erwachte. Es war der Beginn einer großen Transformation. Mit dem Verlangen, sich dem Göttlichen hinzugeben, löste sich Mooji aus allen bürgerlichen Bezügen, um sechs Jahre in einem Zustand mystischer Verbundenheit zu leben. Als Schutzraum für diese Entwicklung öffnete ihm seine Schwester ihr Haus.

Während einer Pilgerreise nach Indien wurde Mooji in die Gegenwart des damals noch lebenden Meisters H. W. L. Poonja geführt, auch „Papaji“ genannt. Mooji erkannte in ihm seinen Guru.

Zwei Jahre nachdem Papaji, wie es in der hinduistischen Lehre heißt, seinen Körper verlassen hatte, begann Mooji weltweit Satangs und spirituelle Unterweisungen zu geben, die mittlerweile Millionen von Menschen live erlebt oder über das Internet verfolgt haben.

Es wäre ein Paradox über einen Meister in Superlativen zu schreiben, so wie es paradox wäre zu sagen: „Gott ist der Größte!“ Denn Gott ist ... und so ist Mooji.

Doch als Erwachungsmeister scheint er in diesen stürmischen Zeiten unzählige Menschen dazu zu bringen, das große Abenteuer der Selbsterkenntnis zu wagen.

In Moojis Gegenwart löst sich die nichtige Wichtigkeit unserer Visitenkarten-Identität auf, sodass nur noch Göttliche Heiterkeit da ist – und tiefer innerer Friede.

Dummerweise gibt es dann doch immer wieder Gelegenheiten, bei denen mein innerer Friede, von dem ich mindestens drei Back-ups gemacht habe, mit einem Mal abstürzt. So wie die Illusion von „meinem“ Balkon über dem Ganges, der sich bereits am Abend meines Einzugs als Gemeinschaftsbalkon des gesamten Hotels entlarvte. Nachtruhe ist in meinem Zimmer erst nach Mitternacht möglich und manchmal wird es sogar erst morgens! So wie heute ...

Seit zwei Stunden versuche ich zu schlafen. Auf dem Balkon vor meinem Zimmer unterhalten sich zwei junge Russen in unverschämter Lautstärke mit jener Ukrainerin, die sich heute Morgen noch bitter über meine Meditationsmusik beklagte, die sie angeblich aus dem Bett gerissen haben soll.

Gut, ich gestehe: Ich habe seit langer Zeit mal wieder Oshos Dynamische auf meinem Balkon, also dem vor meinem Zimmer, praktiziert, um den Gedankenmüll aus meinem Kopf zu schütteln, der mich seit Tagen belästigt.

Meine Zeit in Indien neigt sich schon wieder dem Ende zu und ich habe keine Ahnung wie es in Deutschland weitergehen soll. Ich hätte auch gerne einen mystischen Verzückungsschutzraum! Wenigstens um meinen Bestseller zu schreiben. Als Nomadin zwischen den Welten krieg ich das einfach nicht hin. Dauernd baue ich meine Zelte auf und ab und wieder auf, dazwischen muss ich mich um effiziente Geldbeschaffungsmaßnahmen kümmern. Mum würde mir den nötigen Raum liebend gerne zur Verfügung stellen. Aber sie muss selbst gerade ihre Wohnung räumen. In Marios Leben ist auch kein Platz. Er hat in Norddeutschland eine Hütte, in Süddeutschland einen Wohnwagen und in der Mitte das Finanzamt im Nacken. Und alle anderen Systemaussteiger, die ich kenne, suchen gerade selbst einen Schutzraum für ihre Transformation. Es ist ein großer Kraftakt, in der alten Welt bestehen zu müssen und gleichzeitig die neue Welt mitzuerschaffen. Das hat mir schon der Ökotensor meines Insolvenzberaters prophezeit: „Den Gang zum Arbeitsamt kannst du dir ersparen."

So war es dann auch, als ich trotzdem hinging, um zum ersten Mal in meinem Leben Unterstützung, also Hartz IV, zu beantragen, „zum Zwecke einer kreativen Auszeit".

Mit großen Augen sah mich die Sachbearbeiterin an: „Wir sind doch keine Versorgungsanstalt! Wenn Sie Hartz IV wollen, müssen Sie schon etwas dafür leisten."

Ich war ehrlich gesagt etwas enttäuscht. Denn auf dem Namensschild der guten Frau prangte unverkennbar ein „von" zwischen Vor- und Zunamen. Und nach den gängigen

Benimmformen des Adels hätten wir einander eigentlich mit einem Küsschen links und rechts auf die Wange begrüßen und in weiterer Folge auch duzen müssen. Aber die guten alten Traditionen scheinen in diesem Land offenbar keine Rolle mehr zu spielen. Für mich gab es keinen Platz mehr in dieser Gesellschaft, das wurde mir in diesem Moment klar. Dies bestätigte auch umgehend das digitale Jobsuchprogramm, das nach Eingabe meiner für den deutschen Arbeitsmarkt brauchbaren Talente folgende Angebote ausspuckte:

1. Lagerarbeiterin in einer Speditionsfirma (ich hatte angegeben, aufgrund meiner Himalaya-Erfahrungen fit wie ein alter Bergschuh zu sein)
2. Verkäuferin in einer Damenboutique (hier punktete meine langjährige Erfahrung im ehrenamtlichen Verkauf tibetischer Klangschalen)
3. Werbetexterin in Goslar

„Und wo soll das bitte sein?"

„Sie könnten den Job von zu Hause aus machen."

„Ich will aber ein Buch schreiben, das diese verlorene Welt retten soll."

„Dafür sind wir aber nicht zuständig."

Die Arme hatte viel zu tun, im Warteraum saßen mindestens zwanzig Schwestern und Brüder aus aller Welt, vor allem der arabischen. Mit der erschütternden Erkenntnis, ein für den deutschen Staat unbrauchbares Kind zu sein, verließ ich hängenden Kopfes das Amt und lief an der Tür einem Freak in die Arme. Der drückte mir ein handgeschriebenes Flugblatt in die Hand: „Vom Arbeitsamt zum Millionär." Für eine RTL-Show wurden Kandidaten und Kandidatinnen gesucht, die bereit waren, sich aus der

Arbeitslosigkeit zum Bonzen hochzuarbeiten. Vor laufender Kamera versteht sich. Nach einer kurzen Kompetenzanalyse mit dem Flugblattverteiler, der gleichzeitig auch der Erfinder dieser Show war, stand fest: Ich wäre RTLs Traumkandidatin!

Doch leider hatte auch die Sache einen unvermeidbaren Haken: Der Sender wusste noch gar nichts von seiner Show und ihr Erfinder war selbst schon seit Jahren arbeitslos. Immerhin hatte ich einen Tipp für ihn auf Lager: „Es gibt da 'ne freie Stelle in Goslar."

Mein Hausarzt könnte mir vielleicht nach meiner Rückkehr Burn-out attestieren. Schließlich war ich vor fünf Monaten tatsächlich ein Wrack! Ich wog 47 Kilo bei 1 Meter 74! Und das trotz Hashimoto-Syndrom – einer Krankheit, bei der eine Frau meines Alters normalerweise zur Verlangsamung und Fettleibigkeit tendiert. Meine Schilddrüsenmedikamente habe ich vor meinem Aufbruch nach Indien samt des Innenlebens von Lucys It-Bag in die Tonne geschmissen. Ich wollte die Stabilität meines Hormonhaushaltes weder von Schilddrüsenpräparaten noch von Strapsen abhängig machen. Seitdem laufen sämtliche Drüsen Amok. Vor allem, wenn sich meine heilige Nachtruhe gestört fühlt ...

Bestimmt unterhalten sich die beiden Russen mit der Ukrainerin über den aktuellen Zustand ihrer Erleuchtung. Nahezu jeder, der nach Rishikesh kommt, will sich von den Grenzen seines erschaffenen Selbstbildes befreien. „Leer" werden, damit Gott in uns Platz nehmen kann. Und dazu gibt es offenbar sehr viel zu sagen. Vor allem nachts auf MEINEM Balkon. Mooji hätte das Thema schnell auf den

Punkt gebracht: „Gott braucht nicht Platz zu nehmen in dir. Gott ist immer schon da." Aber das ist für uns Du-bist-nur-was-wenn-du-was-leistest-Konditionierte sehr schwer zu begreifen. Und deshalb wird jetzt da draußen gnadenlos weiter über die unterschiedlichsten Trainingstechniken der Erleuchtung diskutiert. Wenn ich nicht bald einschlafe, dann schlafe ich morgen wieder beim Satsang und muss die Erwachungsschulstunden hinterher beim Live-Mitschnitt im Internet nachsitzen!

„Nicht nötig. Jeder Atemzug ist eine Chance, im Hier und Jetzt zu erwachen."

„Ach ja, du auch wieder da!"

„Ich bin immer schon da."

„Hast du eigentlich auch einen Namen?", frage ich meinen zurückgekehrten Seelenanteil.

„Natürlich nicht. Kannst mich ja Lucy nennen. Der Name ist doch gerade wieder frei in deinem Besetzungsplan. Oder?"

„Lucy?!" Nun bin ich ehrlich schockiert. „Ich habe Lucy gefeuert!"

„Dein katholisches Wertesystem hat Lucy gefeuert. Dabei hat Lucy echt Potenzial. Nicht umsonst haben die Beatles sie in den Himmel gesungen. Und dazu noch mit geschliffenen Diamanten."

„Stimmt!"

„Du weißt um die Bedeutung des Namens? ... Nein? ... ‚Lucy' kommt von ‚Lucia', was so viel heißt wie ‚die Leuchtende' ... Das sucht ihr doch alle hier, Erleuchtung. Oder?"

„Ich bin mir nicht mehr so sicher. Das osteuropäische Erleuchtungsgeschwafel auf meinem Balkon geht mir nämlich langsam echt auf den Sack!"

„Kannst du etwas dagegen tun?"

„Nein. Es wäre sinnlos, laut ‚Ruhe' zu schreien, weil es in Indien keine gesetzliche Nachtruhe gibt. Außerdem ist gerade Krieg zwischen Russland und der Ukraine und ich sollte es dankbar begrüßen, wenn sich Staatsangehörige der beiden Kriegsländer lautstark vor meinem Fenster über den Wasserstand ihrer Erleuchtung austauschen."

„Der Lärm da draußen, das ist dein innerer Lärm. So wie der Müll im Ganges auch dein innerer Müll ist. Wir sehen das, was wir selbst sind. Meditiere DARÜBER mal nach, statt über die Konflikte der Welt, die in Wahrheit deine inneren Kriegsschauplätze sind!"

Ich lausche dem Rauschen des Ganges und stelle mir vor, sein Flussbett zu sein.

Ich lasse sein heiliges Wasser durch mich hindurchfließen. Vom Anfang der Zeit bis in alle Ewigkeit. Die Restaurantabfälle winke ich auch noch schnell durch und die verkohlten Leichenreste, die chemischen Abwässer der Textilindustrie, die Plastikinseln des Pazifik und die brennenden Ölteppiche unserer verschmutzten Meere, den erhöhten Quecksilbergehalt unserer verseuchten Flüsse, den Atommüll von Gorleben und schließlich den unnötigsten aller Wegwerfartikel: Gedankenmüll. Ich überlasse ihn dem Rauschen des Ganges. Damit er ihn mitnimmt. Wie Treibholz ... Das Plappern hat meinen Kopf verlassen. Endlich. Und offenbar auch dieses Zimmer. Denn plötzlich höre ich meine Gedanken auf dem Balkon. Sie haben ihren Platz auf den Zungen der Osteuropäer eingenommen! Sie spielen Pingpong mit meinem inneren Atommüll. Jetzt bin ich gezwungen, meinen Kopfdialogen auf dem Balkon zuzuhören ...

„Sollte Wadud aus meiner Wohnung in Köln ausziehen, könnte ich sein Zimmer zu einem Massagestudio umbauen."

„Willst du tatsächlich in deiner Wohnung fremde Männer empfangen, die sich bis auf den Slip ausziehen?"

„Okay, Frauen bekommen eine Massage und Männer ihren Lebensbaum."

„Ganz ehrlich: Ich würde mich lieber von dir anfassen lassen."

„Hey, das ist Sexismus pur!"

„Dann setz dich halt mit einem Blechnapf vor den REWE! Die Almosen kommen von selbst und du könntest den ganzen Tag meditieren. Dann hast du es endlich geschafft! Denn Erleuchtung ist ein leerer Kopf ohne unnütze Gedanken."

Das weiße Feuer

„Darum sage ich euch: Sorgt nicht um euer Leben, was ihr essen und trinken werdet; auch nicht um euren Leib, was ihr anziehen werdet. Ist nicht das Leben mehr als die Nahrung und der Leib mehr als die Kleidung? Seht die Vögel unter dem Himmel an: Sie säen nicht, sie ernten nicht, sie sammeln nicht in die Scheunen; und euer himmlischer Vater ernährt sie doch. Seid ihr denn nicht viel mehr als sie? ..." (Mt 6,25)

Ich bin meinem Vater und Freya heute sehr dankbar, dass sie mich acht Jahre auf eine Klosterschule geschickt und auch das Schulgeld dafür bezahlt haben. Zwar lernt man auf einer katholischen Privatschule nicht unbedingt mehr als auf einem städtischen Gymnasium, aber eines bestimmt: die Bibel zu lesen. Ich habe die Exegese exzessiv und sorgfältig betrieben. Als meine Eltern bemerkten, dass der „Schuss mit dem Elitegymnasium" nach hinten losging, war es bereits zu spät. Von der Bergpredigt verdorben, war ich dem europäischen Arbeitsmarkt bereits verloren gegangen, bevor ich ihn richtig betrat.

Ob Jesus während seiner wilden Jugendzeit tatsächlich hier in Rishikesh meditierte? In jedem Fall scheint dieser Ort bis heute die Erben seiner Bewusstseins-Revolution anzuziehen ...

Als ich am nächsten Morgen zu Moojis Ashram wandere, spüre ich: Heute wird etwas Besonderes geschehen. Also verteile ich schon mal in vorauseilender Dankbarkeit mein Kleingeld an die bettelnden Sadhus. Mein Blick fällt auf einen Yogi. Erschüttert bleibe ich stehen: Er ist so tief in seiner Meditation versunken, dass er wie leblos erscheint. Er trägt nichts außer einem weißen Lendenschurz und seine Haut ist schwarz von der Sonne. Er atmet nicht mehr. Er ist gar nicht mehr da. Nur noch sein physischer Körper. Seine Person, also alles, was eine Persönlichkeit ausmacht, ist abwesend. Vergeblich suche ich nach einer Bettelschale. Doch dieser Yogi scheint nichts mehr zu brauchen. Barfuß wandere ich weiter durch den feinen Sand des Ufers. Das Bild des Yogi begleitet mich. War das gerade real? Oder eine Erscheinung?

Ich laufe zurück zu der Stelle, an der er eben noch saß ... Der schwarze Yogi ist weg.

Satsang ist Zeit und Raum, in dem wir uns an den Sprung ins Ungewisse gewöhnen.

Mooji eröffnet ihn heute mit einer Ansprache: „Ihr seid hier, um in euer wahres Selbst nach Hause zu kommen und sorgt euch gleichzeitig darum, wie es hinterher weitergehen soll. Ist das nicht paradox? Ihr denkt: ‚Wenn ich mich Gott ganz hingebe, könnte es doch sein, dass ich nicht alles bekomme, was ich brauche ...' Als ob das, was du haben willst, größer sein könnte als das, was sich in dir verwirklichen will. Es erscheint lächerlich, doch es gibt eine Macht in uns, die uns tatsächlich so denken lässt: ‚Wenn ich die Wahl habe, mein eigenes Leben zu führen oder Gott die Führung zu überlassen – ich glaube, ich täte den besseren Job." [2]

Ich stelle die beiden A's meines Namens auf den Kopf und lasse Moojis Worte hineinfallen ... in mich, wie in zwei Kelche. Meine Welt steht Kopf und unter mir geht der Himmel auf. Ich brauche nur noch meine Arme auszubreiten und mich in die Gegenwart Gottes hineinfallen zu lassen! Es ist nur ein Sprung. Doch gleichzeitig ist es unsere größte Herausforderung. Deswegen reden wir uns den Mund fusselig über unsere tiefschürfenden Erkenntnisprozesse, legen Tarotkarten, nehmen Kontakt mit den Erzengeln auf, channeln Geistführer und Krafttiere, verzichten auf Gluten, verschenken vegane Kochbücher und kochen unseren Bio-Kaffee mit mondgeschöpftem Quellwasser.

Man kann sich ein Leben lang in den Komfortzonen der esoterischen Wellness-Bewegung aufhalten oder die ultimative Punktlandung wagen. Nur im Auge des Orkans wird es bekanntlich ganz still.

„Wer bin ich?", fragt ein Mann, der den Mut hatte, mit dieser ultimativen Frage vor den Meister zu treten. Sie ist mit dem Verstand nicht zu lösen. Besser man gibt diesen für immer im IKEA-Spieleland ab. Er wird dort zwischen den bunten Bällen nicht weiter auffallen, denn unser Verstand ist ohnehin nur ein Phantom.

„Wer bin ich?", fragt der Mann noch einmal und seine

2. Das Zitat von Sri Mooji ist aus dem Buch „White Fire" (Verlag: Mooji Media)

Stimme beginnt zu zittern. Er ist den wohltuenden Tränen so nah, die unser Herz öffnen, damit jeder innere Widerstand wegbricht.

Mooji blickt den Mann an. Und durch ihn schaut er uns an. Jede einzelne Seele in diesem Raum. 1500 Herzen schmelzen unter dem Blick des Meisters dahin, denn es ist etwas viel Größeres, das uns durch ihn anschaut.

Eine junge Inderin wird von einem tiefen Schluchzen erfasst. Sofort greift ihr Schmerz auf uns alle über. Es gibt kein „Ich“ und kein „Du“ mehr in diesem Raum. Keiner ist vom anderen getrennt. Wir sind eins. Jetzt sind wir das Weinen im Saal, im nächsten Moment überschäumende Freude. Der Mann am Mikrofon beginnt plötzlich zu lachen. Offenbar hat er es verstanden. Auch Mooji fällt in sein Lachen ein und reißt uns mit in einen nicht enden wollenden Strudel des Lachens. Jesus, Krishna, Buddha, Mohammed, Stan Laurel und Oliver Hardy – alle großen Meister sind in diesem filmreifen Satsang präsent! Kaum scheint sich das Lachen im Saal beruhigt zu haben, wacht der nächste Erleuchtungs-Kandidat in dieser göttlichen Komödie auf und der ganze Spaß fängt wieder von vorne an.

„Und?“, fragt Mooji schließlich den Mann am Mikrofon, als sich unsere Gemüter beruhigt haben, „Wo bist du jetzt?“

„Hier bin ich“, antwortet der Mann.

„Gut. Dann schneide jetzt das ‚Hier‘ aus dem Satz weg ... Was bleibt?“

„Bin ich“, antwortet der Mann.

„Schneide jetzt das ‚bin‘ weg ... Was bleibt?“

„Ich“, antwortet der Mann.

„Lass jetzt das ‚Ich‘ weg ... Was bleibt?“

Alles im Saal verstummt.

Als blickten wir in einen Spiegel und sähen kein Bild mehr darin.

Im Innenhof des Ashrams entfachen Moojis Christkind-Helferengel ein Feuer.

Jeder soll ein Stück Kampfer hineinwerfen – mit der inneren Absicht, sein Selbstbild zu verbrennen.

„Wenn Kampfer brennt", erklärt Mooji, „sind die Flammen fast weiß. Sobald sie erloschen sind, bleibt nichts zurück. Der Kampfer repräsentiert deinen identifizierten Zustand. Das Feuer, in das du steigst, ist Satsang. Es räumt alle Bilder aus dem Weg, sodass nichts übrig bleibt als Bewusstsein. Sei wie der Kampfer. Lass' dich im weißen Feuer verbrennen."

Während ich in der langen Menschenschlange auf den Moment warte, alle meine Identifizierungen ins weiße Feuer zu werfen, fällt mir Johannes ein, mein Sohn: Seit ich getrennt von ihm lebe, nehme ich ihn im Geiste überall mit. Zu jeder Zeremonie, zu jedem Gebet, zu jedem Tempel, in jeden Fluss und auf jeden Berggipfel. Selbst wenn er nichts mit mir zu tun haben will, kann ich nichts getrennt von ihm tun. Bittend wende ich mich an eine der Helferinnen, die den Kampfer verteilen: „Ich brauche ein zweites Stück! Ich möchte meinen Sohn in diese Neue Welt mitnehmen, in der es kein Gut und kein Böse und keine Trennung mehr zwischen Ich und Du gibt." Sie lächelt und drückt mir zwei weitere Stücke in die Hand – für den Fall, dass mir noch jemand einfallen sollte, den ich auf meine Reise mitnehmen will.

Als ich an der Reihe bin, werfe ich drei Stücke Kampfer ins Feuer: eines für mich, eines für Johannes und eines für meine Mutter, deren Seele sich vielleicht auch in die lange Schlange eingereiht hat, um sich von ihrer Rolle als der „wildesten Gräfin Österreichs" zu befreien und endlich in das Große Licht eintreten zu können.

Kaum wird mein Kampfer von den Flammen erfasst, packt mich ein gewaltiger Energieschub. Es ist, als stünde ich selbst im lodernden Feuer. Es schmerzt nicht. Es reinigt alle Ebenen meines Daseins. Die physische, die seelische und die geistige.

„Erlöst mich von allem, was mich hindert zu erwachen", spreche ich zu den weißen Flammen. „Befreit mich von allem, was mich davon abhält, den Weg der Erleuchtung zu gehen. Verbrennt alles, was mich von Gott trennt."

Jeden Tag nach dem Satsang lege ich im Schutze der großen Felsen am Fluss meine Kleider ab, binde mir ein großes Tuch um und steige in den Ganges, um mich von der Großen Mutter nach Hause tragen zu lassen. Ihr Wasser fühlt sich an wie gesegneter Champagner, aus dem ich wie neugeboren heraussteigen darf. Manchmal winken mir Pilger vom Flussufer zu. Kinder laufen ein Stück des Weges mit mir am Ufer entlang.

Als ich die Treppen zum Dev Ganga hochsteige, höre ich schon das Plappern meiner Balkonmitbewohner. Da kommen mir die Ukrainerin und die zwei Russen mit ihren Rucksäcken entgegen. Sie reisen gemeinsam weiter. Weit weg nach Auroville. Erleichtert verabschiede ich mich und freue mich auf die Ruhe auf meinem Balkon. Doch dort herrscht das aufgeregte Gewusel eines Bienenstocks im Spätfrühling. Mehrere Frauen haben sich summend, surrend und schnurrend um eine Person geschart, die ausgerechnet auf dem Stuhl vor meinem Fenster sitzt. Seufzend schließe ich die Tür auf. Da lichtet sich der Schwarm und legt den Blick auf die „Bienenkönigin" frei. In Wahrheit ist sie ein König. Sein Anblick lähmt meine Glieder. Für einen Moment kann ich mich nicht mehr bewegen. Sein Gesicht ist mir vertrauter als meines. Das Surren der Bienen verstummt. Nun hat auch er mich entdeckt.

„Bonjour", sagt der Bienenkönig zu mir und seine Augen strahlen.

„Bonjour", antworte ich leise.

„Tu parles français?" – Sprichst du Französisch?

„Comme ci, comme ça, trallala", antwortet die vollpeinliche Maria, stolpert mit hochrotem Kopf ins Zimmer und schmeißt das Himmelstor mit lautem Karacho hinter sich zu.

Ich verkrieche mich unter die Decke. Mein Herz lodert in weiß züngelnden Flammen. „Ich kenne das Licht in seinen Augen! Ich habe ihn als Kind in meiner Bibel-TV-Traum-Serie gesehen. Klar hatte der Jesus-Lennon-Verschnitt damals etwas mehr Babyspeck im Gesicht. Aber wer sagt denn, dass die Hauptdarsteller unserer Kinderträume nicht auch altern dürfen?!

Merci, Chérie

Eines Tages kam Freya innerlich sehr aufgewühlt vom Besuch bei einer Wahrsagerin nach Hause. Sie hatte die hellsichtige Frau zur Zukunft ihrer beiden Töchter befragt – nach meiner und der meiner sechs Jahre jüngeren strohblonden Halbschwester Svenja.

Um Svenja brauchte sich Freya keine Sorgen mehr zu machen. Denn die Wahrsagerin hatte ihr eine finanziell gut ausgestattete Zukunft bescheinigt.

„Und dann sah sie dich", erzählte Freya mit zitternder Stimme. „Die ältere Tochter mit den braunen Augen. Sie wird ihre Heimat für immer verlassen. Und in der Ferne etwas ganz Eigenes wagen ... und schließlich ... (diese Vorstellung raubte Freya beinahe den Atem) ... den Ärmsten der Armen zum Mann nehmen."

Bestimmt kommt er aus Israel. Bestimmt ist er ein Guru oder ein Meditationslehrer. Bestimmt waren die surrenden Bienen um ihn herum seine willigen Schülerinnen.

Doch welche Rolle spielt das in meinem Leben? Ich bin nach Rishikesh gekommen, um mich in Gottes Arme zu werfen und nicht an die Brust des nächsten Mannes.

Deshalb falte ich jedes Mal, wenn ich John Jesus McCartney auf dem Balkon treffe, von tiefer Ehrfurcht ergriffen die Hände vor meiner Brust: „Namasté – le divin en moi salue le divin en toi“ – Das Göttliche in mir grüßt das Göttliche in dir.

„Bonjour“, antwortet er dann lachend und faltet auch seine Hände zum Gruß: „Le divin en moi salue le divin en toi.“

Danach schließe ich schnell wieder die Tür hinter mir zu. Ich will nicht, dass er mich fragt, woher ich komme und was ich hier tue und wer ich bin und wie alt und warum ich französisch spreche.

Ich will auch nicht wissen, warum er Franzose ist. Obwohl er wie ein Israeli aussieht, was ihn nach Rishikesh geführt hat und wie hoch sein Jahresnettoeinkommen ist.

Ich werde das Himmelreich Gottes, das Mooji geöffnet hat, nicht wegen einer Lovestory mit Jesus verlassen!

„Woher willst du wissen, dass das eine Liebesgeschichte werden würde?“, fragt Lucy.

„Weil es schon längst eine ist.“

„Na dann weißt du ja, was zu tun ist.“

„Nein weiß ich nicht. Und es wäre gut, wenn du ENDLICH mal die Führung in meinem Leben übernimmst!“

„Das tu ich doch schon die ganze Zeit. Du merkst es nur nicht.“

Während meiner letzten Tage in Rishikesh bin ich schwer beschäftigt. Mario hat mich von Deutschland aus ermuntert, Lebensbäume zu zeichnen und Menschen durch die „Vier Felder des Erwachens“ zu führen. So wie er es mir in Arambol beigebracht hat.

Rishikesh sei das perfekte Feld, diese Fertigkeiten zu üben.

Jeden Nachmittag lade ich Freunde und Bekannte auf „Mother Gangas Balkon“, um in ihren Lebensbäumen die tiefere Berufung des Lebens zu lesen.

Es sind vor allem junge Menschen, die zu mir auf den Balkon kommen. Sie streben nicht nach Ruhm, Geld oder Titeln. Sie haben auch keinen Bock mehr, das Leben ihrer Eltern und Großeltern nachzuleben. Sie wollen am großen Paradiesgarten mitwirken, der überall dort erblüht, wo Menschen ihre Herzen gemeinsam zum Himmel erheben. Es macht mir Freude, sie darin zu bestärken, denn: „Wenn einer allein träumt, so ist das nur ein Traum. Wenn viele gemeinsam träumen, so ist das der Beginn einer neuen Wirklichkeit.“

„Du nervst mit deinen Kalendersprüchen.“

„Das musst ausgerechnet du sagen, Lucy! Außerdem ist das kein Spruch, sondern das Vermächtnis des brasilianischen Erzbischofs Hélder Câmara, der während der dunkelsten Zeit der Diktatur für die Menschen ein neues geistiges Himmelreich schuf. Solltest du also jemals vorhaben, mich auf meiner inneren Chaoslinie nach Brasilien zu führen, werde ich einen großen Strauß Blumen auf sein Grab niederlegen.“

An meinem vorletzten Abend treibt mich der Hunger noch einmal hinaus auf die Straße. An einem Stand mit wackeligen Tischen und Bänken werden hier noch zu später Stunde Tee und Milchshakes verkauft. Als ich mein

Banana-Lassi bezahlt habe, steht plötzlich Frankreichs schönste Jesus-Erscheinung vor mir.

„Où vas-tu, ma belle? ... Wohin des Weges, meine Schöne? ... A côté de moi il ya un endroit pour toi ... Neben mir ist noch ein Platz für dich frei."

„Sorry. Désolée. Keine Zeit. Ich muss jetzt endlich mal meinen Bestseller schreiben."

Damit lasse ich ihn stehen. Im Regen der fallenden Sterne. Mit jedem Schritt, den ich mich von ihm entferne, werden es mehr. Bis der Himmel über mir vor Leere und Langeweile nur noch gähnt und ich wieder auf dem harten Asphalt der Realität stehe.

Wild entschlossen klappe ich zu Hause meinen Laptop auf und stopfe mir vier Ohropax in die Ohren. Doch leider fällt mir kein einziges Wort ein. Ich stehe vor dem Aus. Vor der größten Schreibblockade meines Lebens.

„Hilf mir, Mother Ganga! Was muss ich tun?"

„Das ist der Zeitpunkt für deine Tarotkarten."

Mit dem Ziehen einer Tarotkarte legt man eine wichtige Frage, die der Verstand nicht zu lösen vermag, in jenes grenzenlose Bewusstseinsfeld, in dem alles gespeichert ist – was war, was ist und was sein wird.

Man sollte nur existenzielle Fragen in die universelle Suchmaschine schmeißen, denn den Antworten aus dem göttlichen Raum ist unbedingt Folge zu leisten. Sonst verliert das Kartendeck seine Kraft. Die Ansage einer gezogenen Karte kann eine große Herausforderung sein. Denn sie erfüllt nicht die Wünsche unseres Egos, sondern die unserer Seele.

„Was muss ich tun, um meine Schreibblockade zu lösen?", lautet meine gewichtige Frage an den göttlichen Raum. Die Antwort der Karte, die ich ziehe, ist leider nicht jugendfrei. Sie lautet: Genuss, Lust und sexuelle Befreiung.

In dem Moment betritt auch schon Jesus die Bühne über dem Ganges und schlägt auf dem Tisch vor meinem Zimmer sein Laptop auf. Offenbar schreibt auch er einen Bestseller. Ob er auch eine Blockade hat?

Der Tauchsieder in meiner Tasse bringt mein Teewasser zum Kochen. Ich hänge einen Beutel Kamillentee hinein und bringe sie meinem Kollegen auf den Balkon. Da er Kopfhörer trägt und vedische Mantren summt, hört er mich nicht. Also stelle ich die dampfende Tasse möglichst unauffällig neben seinen Computer.

Fast schon wieder hinter meinen Türpfosten verschwunden, höre ich seine Stimme im Rücken: „Merci, merci!"

Zurück in meiner Palasthöhle reiße ich mir die Stöpsel aus den Ohren: Was hat er eben gesagt? „Merci, merci" oder „Merci, Chérie"? Also was jetzt? Oder ist diese Frage zu banal für meine Tarotkarten?"

„Nicht zu banal, aber es wäre gut, sie zu präzisieren", meint Lucy.

Als ich während meiner drei Wochen in Deutschland an der Sinnhaftigkeit einer erneuten Rückkehr nach Indien zu zweifeln begann, gab mir Mario den Tipp mit den Tarotkarten.

„Manchmal brauchen wir Ansagen aus höheren Ebenen, wenn wir zu blind sind, um die richtige Ausfahrt zu nehmen. Außerdem hilft es schon mal, seine Schicksalskarte zu kennen."

„Welche ist deine?", fragte ich neugierig.

„Na welche schon? Streng' dich an!"

„Komm ich jetzt nicht drauf!"

„Die Null. Der Narr."

„Oh. Das tut mir sehr leid für dich. Kennst du auch meine?"

„Ja. Aber ich wollte warten, bis deine Seele bereit ist, mich zu fragen."

„Schieß los!"

„Es ist der Hohepriester."

Da ich ja auch in den indischen Palmblattbibliotheken als Mann geführt werde, erschütterte mich diese Nachricht nicht mehr so sehr. Trotzdem fragte ich vorsichtshalber noch einmal nach: „Hättest du denn auch eine Hohepriesterin in deinem Deck?"

„Ja. Aber die steht für Heilung und erhöhtes Bewusstsein."

„Na, hallo?!"

„Tut mir leid, Maria. Aber dein Ding ist nun mal der innere Führer. Die innere Stimme. Der göttliche Lehrer oder die göttliche Lehrerin in uns."

Zwei Tage später bestellte ich mir auch so ein Tarotkartenset, um mich von Mario zu emanzipieren und langsam auf eigenen Beinen zu stehen.

„Wer ist der Mann auf meinem Balkon?", lautet also die präzisierte Frage zu meinem aktuellen Merci-Chérie-Chaos.

Die Karte, die ich ziehe, ist zwar zum Glück jugendfrei, aber bevor ich sie jetzt hier zu früh auf den Tisch lege, muss ich sie erst mal selber verdauen ...

Bipolarer Magnetismus

Als ich am nächsten Morgen sehr zeitig mein Zimmer verlasse, steht er auf unserem Balkon. In ein großes Wolltuch gehüllt zum Schutz gegen die Frische des Morgens. Wie lange steht er schon da? Hat er etwa auf mich gewartet? Die ganze Nacht schon?

Er überreicht mir die gereinigte Teetasse – und seine Visitenkarte: „Falls du doch noch irgendwann Lust hast, mit mir einen Tee trinken zu gehen."

„Du lebst in Brasilien?!"

„Ja, zurzeit lebe ich da."

„Und dein Name ... ?"

Es ist noch etwas früh, um so einen komplexen Namen zusammenzukriegen:

„An ... an ... "

„Ananthan."

„Oh", sage ich ahnungslos, „Da hat dir deine Mutter aber einen außergewöhnlichen Namen gegeben."

„Der Name ist von meinem Meister."

„Und was bedeutet er?"

„Der mit dem erwachten Bewusstsein. Nenn mich einfach Anan."

„Oh ... äh ... oh."

„Ist dir nicht gut?"

„Alles okay. Ich musste nur gerade an jemanden denken ... In Deutschland."

„Und du? Wie ist dein Name?"

„Marie", höre ich mich schwach sagen. Ich sage nicht Maria, sondern Marie. Aber ich habe offenbar ohnehin keinen Einfluss mehr darauf, in welche Richtung sich der Film meines Lebens entwickelt.

„Wie lange bleibst du noch, Marie?", fragt Ananthan alias Anan.

„Morgen früh ... um 5.00 Uhr reise ich ab."

„Verstehe. Dann wird das wohl nichts mehr mit unserem Tee."

„Ich bin zum Sonnenuntergang immer am Ganges. Kommst du?"

„Klar! Wo finde ich dich?“

„Flussabwärts. Dort wo die großen Felsen beginnen. In Ambhos Gesangskreis.“

Mein schwedischer Freund Ambho ist auch mit seiner Gitarre und seinen Liedern von Arambol nach Rishikesh übersiedelt, um Mooji zu sehen und schlug seine singende Ufermission nun am Ufer des Ganges auf.

Als „strenger Hüter unserer Sinne“ mag Rishikesh unserem Gesang vielleicht nicht die göttliche Karnevalsekstase entlocken, wie es mein geliebtes Phantasialand Arambol tat. Dafür schwingt hier eine stille Ehrfurcht und Ergriffenheit in unseren Liedern.

Hinter den grünen Hügeln des Flusstals geht Shivas Moon auf. Wie eine Barke nimmt die feine Mondsichel Kurs. Vom Tag in meine letzte indische Nacht.

Ob Anan kommen wird? Oder auch nicht? ... Es ist eins ... Alles geschieht, wie es sein soll. Das Wunder meines Lebens ist schon perfekt. Ich lehne mich an den Felsen und schließe die Augen ...

I just close my eyes
And the earth is carried away by the river
What is left behind, I can't say
It's just the sound of the water
(Madhuro Deva)

Als ich sie am Ende dieses Liedes wieder öffne, sitzt er mir gegenüber: Sein langes, schwarzes Haar fließt über seine Schultern herab wie die dunklen Wellen des Ganges. In seinen Augen lese ich Zartheit, Sanftmut, Trauer. Sein Blick gleicht dem eines scheuen Rehs, das nichts über seine rührende Schönheit weiß. Ambho stimmt ein neues Lied an. Der Fluss trägt unsere Stimmen davon wie ein Gebet. Vom Himmel regnet es weiße Blüten herab.

Let love fill the air
With the fragrance of truth
And flowers will shower
(Maneesha James & Milarepa)

Da kommen die plappernden Blumenmädchen, um ihre aus Blättern gewebten Schiffchen anzupreisen, auf denen bunte Blüten und Kerzen für die Wünsche der Pilger bereitet sind. Ich kaufe drei Lichterbarken. Anan tut es mir gleich.

Gemeinsam übergeben wir sie den Wellen ... während Ambho und der Ganga-Gesangsverein die passende Filmmusik dazu aufspielen ...

„Was hat dich nach Rishikesh geführt?", frage ich Anan, nachdem die Große Flussmutter unsere kleinen Boote verschluckt hat.

„Ich war in Kerala bei einem vedischen Meister. Eigentlich hatte ich geplant, länger in Südindien zu bleiben. Aber dann erzählte der Meister eines Tages vom Ganges und sah mich an ... und ... ich weiß nicht warum. Es war als würde mich Mother Ganga in diesem Augenblick rufen ... Und du?"

„Ich bin wegen Sri Mooji hier. Davor war ich drei Monate in Goa. Nun geht meine Reise zu Ende."

„Hast du in Indien gefunden, wonach du gesucht hast?"

„Ich habe alles in Indien gefunden ... Nur eines nicht."

„Was?"

„Einen Heiler, der mir mit meiner Schilddrüse hilft. Ist

das nicht paradox? Im Land der Heiler keinen Heiler zu finden?“

„Hast du eine Überfunktion?“

„Nein. Das Gegenteil.“

„Dann möchte ich nicht wissen, wie du drauf bist, wenn man dich einpegelt!“

„Du verstehst etwas davon?“

„Ich bin Heiler.“

„Verzeih die blöde Frage ... Hätte ich eigentlich wissen müssen.“

„Wieso? Steht ja nicht auf meiner Visitenkarte.“

„Aber in deiner Schicksalskarte.“

„Welche Schicksalskarte?“

„Ich habe heute Nacht deine Tarotkarte gezogen ... Äh also ... Ich wollte wissen, wer du bist ... Also ... in meinem Leben.“

„Und? Verrätst du mir auch die Antwort?“

„Die ‚Hohepriesterin‘. Ich hoffe, das schockt dich jetzt nicht.“

„Dass du nachts Tarotkarten über mich ziehst?“

„Nein, dass du in Wahrheit eine Frau bist.“

Anan lacht hell auf: „Offenbar habe ich gute Chancen, meine weiblichen Anteile in diesem Leben zu integrieren!“

„Ich muss auch jeden Tag meine Beine rasieren.“

„Hast du noch mehr Abschreckungsmanöver auf Lager?“

„Ich habe sechs tibetische Patenkinder und einen Sohn. Er ist jetzt dreizehn und braucht mich. Die anderen auch mehr oder weniger. Eine Liebesgeschichte in Brasilien macht also gar keinen Sinn.“

„Okay. Dann nehme ich halt statt dir nur die Unterfunktion. Wenn du willst, gebe ich dir gleich eine Session.“

„Kriegst du das denn hin mit nur einer Sitzung!?“

„Kommt darauf an, ob deine Hormone bereit sind, wieder in ihre göttliche Norm zu springen.“

Kurze Zeit später liege ich hingestreckt auf meinem Bett – bedeckt mit Magneten: plus – minus, plus – minus, plus – minus ... Eineinhalb Stunden hat Anan Magnetpaare auf verschiedene Körperstellen gelegt, per Muskeltest geprüft, wie meine Organe, Zellen und Körpersäfte darauf reagieren, tauschte einige Kandidaten wieder aus, verschob, fixierte, murmelte unverständliche Worte in Spanisch, Portugiesisch oder sonst einer schamanischen Geheimsprache, bis das Kunstwerk auf meinem Körper komplett war. Nun wird das Magnetfeld unserer Erde alles, was in meinem System außer Kontrolle geraten ist, wieder in göttliche Harmonie bringen.

„Ich lasse dich jetzt eine halbe Stunde alleine, um uns etwas zum Essen zu richten", sagte Anan. „Versuche, dich möglichst nicht zu bewegen, damit die Magnete ihre Arbeit tun können."

Ich spüre ein wohliges, inwendiges Strömen. Als würde ein feines inneres Energienetz alles in meinem Körper miteinander verbinden. Diese geniale Innenraum-Massage würde sich großartig anfühlen, wäre da nicht der Druck in meiner Blase.

Die ersten Anzeichen meldeten sich, als Anan bereits die ersten Magnete aufgelegt hatte. Ich wollte nicht unhöflich sein und die Sitzung, wo sie doch eben begonnen hatte, schon wieder abbrechen. Außerdem spürte ich, dass er etwas nervös war. Ich glaube, er wollte seine Sache besonders gut machen. Und mit jedem Magnetpaar, das er auf meinem Körper platzierte, wurde es immer unmöglicher, mich zu meinem trivialen Harndrang zu bekennen. Und so habe ich dann auch noch den letzten möglichen Moment eines alles erlösenden Lippenbekenntnisses verpennt. Denn als Krönung seiner harten Millimeter-Handarbeit hatte mir Anan noch einen großen Magnet auf den Mund gelegt. „Keine Sorge, ich komme wieder, um dich zu befreien."

Es gibt Dinge im Leben, die lassen sich beim besten Willen nicht hinweg diskutieren. Und dazu gehört eindeutig eine weibliche Harnblase, die kurz vor ihrer Explosion steht. Ich habe nicht einmal die Möglichkeit, um Hilfe zu schreien. Ist es nicht traurig, während seiner Heilung zu sterben? Hormone geregelt, Blase geplatzt.

Ich könnte jetzt einfach loslassen. Habe ich das nicht drei Wochen lang bei Mooji gelernt? Aber wenn ich DAS tue ... ist mein Bett für heute Nacht auch nicht mehr zu gebrauchen. Ich sehe nur einen Weg, mich aus dieser prekären Lage zu befreien: heimlich und in kühner Eigenregie einen Magneten nach dem anderen von meinen Organen zu entfernen und mir genau die Anordnung zu merken. Immerhin haben wir bei Tapesh F. Paradiso auch einen sizilianischen Crashkurs in Anatomie gemacht. Na also. Null Problemo!

AUA! ... Offenbar sind Plus und Minus nicht mehr zu bremsen, wenn sie einander zu nahe kommen ... AUA!!! Mit brutaler Lichtgeschwindigkeit crashen die in Bewegung gesetzten bipolaren Magnetpaare aufeinander und es ist ihnen völlig egal, dass da zahlreiche Finger, Ohren und Haare dazwischengeraten.

„MERDE!" Jetzt fluche ich schon auf Französisch: „PUTAIN!" Auch wenn ich die Hälfte meines Schulfranzösisch vergessen habe, die Erinnerung an Schimpfwörter erlischt nie in unseren Gehirnzellen. Gerade noch rechtzeitig schaffe ich es auf die Toilette und pinkle ... LA VACHE!!! ... wie eine Milchkuh, die vierzehn Tage nicht gemolken wurde, in die gesegnete Toilette über dem Ganges ...

So. Jetzt erst mal durchatmen. Pranayama mit Klodeckel im Rücken: Atme Friede ein ... atme Stress aus ... Friede ein ... Stress aus ...

Als ich aus dem Badezimmer komme, steht Anan mit großen Augen vor der bipolaren Magnetkatastrophe auf meinem Bett. „Ich habe es eben fluchen gehört!"

„Es tut mir so leid!!!", rufe ich verzweifelt. „Ich konnte meinen Harndrang nicht länger zurückhalten. Ich bin untröstlich! All die Mühe, die du dir mit mir gemacht hast."

Ich beginne zu weinen, weil ich nämlich wirklich untröstlich bin. Und weil ich in vier Stunden schon wieder los muss. Jetzt, wo es gerade am schönsten ist. Und weil mich die Magnetpaare, die sich in meinen Haaren zusammengefunden haben, beinahe skalpieren.

„Ist doch nicht schlimm. Komm, ich helfe dir. Das sieht ja schrecklich aus."

Umsichtig räumt er mich ab. Wie einen Christbaum. Dann streichelt er mir über den Kopf, damit der Schmerz nachlässt ... Und als der Schmerz längst nachgelassen hat, streichelt er mich noch immer.

Und da ich ohnehin nichts mehr zu verlieren habe, schmeiße ich mich in seine schwarzen Gangeswellen hinein, ohne mein linkes Bein oder auch nur eine Zehe am Uferrand zurückzulassen. Und ohne es vorher geplant zu haben, sitze ich plötzlich auf seinem Schoß. Wie eine Tantra-Göttin im Love Temple. Allerdings ohne Anstandskissen dazwischen. Dafür spüre ich mein Herz in seiner Brust schlagen. Und sein Atem wird mein Atmen ...

Doch bevor hier noch etwas Unvorhersehbares passiert, gäbe es noch einige Eckdaten zu klären: „Das ist jetzt der Zeitpunkt, um über mein Alter zu sprechen."

Erschrocken schaut er mich an: „Habe ich etwa eine Minderjährige auf dem Schoß?"

Dass er jetzt ausgerechnet in die falsche Richtung auf der Zeitleiste denkt, macht die Sache nicht einfacher!

„Nein! Ganz und gar nicht. Eher im Gegenteil. Also gut, ich mache es kurz und schmerzlos. Keine Minderjährige, sondern ein halbes Jahrhundert."

Schallend fängt er zu lachen an: „Der ist gut! Der ist wirklich gut! Den muss ich mir merken, ganz ehrlich, ich mag deinen Humor."

„Das war eben kein Witz. Ich bin vor vier Monaten 50 geworden."

So langsam beginnt er, es zu begreifen. Denn sein Mund klappt jetzt auf, als stünde er vor einem der sieben Weltwunder. Und dann sagt er: „C'est cool. Ca c'est vraiment cool."

Doch bevor er sich seines eroberten Weltkulturerbes sicher sein darf, hab ich noch einen auf Lager: „Ich würde gerne deinen Lebensbaum zeichnen."

„Jetzt? Hier? Sofort? Was ist das?"

„Eine Art runde Kristallkugel, in der wir auf einen Blick sehen werden, ob alles Weitere Sinn macht."

„Was muss ich tun?"

„Nichts", sage ich und hole Stift und Zeichenblock ins Bett. „Mir bloß dein Geburtsdatum verraten."

Mit dem Zeichnen von Lebensbäumen habe ich in diesem Leben sogar noch das Kopfrechnen gelernt. Anan ist 48 Jahre alt und wir sind beide Skorpion. Wir könnten also im kommenden Herbst gemeinsam unseren 100. feiern. Aber das ist nur die Garnitur auf dem Kuchen. Was sagt der Baum?

Als er mit flinken Strichen auf Papier gebracht ist, sehe ich es auf einen Blick: Sein und mein Lebensbaum ergänzen einander zum perfekten Lebenstraumbaum .. äh ... Traumlebensbaum. Anan hat den kräftigen Stamm, der meinem Baum fehlt, dafür aber gar keine Wurzeln. Kein Wunder, dass er bis heute ein Reisender zwischen den Kontinenten ist.

Wir beide sind übrigens zeitgleich vor mehr als dreißig Jahren von zu Hause abgehauen. Ich war achtzehn, als ich nach meinem Abitur schließlich nach Frankreich getrampt bin. Anan war damals sechzehn und sang mit seiner Gitarre Liebeslieder in der Pariser Metro.

„Kennst du das Buch ‚Zazie dans le métro?', frage ich ihn.

„Bien sûr. Jeder Franzose kennt dieses Buch."

„Meine Mutter hat mir als Baby den Spitznamen ‚Zazie' gegeben."

„Oh, meine süße Zazie! Warum sind wir einander nicht schon vor dreißig Jahren in der Metro begegnet?"

„Weil die kleine Zazie anstatt Metro zu fahren lieber auf den Eifelturm raufklettern wollte."

„Und warst du ganz oben?"

„Nein. Ich habe es nur bis zur ersten Plattform geschafft."

„Keine Sorge, Chérie. Wir werden alles nachholen, was wir seit dreißig Jahren versäumt haben."

Als ich kurze Zeit später in seinen Armen einschlafe, rücken alle meine Schilddrüsenhormone schon alleine durch seine Nähe wieder in ihre göttliche Norm.

TEIL 3

FRANKREICH

Von der Baroness zur Nomadin

Bretonische Memoiren

Stürmisch zogen die Atlantikwinde um das einsame Haus an der Küste. Mein jugendliches Fernweh hatte mich von einer Wiener Parkbank unter den blühenden Trauerweiden in das raue Land der Bretonen geführt. Meine Schulfreundin Kathi war mir mit ihrem Fotoapparat in einen aufregenden, französischen Sommer gefolgt.

Wir schliefen unter dem Sternenhimmel auf weiß gepuderten Stränden. Sobald die Sonnenschirme ihre Blütenblätter aufklappten, packten wir unsere Schlafsäcke zusammen und spielten mit den streunenden Hunden, die uns in der Nacht beschützt hatte, Fangen. Über unseren Köpfen jonglierte der Wind mit Wolkenbällen. Für ein schönes Lächeln bekamen wir vom marokkanischen Eisverkäufer zwei Kugeln extra und verliebten uns gleichzeitig in ihn.

Als die Hitze des Sommers verglühte, der Strand sich leerte, die Tanzmusik auf den Terrassen der Promenade verstummte und der Wind schwarze Wolkenschafe über den Horizont trieb, fuhr Kathi zurück nach Wien, um dort zu studieren. Und auch die letzten Urlauber brachen ihre Zelte ab, um wieder in einem geregelten Leben Platz zu nehmen. Nur ich blieb im Silbergras der verblühenden Dünenflora zurück.

Da ich weder Gitarre noch Lieder hatte, um in der Metro von Paris singen zu können, wurde ich Au-pair-Mädchen in der Provinz. Ich hütete die Kinder eines einsamen Landarztes, putzte, kochte und sah nach dem Garten. Nachts spülte das Meer schwarze Ungeheuer aus Seegras an Land. Und als der Nebel des Herbstes aus dem Atlantik stieg und die Halbinsel wie ein gefräßiges Riesenmonster verschlang, konnte ich dort nicht länger bleiben.

Ich packte Papas Armeerucksack, nun um einige bretonische Muscheln reicher, und trampte ohne Gitarre in Richtung Eifelturm ...

30 Jahre später ...

Wo ist mein Himmelreich? Es muss irgendwo unterwegs auf der Strecke geblieben sein. Diese erschreckende Erkenntnis ereilte mich bereits kurz nach meiner Ankunft in Frankfurt im ICE-Großraumwagen nach Köln. Gerade war ich noch glücklich durch den fließenden Äther Indiens geschwommen. Die Luft in Deutschland hingegen fühlte sich wie kleinkarierte Quadrate im Rechenschulheft an, dessen Linien schon unseren Kindern die nötigen Grenzen setzten, um später einmal gut zu funktionieren.

Hinter aufgeklappten Laptopbildschirmen saßen aufgeputschte Wichtigkeiten. Eingeklemmt zwischen Geschäftsverhandlungen, Liefervereinbarungen und den engen Lücken ihrer Terminkalender, fühlte sich mein Leben plötzlich wieder wie ein Mietwagen ohne Vollkaskoschutz an.

Die Ankunft in Köln war dementsprechend auch nicht berauschend: Die Stadt sah immer noch aus wie „kurz nach dem Krieg"; Johannes hatte damit gerechnet, seine Mutter würde länger in Indien bleiben und im Briefkasten wartete wieder nur Post vom Finanzamt ...

Die von Ihnen vorgelegten Unterlagen zum letzten Kalenderjahr lassen leider keine abschließende Beurteilung zur Anerkennung des häuslichen Arbeitszimmers zu. Deshalb wird nun die Besichtigung Ihrer Räumlichkeiten für erforderlich gehalten.

Datum und Uhrzeit waren fett unterstrichen, aber das half nun auch nicht mehr weiter. Denn meine spanischen Untermieter waren zu diesem Zeitpunkt schon wieder ausgezogen. Der arme Steuerprüfer muss also umsonst an meiner Tür geschellt haben.

Es gehört sich nicht, jemanden vor seiner Tür stehen zu lassen! Nicht einmal das Finanzamt! Als pflichtbewusste Bürgerin rief ich sofort unter angegebener Nummer an und klärte die Sache: „Ich stehe ab sofort für benötigte Kontrollen bereit."

„Würde es Ihnen heute noch passen?", fragte Herr Weizengras, seines Zeichens Prüfer und Zwangsvollstrecker.

Zwei Stunden später betrat er mit Zollstock, Taschenrechner und Fotoapparat ausgerüstet mein Reich und bat höflich darum, in jenes Zimmer geführt zu werden, das bis zu seiner Untervermietung als Arbeitszimmer geführt worden war.

„Ähm ..." Blöderweise geriet ich genau bei der entscheidenden Frage durcheinander. Muss am Jetlag gelegen haben oder an der inneren Anspannung. Sobald ein Polizist die Wohnung betritt, fragt sich der deutsche Durchschnittsbürger: „Oje! Was hab ich Schlimmes verbrochen?" Anstatt: „Hey, was hat der Bulle in meiner Bude zu suchen?"

Um es mal kurz zu sortieren: Als Selbstständige selbst und ständig arbeitend, fand mein Arbeitsleben am Laptop in der Regel im größten Zimmer der Wohnung statt; mein „Zwischenleben" in der Küche und die frequenzerhöhte Nachtruhe in jenem Zimmer, das ursprünglich für Johannes geplant und schließlich von Wadud bezogen worden war. Meine Matratze siedelte damals ins Büro über, welches somit seinen Arbeitszimmerstatus verlor ... Doch unter Prüfungsstress kann ich selbst solche einfachen Sachverhalte nicht mehr erläutern! Also führte ich Herrn Weizengras der Einfachheit halber in Waduds Zimmer, da mein ehemaliges Arbeitszimmer ohnehin mit meinem alten Rimowa zugestellt war, aus dem fünf Wochen Schmutzwäsche herausquollen.

„Haben Sie einen Grundriss der Wohnung?“, fragte Herr Weizengras und legte besorgt seine Stirn in Falten.

Natürlich! In dreifacher Ausgabe. Frau Sommer war da sehr großzügig gewesen.

Anhand der Zimmerausmessungen begann der Prüfer zu rechnen und sich Notizen zu machen. Offenbar gab es jetzt ein Problem, weil das Zimmer, das steuerlich abgesetzt wurde, 3,85 Quadratmeter größer war als jenes, das ich ihm soeben spontan als mein ehemaliges Arbeitszimmer verkauft hatte. Ich beschloss, die Sache einfach weiterlaufen zu lassen. Den Sachverhalt im Nachhinein noch zu korrigieren wäre unglaubwürdig gewesen. Außerdem schienen Lucy und die höheren Mächte bereits meine finale Republikflucht vorzubereiten. Es war mir also schlichtweg egal.

„Ich würde gerne Bilder vom steuerlich abgesetzten Zimmer machen“, sagte Herr Weizengras.

„Gerne. Aber warten Sie! Ich mache Ihnen das Licht an. Man sieht ja nix bei dem Schmuddelwetter in Köln“, sprach die fürsorgliche Filmerin aus mir.

Und dann passierte das völlig Unvorhersehbare. Das, wofür ich in Arambol jeden Abend im Windschatten der portugiesischen Kolonialkirche eine Kerze entzündet und in Rishikesh eine Flotte von Blumenschiffchen in den Ganges gesetzt hatte:

Während Herr Weizengras meine Matratze, meine leeren Bücherregale und meine verschlissene Bergsteigertruhe abfotografierte, verließ ich die Bühne. Schied ich in meiner

Rolle als ewiger Schuldnerin aus dem Theaterstück meines Lebens aus. Ich war nicht länger involviert in das Geschehen, sondern nur noch Zuschauerin.

Was ich zu sehen bekam, war eine göttliche, abgefahrene Meisterkomödie. Und endlich traute sich auch jemand zu lachen. Meine ganze Lebenskomödie lachte über sich selbst!

Herr Weizengras muss etwas von den Veränderungen mitbekommen haben. Denn er bedankte sich freundlich für die gemeinsam verbrachte Zeit: „Sie werden gegebenenfalls von uns hören."

Doch wir beide wussten in diesem Moment: Die Sache war durch. Es gab bei mir nix mehr zu holen. Denn ich selber … ich selber war ja auch nicht mehr da. Zumindest nicht mehr auf der Bühne. Ich saß entspannt im Zuschauerraum. Das Spiel auf den Brettern, die die Welt bedeuten, würde ab jetzt ohne mich weitergehen …

Nun liege ich mit Anans Schal auf dem Gesicht auf meiner Matratze und blicke durch das feine Gewebe in meinen Kronleuchter, der wie eine ferne, feierliche Erscheinung über mir schwebt. Meine lebenslange Sehnsucht nach einem großbürgerlichen Leben hängt in Form von verschiedenfarbigen Kronleuchtern an den Decken meiner wechselnden Behausungen. Sogar auf dem Klo.

Aus Kunststoff und billigem Glas gibt es sie schon für 29,90 Euro im Baumarkt. Anans Schal hingegen muss ein Vermögen gekostet haben! Er ist aus feinstem Kaschmir gewebt. Null Prozent Polyester. Kein Wolkenschloss, sondern ein echtes Versprechen: „Ich werde dich auf deiner Reise vor Kälte, Wind und den abschätzigen Blicken der Premiumflieger beschützen. Wenn du willst, für immer."

Er hat das nicht in Worten gesagt. Es war die Geste, die

sprach. Der Morgennebel, der sich aus dem Ganges erhob, war stummer Zeuge dieses feierlichen Moments.

Es war noch dunkel, als er mich zur Lakshman Jhula-Brücke begleitete. Am anderen Ufer wartete bereits das Taxi auf mich und wie immer war ich viel zu dünn angezogen. Da nahm Anan seinen Schal und legte ihn mir um die Schultern.

In diesem Moment wusste ich es: Er würde sein Leben für mich geben. „In drei Tagen reise ich auch ab", sagte er. „Ich fahre zu meiner Mutter nach Frankreich. Wirst du mich besuchen?"

„Ja", sagte ich und seine schönen Augen strahlten heller als der Morgenstern, der wie ich etwas geschlaucht in den Seilen hing. „Du würdest tatsächlich zu mir kommen?"

„Ja", sagte ich noch einmal. Weil Abschiede für mich nur mit dem Versprechen eines Wiedersehens möglich sind.

Doch bereits am Flughafen von Delhi begann ich an meinen Worten zu zweifeln: „Kaum bist du auf dem Weg nach Hause, hast du bereits ein neues Ziel in deinen Hormonen!" War das der Moment, in dem ich mein Himmelreich wieder verloren habe?

„Du kannst das Himmelreich nicht verlieren, es ist immer schon da. Aber wer ständig in der Vergangenheit abhängt, checkt so etwas nicht."

„Ach du wieder! Auch gut in Köln angekommen, Lucy?"

„Ich war schon immer in Köln. Ich war schon immer in Indien. Und ich werde auch schon immer in Frankreich gewesen sein."

„Ich aber nicht. Das habe ich noch am Flughafen von Delhi per E-Mail klargestellt: ‚Bitte warte nicht auf mich. Vielleicht passt es besser in einem anderen Leben.'"

„Eine poetische Meisterleistung."

„Ich will keine Hoffnungen mehr in Menschen erwecken! Ich will keine Versprechen mehr geben, die ich nicht halten kann! Ich will nicht, dass jemand auf mich wartet, der eigentlich etwas viel Besseres verdient hätte!"

„Als was?"

„Als mich."

„Wie bitte!?"

„Frauen sollten schön sein. Und Männer lustig. Nicht umgekehrt!", rufe ich aus den Tiefen meiner Seele. Nun ist es heraus ... Dann ist erst mal nur Stille ... Und dann fällt bei meiner besseren Hälfte endlich der Groschen:

„Deshalb bist du damals aus Paris abgehauen!?"

„Wann?"

„Vor dreißig Jahren!"

„Du meinst die Geschichte vom Eiffelturm."

„Wurdest du nicht auf Engelsflügeln in die Stadt der Liebe getragen?"

„Ja", sage ich demütig. Und während mit dem Getöse eines Münzschiebers zehntausend Centime-Stücke durch meinen Aha-Raum rauschen, sehe ich mich in dieser französischen Liebeskomödie der frühen 1980er-Jahre wieder ...

In ausgewaschenen Jeans, roten Gummistiefeln und einem Pullover, den mir Wolken-Oma gestrickt hatte, als ich noch einen halben Meter kürzer war, stehe ich an einem bretonischen Autobahnzubringer und strecke kühn meinen Daumen in Richtung Ziel: Paris. „Hey, stehenbleiben, ihr Idioten! Die Stadt mit dem Eifelturm wartet auf mich! Auf die Rückkehr der glorreichen Zazieeee!"

Dass mir meine Mutter ausgerechnet „Zazie" als aristokratisches Verniedlichungs-Prädikat verpasst hatte, war einer von Frizzis Geniestreichen gewesen:

„Zazie (Sasie) dans le métro“ von Raymond Queneau war im Jahr meiner Geburt DER Bestseller aus Frankreich. Er handelt von einem kleinen Mädchen, das für ihr Alter erschreckend ordinär fluchen konnte. Als Zazie ein Wochenende bei ihrem Onkel in Paris verbringt, steht die ganze Stadt hinterher Kopf. Und da sich das Anhalter-Mädchen mit den roten Gummistiefeln und der lockeren Zunge so sehr mit seiner französischen Namenspatronin identifizierte, bemerkte es gar nicht, dass Spätherbsttage zu kurz für gewagte Abenteuer sind. Und so blieb das österreichische Zazerl (Tsatzerl) auf halber Strecke vor Paris in der Dunkelheit hängen.

Ich weiß nicht mehr, wie es geschah ... irgendwie war ich auf dem Rücksitz dieses Mofas gelandet, dessen Fahrerin auch ein junges Mädchen war, kaum älter als ich.

Sie wohnte am Rande einer gesichtslosen Stadt in einem Sozialheim und nahm mich für eine Nacht in ihrem bescheidenen Zimmer auf. Einfach so. Aus Solidarität mit den Armen. Am nächsten Morgen brachte sie mich sogar noch zur Autobahn.

Der Novembernebel legte mein Haar in rot leuchtende Locken! Es dauerte nicht lange, da zwang es bereits das erste Auto in eine Vollbremsung. Der Herr hinter dem Steuer war auf dem Weg nach Fontainebleau. Von dort würde es nicht mehr weit bis nach Paris sein.

„Das ist aber gefährlich, was du hier machst“, sagte der freundliche Fahrer. „Was machst du, wenn dir ein Mann etwas anhaben will?“

Verschwörerisch zog ich aus meiner Hosentasche einen kleinen Pfefferstreuer, den ich aus meiner bretonischen Festungsanlage hatte mitgehen lassen. „Dann streue ich dem blöden Arsch einfach Pfeffer in seine Augen.“

Der Mann am Steuer schüttelte verzweifelt den Kopf: „Oh Gott! Ich habe eine Tochter in deinem Alter."

Der Horrorfilm, der nun in seinem Kopf ansprang, kannte offenbar weder Alters- noch Grausamkeitsgrenzen. Und der immer dichter werdende Nebel, durch den wir fuhren, gab ihm den Rest. In Fontainebleau brachte er mich zum Bahnhof, kaufte mir ein Zugticket nach Paris und eine Tüte Gummibärchen. Dann brachte er mich zum Zug, wartete, bis ich eingestiegen war und winkte mir sichtlich erleichtert nach …

In Paris angekommen, sparte ich mir das Geld für die Metro und wanderte zu Fuß am Ufer der Seine entlang zum Eifelturm. In der ersten Etage lud eine Galerie zum Verweilen ein. Versunken betrachtete ich die abstrakten Gemälde, als ein junger Mann das Gespräch mit mir suchte. Sein Name – Paul-François. Als „Wächter der Kunst am Eiffelturm" finanzierte er sein Literaturstudium. Dass eine kleine Österreicherin in roten Gummistiefeln „Zazie" hieß, fand er sicher charmant. Wir unterhielten uns, bis wieder die Dunkelheit über meine ungelöste Schlafplatzfrage hereinbrach.

„Wo darf ich dich hinbringen?", fragte Paul-François höflich, als in der Galerie die Lichter ausgingen.

„Ehrlich gesagt, weiß ich es nicht."

Und so blieb dem schönen Literaturstudenten nichts anderes übrig, als für Raymond Queneaus fluchende Romanfigur sein Bett zu räumen und auf den Teppich davor zu ziehen. Die ganze Nacht unterhielten wir uns über Nietzsche, Sartre und Proust: Auf der Suche nach der verlorenen Zeit.

Und als der Morgen dämmerte, versuchte mich mein verträumter Student auf seinen fliegenden Vorlegeteppich zu holen. Doch da ich schon als Kind aus einem Schloss vertrieben worden war und alle gängigen Märchen bereits mit

Prinzessinnen belegt waren, hatte ich mich im Laufe meiner Jugend an die Rolle des Hofnarren gewöhnt. Und der hätte sich auf dem weißen Schimmel eines literarischen Prinzen irgendwie unpassend gefühlt. Wenige Tage später packte ich daher Papas Armeerucksack, um wieder weiterzuziehen ...

„Und so kam es, dass ich noch nie ganz oben auf der Spitze des Eifelturms war!"

„Dann wird es jetzt Zeit, findest du nicht?", meint meine bessere Hälfte. „Oder willst du noch mal dreißig Jahre warten? Nur zur Orientierung: Du wärst dann achtzig! Da steht für die meisten bereits die ‚Eiserne' an."

„Was?"

„Die eiserne Hochzeit."

„Der Prinz vom Balkon lebt in Brasilien. Mein Sohn lebt in Köln. Da liegt ein ganzer Ozean dazwischen."

„Liebe überwindet alle Grenzen."

„Das ist der Titel eines Bollywoodfilms. Und soweit ich weiß, war es ein Flop."

„Es werden noch miesere Filme floppen. Zum Beispiel der: ‚Wie Zazie dans le métro kurz vor dem Arc de Triomphe in eine Sackgasse einbog.'" Lucy triumphierte.

Wie immer musste sie das letzte Wort haben.

Was heißt eigentlich „Brezel" auf Französisch?

„Deux Croissants und eine Brötcheeee mit die Kern von de Sonneblüm, s'il vous plait."

Hakan, mein Kölner Bäcker, sieht mich erschrocken an. Ob ich mein gepflegtes Hochdeutsch in Indien verloren habe?

„Nein“, würde ich ihm jetzt gerne erklären. „Vielmehr meinen Himmel. Und nun spielen meine Hormone verrückt und ich ertappe mich ständig dabei, plötzlich Französisch zu sprechen. Oder schlimmer noch: Deutsch mit französischem Akzent! Und manchmal ertappe ich mich nicht mal mehr dabei. Und dann tun es die anderen ... Was natürlich noch peinlicher ist.“

„Hatte letzte Woche die Steuerfahndung zu Hause“, murmle ich stattdessen, als wäre der arme Herr Weizengras schuld an meinem hormonellen Zustand.

„Verstehe“, sagt Hakan und legt mir mitfühlend eine gratis Butterbrezel auf die Bestellung. Was heißt eigentlich Brezel auf Französisch?

Ich liebe Französisch! Es klingt wie Vogelgezwitscher, Schmollmund und Champagner in einem. Schon in der Schule war Französisch mein Lieblingsfach. Für kurze Zeit konnte ich das schwere Gouvernantenkostüm der deutschen Sprache ablegen, um in ein leicht frivoles Frühlingskleid aus fließender Blumenseide zu schlüpfen. Ich lernte Französisch spielend, als hätte ich nie anders parliert. Ein Jammer, dass mein Wortschatz nun seit mehr als dreißig Jahren verkümmert. Jetzt ist es auch zu spät, um in Frankreich anzurufen. Bestimmt sitzt Anan bereits im Flieger nach Rio.

Ich könnte ja wenigstens seine Mutter anrufen und ihr zum Muttertag gratulieren. Ist zwar erst in drei Wochen, aber dann weiß sie es schon mal: „Félicitations! Sie haben den formidabelsten Sohn Frankreichs zur Welt gebracht oder Brasiliens oder überhaupt ...!“

Vielleicht wird sie es ihm ja irgendwann mal erzählen. In dreißig Jahren zum Beispiel, am Sterbebett: „Ach ja, was ich

noch sagen wollte, bevor ich gehe: Da war dieses nette Mädchen, das damals aus Deutschland anrief. Und sie sagte ..."
„Was, Maman?! Was hat sie gesagt? Maman! Hat sie dir eine Telefonnummer gegeben? Maman! Maman, hörst du mich noch? ..."

Muss es tatsächlich wieder so weit kommen? Bis alles zu spät ist? Wie wäre es, mal mit dem Flow des Lebens mitzuschwimmen und RECHTZEITIG an die entscheidenden Türen zu klopfen? Was hält mich immer wieder zurück?
„Wadud", sagt Lucy, „Er sitzt ahnungslos in deiner Wohnung und guckt Live-Satsang mit Mooji. Vielleicht solltest du ihn erst mal über das Ende eures Beziehungsprozesses informieren. Wäre irgendwie fair."
„Ich krieg' das nicht hin. Ich hab genau genommen erst einmal in meinem Leben eine Beziehung beendet. Mit jener Mail ‚*Re: Totalschaden*' – erinnerst du dich?"
„Natürlich. Aber selbst da warst du nicht in der Lage, bereits im Betreff eine Vorwarnung zum Inhalt der Nachricht zu geben, sondern hast die Bombe erst im Laufe des Fließtextes platzen lassen."

Ich kann mich nicht trennen, weil es Trennung in Wahrheit nicht gibt. Ich kann auch nicht sagen: „Ich liebe dich nicht mehr." Weil Zeit nicht existiert. Liebe hingegen schon. Und das IMMER. Und deshalb bin ich – wenn man es jetzt ganz genau nimmt, auch noch mit Hank zusammen. Und mit Jakob und mit ☺ und ☹ und ☺ ... Oje! Da kommt echt ganz schön was zusammen! Ob es bei Ortloff Bürobedarf vorgedruckte Trennungskarten für so schwere Fälle wie mich gibt? Dezent sollten sie sein. Und möglichst teuer. Damit es auch wehtut und das meine ich ernst: Ich kann nur Gutes über die Männer sagen, die mein Leben geprägt haben. Das gilt auch für alle Sizilianer, die in diesem Buch nicht ganz so glorreich wegkommen. Aber sie sind nun mal da und ich kann sie aus der Besetzung meines Roadmovies rückblickend nicht einfach rausstreichen.

Unsere „Feinde“ sind in Wahrheit unsere eigenen unerlösten Seelenanteile. Splitter eines zerbrochenen Spiegels, die wir einsammeln müssen, um vollständig zu werden. Solange wir vor unserem Schatten davonrennen, wird er auftauchen. In wechselnden Gestalten und Rollen, damit wir den Übeltäter nicht sofort erkennen. Und genau deshalb sind unsere „Feinde“ auch unsere besten Lehrer.. Rückblickend gesehen hat mich mein Hamburger Totalcrash an diesen Punkt meines Lebens gebracht. Genau an diesen Punkt. Unter die ersten Sonnenstrahlen des Frühlings. Mit zwei Tüten voller Backwerk in meiner Hand und dem Rauschen des Verkehrs im Rücken. Sanft rückt der Wind Anans Tuch auf meinen Schultern zurecht.

Ich atme Liebe ein ... Ich atme Liebe aus ...Ich folge der Liebe, die mich umgibt ... und betrete unseren kleinen Vereinsladen. Ich danke Hank dafür, einen so zuverlässigen und beständigen Part in meinem Roadmovie zu „spielen“ und als Vater unseres Sohnes für immer ein zentraler Teil meines Lebens zu sein. Ich lege ihm die Tüte mit den Croissants auf den Tisch. „Ich muss mal nach Frankreich telefonieren.“

TÜT ... TÜT ... TÜT ... Es ist 13.15 Uhr ... TÜT ... Wahrscheinlich ist Anans Mutter bei Tisch. In Frankreich nimmt man sich ja noch Zeit für so was ... TÜT ... mittags und abends drei Gänge ... mit Roséwein ... TÜT ... Nur Frühstück können sie nicht, die Franzosen ...

„Oui?“

Mir stockt das Herz. Das ist keine Frauenstimme ... „Oui?“ ... sondern seine. Dezent schwingt Hoffnung in der kleinsten Frage der Welt mit: „Oui?“

Bestimmt sieht er die Rufkennung. Ich hoffe ohne Billigvorwahl!

„Allo?!“, fragt er nun mit etwas erhobener Stimme, denn vielleicht liegt's ja an der miesen Verbindung, dass er aus Deutschland keinen Piep hört!

Und dann höre ich seinen Atem.

„Marie?“, fragt er schließlich.

Jetzt muss ich all meinen Mut zusammennehmen. Jetzt.

„Ich glaube, ich habe einen schrecklichen Fehler gemacht“, sage ich leise.

„Vielleicht auch nicht“, antwortet er kühl.

Meine Nachricht vom Flughafen Delhi muss ihn sehr verletzt haben ... Aber was ist mit dem glühenden Liebesbrief, den ich nach dem Besuch von Herrn Weizengras gemailt habe? An Anan, nicht an das Finanzamt.

„Ich habe keinen Brief von dir bekommen.“

„Schau doch mal in deinen Papierkorb!“

Mein Herz rast. Noch gibt es Hoffnung. Französisch parlieren ist ja eine Sache. Französisch schreiben hingegen, schon etwas anderes. Ich saß fünf Stunden an meiner tränenreichen Gefühlsoffenbarung!

„Du hast recht“, sagt er. „Da ist etwas gekommen. Offenbar wurde es automatisch in den Papierkorb verschoben.“

„Willst du erst meinen Brief lesen?“

„Ja. Ich rufe dich gleich zurück. Unter der Nummer auf dem Display?“

Ich sitze und atme und lasse das Leben geschehen. Ich brauche nichts zu erklären und auch nicht um die richtigen Worte ringen. Es ist ja zum Glück schon alles niedergeschrieben ... Merde! ... Hoffentlich habe ich „Coussin“ nicht mit „Couchon“ verwechselt! Dann würde ich nämlich jeden Tag rote Rosen auf unsere Schweine streuen, statt auf unsere Kissen! Oder noch schlimmer: „moustache“ mit „mouchoir“. Dann würde mich anstelle der sanften Berührung seines Bartes sein kratziges Taschentuch aufregen!

Zum Glück meldet sich schon nach wenigen Minuten das Telefon mit französischer Kennung. Ohne Billigvorwahl. Offenbar gab es keine zu verstörenden Fehler in meinem Brief. Seine Stimme klingt nun weich und vertraut: „Komm nach Frankreich, Chérie. Ich warte auf dich.“

Eine Hutschachtel an Bord

„Sie können Ihre Hutschachtel nicht mit an Bord nehmen“, sagt die gepflegte Serviceangestellte am Lufthansa Check-in. „Die Gepäckfächer unseres Städtehüpfers sind dafür leider zu klein. Bitte checken Sie Ihren Hut als Gepäckstück ein.“

„Das geht nicht. Der Hut ist nämlich eine Kristallklangschale.“

„Zerbrechlich?“

„Sehr. Und überdies ein Hochzeitsgeschenk!“

„Sie fliegen zu einer Hochzeit?“ Die Servicefrau strahlt plötzlich, als stünde Andie MacDowell aus „Vier Hochzeiten und ein Todesfall“ vor ihr, zusammen mit Hugh Grant. „Wie wundervoll! Dann nehmen Sie bitte Ihr Geschenk mit an Bord. Und sagen Sie beim Umsteigen in Amsterdam auch meiner Kollegin Bescheid.“

Verschwörerisch zwinkerte sie mir zum Abschied noch einmal das Zauberwort zu: „Hochzeitsgeschenk."

Ich persönlich wäre ja auch per Anhalter nach Frankreich gefahren. Doch Anan bestand darauf, seine Prinzessin einfliegen zu lassen und buchte mir einen sündhaft teuren Flug von Köln nach Lyon.

Nun brauchte ich ein Gastgeschenk, das auch zur Aussteuer einer Prinzessin passte. Kurz dachte ich über meine mit Weinlaub verzierte Suppenschüssel nach, verwarf die Idee aber sofort wieder. Dann fiel mir die prachtvolle Kristallklangschale ein, die in der Mitte unseres Tibetladens auf einem roten Samtsockel über dem gewöhnlichen Volk der handgeklöppelten Metallklangschalen thronte.

„Kann ich sie zum Einkaufspreis haben?", flehte ich Hank an. „Und wenn geht in Kommission? Bitte!"

Wie immer half Hank mir weiter und bestellte auch noch eine gepolsterte Spezialtasche dazu, damit die Schale ihre Reise auch überlebte.

„Mail mir bitte deine Adresse in Frankreich, bevor du abreist", sagte er noch. „Nur für den Fall, dass ich dich bei der Polizei als vermisst melden muss."

Im Städtehüpfer tun die hübschen Stewardessen von Lufthansa wirklich alles, um mein „Hochzeitsgeschenk" wohlbehalten nach Frankreich zu bringen! Mit großem Enthusiasmus räumen sie sogar das Notfallfach hinter dem Cockpit frei.

Nach kurzem Anlauf über die Rollbahn springt der Grashüpfer ab, zieht wie von Kinderhand ferngesteuert in den Himmel und taucht schließlich in Wolken-Omas schneeweiße Haarberge, die sich bis weit über die holländische

Grenze türmen. Ich hauche meinen Atem gegen die Scheibe und schreibe spiegelverkehrt „AMO ISSUB“ hinein. BUSSI OMA.

„Warum weinst du?“, fragen die Wolken.

„Weil Abschied so wehtut.“

„Jede Trennung erinnert daran, dass der Mensch sich von Gott getrennt hat.“

Berauscht von der Leichtigkeit meines luxuriösen Miniaturfluges und schwer unterzuckert, weil ich seit Tagen vor Aufregung nichts mehr esse, schwebe ich in Richtung der Schiebetür. Als sie sich in der Mitte teilt, schreite ich durch den auf Glas eingravierten Willkommensgruß ...

BIEN ... I ... VENUE

... und stehe jetzt ausnahmsweise nicht im REWE, sondern in der Empfangshalle des Flughafens Saint-Exupéry in Lyon. Gut, dass die schwere Kristallklangschale für Bodenhaftung sorgt. Sonst würde Yves jetzt einen grünen Luftballon abholen. Ich habe für meine „Probezeit“ in Frankreich die „Farbe der Hoffnung“ gewählt.

„Du solltest vielleicht mal kurz klären, wer ‚Yves‘ ist.“

„Ah, Lucy! Haben sie dich bei der Passkontrolle auch durchgewinkt?!“

Yves ist Anans weltlicher Name, den er von seinen Eltern bekam. Er verfolgt zwar phonetisch das krasse Gegenkonzept zu Anan, aber vielleicht sollte ich mich schon mal an das lang gezogene „YYYYYves“ gewöhnen. Ebenso daran, dass seine langen Gangalocken bestimmt jeden Tag den Abfluss im Badezimmer verstopfen. Ab morgen leben wir schließlich zusammen. Zumindest erst mal für zwei Wochen.

Vielleicht werde ich auch schon früher retour geschickt. Grund der Rückgabe:

„Nicht ausreichend rückgebildet" oder „Hält nicht, was es verspricht" oder „Ist in Wahrheit nicht rot, sondern grau".

Ich sollte lieber freiwillig umkehren. Und zwar sofort! Vielleicht wird der Städtehüpfer gerade für die Rückreise nach Köln fertig gemacht. Vielleicht ist da auch noch ein Platz für mich frei ...

Zu spät. Da steht er. In dunkelroten Jeans, modischer Brille und seinem unverkennbar scheuen Lächeln auf den Lippen. Plötzlich fällt die Anspannung eines halben Jahrhunderts von mir. Ich stürze vor allen Unzulänglichkeiten des Lebens flüchtend in seine Arme und vergrabe meine Hände in seiner unglaublich unüberschaubaren Mähne.

„Hab keine Angst", flüstert Yves alias Anan. „Alles wird gut. Von nun an werde ich für dich sorgen."

Ich bin völlig verwirrt, so etwas aus dem Mund eines Mannes zu hören!

Anan verzieht auch keine Miene, als er mir die zehn Kilogramm schwere Hutschachtel abnimmt: „Dein Hut?"

„Nein. Meine Krone."

Es ist schon dunkel, als wir in Richtung Juragebirge fahren, wo Anans Mutter in einem kleinen Dorf namens Bellignat wohnt. Fast ehrfürchtig öffnet uns das Land seine Tore. Still schweben die dunklen Silhouetten der bewaldeten Hügel und Berge an uns vorbei. Anan legt seine rechte Hand auf meine. Schweigend fahren wir weiter in die immer dunkler werdende Nacht. Schließlich biegt er in eine kleine Siedlung am Rande eines Waldes und nimmt die steile Auffahrt zu einem kleinen Häuschen. Es ist von einem blühenden Garten umgeben.

Anans Mutter ist wach geblieben, um mich zu begrüßen. Zu später Stunde noch perfekt gestylt in Leggings, Minirock und jugendliche Energie versprühend wie zwanzig Wunderkerzen zur Weihnachtsbescherung.

„Mon Dieu, bist du wunderbar schlank!", ruft sie begeistert, als wir einander mit drei Küsschen auf die Wange begrüßen.

„Jessas Maria, an dir ist ja nix dran, Mäderl!", hätte eine österreichische Schwiegermutter jetzt entsetzt festgestellt und sich gefragt, was für ein skurriles Suppenhuhn der Sohn da aus Indien angeschleppt hat.

Doch Gisèle ist durch nichts zu schocken. Immerhin ist sie die Mutter von drei eigenwilligen Söhnen, die ihr bestimmt schon viel Kummer gemacht haben. Nun hat der Jüngste die Erfüllung des unerfüllten Tochterwunsches wahr gemacht. Noch ist ihr nicht klar, dass auch ich bald das Rentenalter erreicht habe. Aber wenn ich mir Gisèle so anschaue, will das in Frankreich nichts heißen. Habe selten eine so scharfe Schwiegermutter gesehen!

„Auf dem Herd steht ein Topf mit Suppe", sagt sie und wirft uns als Gutenachtgruß drei Kusshändchen zu: „Bisou, bisou, bisou! Ich lasse das Liebespaar jetzt mal besser alleine!"

Oh ja. Mein Magen kann tatsächlich eine heiße Suppe gebrauchen! Doch Anan bringt mich statt in die Küche erst mal ins Bad und drückt mir ein vorgewärmtes Badetuch in die Arme: „Nimm dir ruhig Zeit für deine Dusche."

Für eine Zehntelsekunde springt mit dem Warmwasserboiler in meinem Kopf die berühmte Filmszene aus „Psycho" an, welche seit mehr als einem halben Jahrhundert unsere primitiven Überlebensinstinkte wachrüttelt, wenn wir als Frau in einer einsamen Gegend in eine fremde

Duschkabine steigen. Hitchcock war wirklich ein Meister darin, seinen Stempel in unser kollektives Angstbewusstsein zu drücken. Und dann noch die Mutter im Haus! ... Zum Glück zieht durch den Spalt der Badezimmertür der unverkennbare Duft einer mit viel Liebe zubereiteten Gemüsesuppe.

Rote Bete, Karotten, Kartoffeln, Zucchini, rote und grüne Linsen, Lorbeerblätter, Basilikum, Tamarin, Bulgur, Koriander und obenauf ein Sahnehäubchen mit Petersilie ... Man verliert schon mal den Überblick, wenn man zu tief in den Teller schaut, aber zweifelsohne zählt Gisèles Suppe zu den Besten, die mir jemals serviert wurden.

„Du musst sehr müde sein", sagt Anan, nachdem ich den fünften Teller geleert habe.

Als wir endlich zu Bett gehen, nehme ich auch die Hutschachtel mit.

„Setzt du nachts deine Krone auf?", fragt er mich lachend.

„Das ist keine Krone. Das ist ein Geschenk. Für dich."

„Für mich?"

Kaum ist die Klangschale ausgepackt, schüttelt Anan verzweifelt den Kopf: „Das ist viel zu groß!"

„Für das Haus?", frage ich betroffen. Er hat recht: Gisèles Haus ist viel zu klein für eine so große Klangschale.

„Nein, dein Geschenk! ... Es ist zu groß für mich!", ruft er den Tränen der Rührung nahe.

„Nein! Ganz bestimmt nicht!", halte ich tapfer dagegen. „Es ist genau andersherum: Ich bin zu grau für dich!"

„Wie bitte?"

Ups. Jetzt, wo es halb raus ist, muss es auch ganz raus: „Ich bin gar nicht rothaarig.

Ich bin ... grau ... nein, schlimmer noch. Ich glaube, ich

bin mittlerweile schon weiß. Meine Güte, ich weiß es nicht mal genau."

„Was?"

„Welche Haarfarbe ich habe. In Wahrheit. Also unter der Farbe."

„Du bist gefärbt?"

„Ja", bekenne ich zitternd. „Meine Wolken-Oma ist auch frühzeitig weiß geworden. Bei mir kam es sogar über Nacht ... Als ich in Tibet von den Chinesen verhört worden bin, weil ich illegal gedreht habe. Ich habe es erst eine Woche später in Nepal bemerkt. Im Hotel in Kathmandu. Da hing seit Langem mal wieder ein Spiegel im Bad. Und als ich da rein blickte, hatte ich Haare wie ... meine Großmutter."

Ich fange bitterlich zu weinen an. Es ist mein bestgehütetes Geheimnis. Seit Jahren versuche ich es sogar vor mir selbst zu verheimlichen, indem ich alle zwei Wochen akribisch meinen Haaransatz färbe. Niemand soll es sehen! Keiner darf es wissen. Ich bin in meinem Kopf noch ein Kind. Aber auf meinem Kopf eine Oma!"

„Bébé, calme toi! ... Beruhig' dich! Es ist doch alles gut! Hör' auf, Liebes, hör auf zu weinen! Schau mich an ... Was meinst du ... Glaubst du, ich habe von dir erwartet, dass du mit 50 noch eine ‚echte Rothaarige' bist?"

„Und ... und es macht dir wirklich nichts aus?"

„Meine Mutter färbt ihre Haare, seit ich sie kenne!"

„Du ... schickst mich also nicht wieder zurück?"

„Na ja, wenn ich's mir so überlege ..." Anan lächelt. „Bist du denn unten rum auch rot gefärbt?"

„Hör' auf! Das ist jetzt echt peinlich!", rufe ich und greife nach einem scharfen Geschoss.

„Chérie, hör auf! Die armen Kissen! Nein! Au! Mein Kopf! ... Na warte!!!"

Da packt er mich an den Schultern und drückt mich hinein in sein Bett, auf das die Federn eines geplatzten Kopfkissens herabrieseln. Weiße Schneeflocken, die meinen Körper bedecken ... wie seine Küsse, unter denen alle meine lebenslänglich gehegten Ängste, nicht zu genügen, endlich dahinschmelzen.

Ein blaues Feuerzeug zwischen gelben Narzissen

Bevor Wolken-Oma ihre Reise zurück in Gottes Paradiesgarten antreten musste, unternahmen wir noch einige Fantasiespaziergänge auf dieser Erde, während ich ihre krummen Füße massierte.

Einmal folgten wir dem Lauf eines Wildbaches, der sich murmelnd durch eine blühende Sommerwiese schlängelte. In den Tautropfen der Gräser spiegelten sich die umliegenden Berge. Da entdeckten wir am Rande des Waldes eine Kapelle!

Die Tür öffnete sich von selber und an Wolken-Omas Arm schwebte ich in Richtung Altar, wo mein Bräutigam mich mit einem scheuen Lächeln erwartete.

Klatschend erhob sich die Hochzeitsgesellschaft, als wir einander das Ja-Wort gaben. In die Wiese vor der Kapelle hatte Oma bunte Zelte und Sitzkissen gezaubert. Zum Picknick wurden in silbernen Schalen erlesene Köstlichkeiten aus fernen Ländern gereicht.

Wir malten uns meine Hochzeit in so schillernden Farben aus, dass mir Wolken-Oma, als in den letzten Tagen ihres Lebens Traum und Realität eins wurden, Geld für ein Hochzeitskleid gab. Und da meine Hochzeit einer der größten Wünsche ihres Lebens war, kaufte ich mir ein blütenweißes

Empirekleid und zog es zu meinem letzten Besuch bei ihr an.

Sie hatte keine Kraft mehr zu sprechen. Und so war Raum, ihr endlich zu sagen, wie sehr ich sie liebte und ihr für das Paradies, das sie in mein Herz gelegt hatte, zu danken. Da öffnete Wolken-Oma ihre Augen und sah mich aus einem sehr fernen Land an. Dann nahm sie noch einmal all ihre Lebenskräfte zusammen und sagte zum Abschied ein einziges Wort: „Bussi."

Ich stehe mit meinem Hochzeitskleid in einem Meer gelber Narzissen und lausche dem Läuten der Osterglocken, das im rauen Klima des Jura noch lange nach dem Fest der Auferstehung in den blühenden Wiesen nachhallt. Mit seinem alten Opel Corsa hat mich Anan in das verlorene Paradies meiner Kindheit zurückgebracht.

„Ich werde dir einen ganz besonderen Ort zeigen", hatte er heute Morgen verkündet und seinen dunkelblauen Anzug angezogen. Also schlüpfte ich in mein weißes Empirekleid, dessen blütenweiße Jungfräulichkeit ich gerade noch rechtzeitig vor meiner Abreise in Köln mit drei Flaschen Bleichmittel wiederhergestellt hatte.

Dann brachen wir in Richtung der Jura-Hochebenen auf.

Als die blühenden Bergwiesen vor uns auftauchten, hielten wir an. Ich sprang aus dem Wagen und lief, wie damals als Kind, mit ausgestreckten Armen in das duftende Reich der Blumen, um mich darin zu verlieren ...

Ein sanfter Luftzug richtet den goldenen Haarflaum auf meinen Armen auf. Der Wind legt seine Wellen ins gelb wogende Meer. Ich schließe die Augen. Gleich wird er mich auf die Köpfe der Blumen heben.

Doch etwas hält mich am Boden, hält mich zurück. Ist es die Angst vor dem Glück?

Das Palmblattorakel in Indien hat keine Ehe für mich vorgesehen: „Einsamkeit ist der beste Katalysator, um Bücher zu schreiben."

Seit dreißig Jahren versuche ich mit Büchern, Hörspielen und Filmen meine Welt zu erzählen. So wie ich sie sehe. Schillernd, wahrhaftig und schön.

„Nur das Schöne kann die Welt retten", hatte Wolken-Oma kurz vor ihrem „großen Abschied" gesagt und mit ihren letzten noch verständlichen Worten den russischen Dichter Dostojewski zitiert, der sich jedes Jahr nach Dresden begab, um sich von der Schönheit der Sixtinischen Madonna inspirieren zu lassen.

„Marieeeee!" Suchend wandert Anans Blick über die leuchtende Wiese.

Wozu bin ich in dieses Leben gekommen? Für die Kunst oder für die Liebe?

„Marieeeee!"

Vielleicht blickten die Rishis vor 5000 Jahren noch in eine Weltenchronik, die sich ihnen als Licht und Schatten, Gut und Böse, Entweder und Oder offenbarte? Im neuen Bewusstsein sind Licht und Schatten eins. Liebe und Schönheit. Mann und Frau. Ist es nicht so?

„Ja", sagt der Wind und plötzlich werde ich ganz leicht ...

„Marieeeee!"

„Hier Liebster! Siehst du mich nicht? Ich stehe auf den Köpfen der Blumen!"

„Marie, wir müssen weiter! Die Sonne steht schon im Zenit!"

Da neigt die Osterglocke ihr Haupt, damit ich herabsteigen und zu meinem Liebsten zurück- ... Hoppla! ... blind vor

Liebe bin ich über einen Maulwurfshügel gestolpert ... Typisch, mein weißes Kleid hat schon den ersten Fleck abbekommen, bevor überhaupt irgendetwas in Richtung Hochzeit geschehen konnte!

Als ich mich wieder aufraffe, leuchtet mir zwischen den gelben Narzissen etwas Blaues entgegen. Ein Feuerzeug!

Wie ist das denn bloß in diese einsame Wiese gekommen? Hat ein verwirrter Fuchs es verschleppt? Ist es aus einem Heißluftballon zwischen die Blumen gefallen? Oder haben hier heimlich Kinder geraucht? Meine Freundin Kathi und ich haben uns für unsere erste Zigarette auch in einer einsamen Bergwiese versteckt.

Anan holt zwei Rucksäcke aus seinem Opel Corsa. Einer ist klein und schwer, der andere riesig und so leicht, als wäre er mit Wolken gefüllt. „Der ist für dich“, sagt er. „Und bitte zieh’ diesen Pullover hier an. Und die Jacke noch drüber. Wenn die Sonne weg ist, wird es kalt hier im Jura.

Hand in Hand steigen wir durch den Faltenwurf eines Berges auf. Knapp unterhalb des Gipfels ruft mich ein uraltes Paar. Zwei knorrige Ulmen, die vor Hunderten von Jahren einem gemeinsamen Stamm entwachsen sind. Leise murmeln die Baumgeister darin. Als ich näherkomme, verstummen sie und grüßen mich aus einer sehr fernen Zeit. Ich habe das Gefühl, vor Philemon und Baucis zu stehen.

„Vor wem?“, fragt Anan.

„Hattet ihr kein Latein in der Schule?“

„Schon. Aber ich war meistens nicht anwesend.“ Er lächelt wie ein unschuldiger Schuljunge.

„Gut, dass wenigstens einer von uns beiden aufgepasst hat!“, schmunzle ich.

Wir erreichen den Gipfel kurz vor Sonnenuntergang. Staunend bleibe ich stehen: Vor unseren Augen öffnet sich eine weite Hochebene, durch die eine Herde von Bisons zieht. Im Zentrum dieses friedlichen Reiches ruht gleich einem riesigen Spiegel für die zartrosa gepuderten Abendwolken ein tiefblauer See.

„Wie kommen die Bisons hierher?", frage ich staunend.

„Die hab ich im Internet für dich bestellt. Dachte, ich muss dich beeindrucken. Aber das ist noch lange nicht alles, Chérie."

Im Windschutz eines hohen Felsens breitet Anan eine Decke aus und zaubert ein königliches Picknick darauf: eingelegte Pilze, getrocknete Tomaten, französischer Käse mit Walnuss-Olivenbrot. Dazu der passende Rotwein aus dem Keller des verstorbenen Vaters und zum Dessert – ich fasse es nicht: Profiterole à la Gisèle!

„Erzähl es mir, Chérie", sagt Anan, als wir in Kristallgläsern auf unsere Liebe anstoßen.

„Wer waren Philemon und Baucis?"

Und während am Himmel die Sterne ihre Nachtwache antreten, erzähle ich die Geschichte jenes uralten Ehepaares, das einst am Rande der Stadt Phrygien in einer windschiefen Hütte hauste, die nur mit Stroh und Sumpfrohr gedeckt war ...

„Eines Tages kamen Göttervater Zeus und sein Sohn Hermes als Wanderer verkleidet auf die Erde, um der Menschen Gastfreundschaft zu prüfen. Doch sie klopften vergebens an die Türen der engherzigen Phrygier. Nur Philemon und Baucis hießen die Bettler als ihre Gäste willkommen und bewirteten sie mit allem, was ihre karge Vorratskammer bereithielt. Als sich die Weingläser wie durch Zauberhand gelenkt immer wieder füllten, erkannte Philemon, wer hier in Wahrheit unter ihr Dach eingetreten war. Zutiefst darüber beschämt, dass sie nicht mehr zu bieten hatten, als das, was auf dem Tisch stand, sanken er und seine Frau vor den Göttern zu Boden. Da verwandelte Zeus die ärmliche Hütte in einen Tempel mit goldenem Dach. Und dem alten Paar stand es frei, Hüter dieses heiligen Ortes zu sein. Die Eheleute erkannten darin die Erfüllung ihres Lebens und baten die Götter, wenn es irgendwann Zeit sein würde, zu gehen, gemeinsam sterben zu dürfen.

Und als der Moment kam, mit dem letzten Atemzug noch einmal ihre Liebe füreinander zu bekunden, verwandelte sich Philemon in eine prachtvolle Eiche. Und Baucis in eine duftende Linde."

„Und was geschah mit den herzlosen Phrygiern?"

„Ihre Stadt wurde geflutet und ruht bis heute verzaubert am Grunde des Sees."

„Ich hoffe, meine Mutter und ich haben den armen Wirtschaftsflüchtling aus Deutschland gebührend bewirtet?"

„Formidable! Ich werde Gisèles Haus in einen Palast verwandeln, in den dann hoffentlich auch die große Klangschale hineinpasst!"

„Mein Lebenstraum ist gar nicht unbedingt ein Schloss."

„Sondern?"

„Ein Segelboot."

„Ein Segelboot?"

„Mit einem Segelboot wären wir frei. Vor allem kann man damit nach Brasilen abhauen, wenn Europa im Chaos versinkt."

„Du willst mit einem Segelboot den Atlantik überqueren?"

„Warum nicht? Das dauert bloß zwei bis drei Wochen.

Was meinst du, Chérie? Bist du bereit, würdest du mit mir kommen?"

„Ja."

„Bis ans Ende der Welt?"

„Ja."

„Dann möchte ich, dass du jetzt deine Augen schließt."

„Warum? Was hast du vor?"

„Überraschung. Augen zu! Und erst aufmachen, wenn ich es sage ..."

Ich lausche dem Rascheln in unseren Rucksäcken. Bestimmt packt Anan jetzt den geheimnisvollen, schwerelosen Inhalt aus. Ein Segelboot kann es ja wohl kaum sein. Plötzlich beginnt er leise zu fluchen: „Merde!" Ich höre ihn verzweifelt alle Seitenfächer durchwühlen. „Ich Idiot!" Wütend springt er auf, klopft noch mal seine Hosentaschen ab.

„Kann ich dir irgendwie helfen?"

„Ich habe mein Feuerzeug zu Hause vergessen!"

„Kein Problem. Ich habe vorhin eines gefunden."

„Wie bitte?"

Grinsend ziehe ich mein kleines Fundstück aus der Jackentasche.

„Marie!", ruft Anan. „Du bist wirklich géniale!"

Als ich endlich die Augen öffnen darf, schweben zwischen weiß strahlenden Lampions fünfzig rote, leuchtende Herzen über den See. Anan kniet vor mir auf dem Boden und umschlingt meine Hüften mit seinen Armen:

„Ma Reigne, meine Königin ... Ma vie, mein Leben ... Würdest du vielleicht so verrückt sein ... und einen wie mich heiraten?"

„Ja."

Ich sage es, ohne auch nur eine Sekunde zu überlegen. Ich will.

Auf dem Heimweg übernehme ich das Steuer. Anan ist einfach zu trunken vor Glück ... und auch ein bisschen vom Rotwein.

„Und du bist dir ganz sicher?“, fragt er mich immer wieder. Er kann es noch immer nicht fassen.

„Ich habe die Antwort auf deine Frage von den Narzissen bekommen.“

„Hm?“

„Schau dir doch mal das Feuerzeug an!“

„Hier sieht man nichts ohne Licht ... Was ist da drauf? ... Marie, das gibt es doch nicht! ... Ein Segelboot? ... Tatsächlich!“

Auf dem Feuerzeug, über das ich heute gestolpert bin, ist das Bild von einem Segelboot.

Im Kessel mit Mutter Erde

Es ist stockdunkel, heißer als in einer Hexenküche ohne Dunstabzugshaube und ich verstehe kein Wort, da ich die Anweisungen unserer Schamanin nur hören, nicht aber synchron von ihren Lippen ablesen kann. Es war schon schwierig genug, auf der Fahrt den Nachrichten im Radio zu folgen, die auf allen Kanälen von den Demonstrationen in Paris gegen die wachsenden sozialen Ungerechtigkeiten berichteten. Es ist mein zweiter Tag in Frankreich. Nach drei Jahren Schulfranzösisch und einem frühzeitig abgebrochenem Au-pair-Aufenthalt vor dreißig Jahren, verstehe ich nur, was ich sehe. Im Dunklen oder in den Funkwellen von „France Inter" bin ich völlig verloren. Außerdem kämpfe ich hier unter verschärften Bedingungen. Ich sitze zum ersten Mal in meinem Leben in einer keltischen Frauenschwitzhütte. Hier nennt man das „Chauldron", was übersetzt „großer Kessel" bedeutet. Und genauso fühlt es sich auch an.

Am Morgen nach seinem Heiratsantrag unter den schwebenden Lampion-Herzen, hatte Anan bereits die nächste Überraschung auf Lager. „Ich habe uns zu einem internationalen Schamanentreff angemeldet. Wir fahren in die Dordogne, eine der faszinierendsten Regionen Frankreichs. Wälder, Flüsse, Grotten, uralte Eichen! Du wirst es lieben!"

Gisèle hatte bereits drei große Proviantkörbe und eine Kühltasche gepackt, damit wir in den Wäldern nicht verhungern. Verzweifelt wühlte ich in meinem Rimowa nach dem passenden Outfit für ein schamanisches Hardcore-Programm: drei Tage volles Rohr Trommelkreise, Feuerrituale, Räucherwerke, Seelenreisen, Erdheilung, Pfeifenzeremonien, Begegnungen mit echten Kogi-Indianern, naturnahes Leben trainieren und schließlich: Urweiblichkeit in der Tiefe erfahren. In einem keltischen Frauen-Schwitzkessel.

Seit Tausenden von Jahren sucht der Mensch Heilung auf allen Ebenen seines Seins. Die indianischen Kulturen entwickelten dazu die Schwitzhütte, eine aus gebogenen Ästen geformte Kuppel, die mit Fellen oder Decken zugedeckt wird. Sie symbolisiert die Gebärmutter der Erde und erinnert an den runden Bauch einer hochschwangeren Frau, die nachts nur noch auf dem Rücken liegen kann.

Ob sich auch die Kelten zum Schwitzen in den Uterus der Großen Mutter zurückgezogen haben, ist schwer zu belegen. Denn sie gaben ihre Traditionen nur mündlich weiter. Dank archäologischer Funde wissen wir aber, dass die keltisch-germanisch-römische Mischbevölkerung unseres Kulturraumes ähnlich den indianischen Völkern auch die „Große Mutter“ verehrte. In Form einer Göttinnen-Trinität: die drei Aspekte der Urmutter, die drei Matronen oder auch „Bethen“ genannt.

Der Mythos einer weiblichen Gottestrinität beschäftigt mich seit Jahren. Ich spüre ihre Präsenz in jeder Frau. Es sind die drei göttlichen Archetypen in uns: die Weiße, die Rote und die Schwarze Madonna. Jede Frau ist Jungfrau, Füllhorn und Alchemistin zugleich.

Jungfräulich sind wir, wenn wir unsere Identifikationen loslassen und wieder zu einem unbeschriebenen Blatt werden. Das Füllhorn ist unsere Hingabe. Die Gabe zur bedingungslosen Liebe. Unser immer offen stehendes Herz, in dem Geben und Nehmen eins werden. Die Alchemistin in uns verwandelt Stroh in Gold und baut aus den Trümmern unserer zusammengestürzten Kartenhäuser einen Palast.

Sie weiß, dass am Ende der Welt auch ihr Anfang ist.

Deshalb nahm ich nach unserer Ankunft am „Internationalen Schamanischen Weisheitskreis“ direkt Kurs auf die keltische Frauenschwitzhütte. Obwohl ich Frauenkreise sonst eher meide. Denn irgendwie habe ich immer das Gefühl, der einzige Mann unter den Schwestern zu sein. Palmblatt lässt grüßen. Möglichst unauffällig zwängte ich mich in die Runde der etwa zwanzig Französinnen, die sich bereits vor dem „Großen Kessel“ zusammengefunden hatten. Beeindruckt von der natürlichen Autorität der Schamanin streckte auch ich meine Arme gegen den Himmel, um mich erst mal mit weißem Salbei einräuchern zu lassen. Wir sollten unser innerstes Anliegen für die bevorstehende Reise in die Dunkelheit formulieren. Da ich angeblich über zu wenig Bodenhaftung verfüge, wünschte mir endlich in Kontakt mit Mutter Erde zu kommen. Das hätte ich vielleicht besser nicht getan ...

Auf allen vieren krochen wir durch das niedrige Tor ins Innere des Mutterbauches und nahmen zivilisiert unsere Plätze ein. Mit einer eisernen Heugabel rollte die „Feuerfrau“ glühende Steine in eine ausgehobene Erdmulde im Zentrum der Hütte. Danach schloss die große Schamanin das Tor. Plötzlich war es so schwarz vor meinen weit aufgerissenen Augen, wie ich es vorher noch nie in meinem Leben gesehen hatte. Genau in diesem Moment meldete sich meine Monatsregel zu Wort: „Auch wenn du es seit 36 Jahren jeden Monat verpeilst! Jetzt bin ich da!“

„Gutes Timing, muss man dir lassen. Habe weder Handtasche noch Kosmetikbeutel dabei.“

Jetzt ist der Moment gekommen, wo männliche Leser, denen bereits beim Anblick von Monatsbinden im Drogeriemarkt schwindelig wird, weil sie kein Blut sehen können, zum nächsten Kapitel weiterblättern sollten ...

Ich sitze also zur völligen Tatenlosigkeit verdammt, hilflos eingeklemmt zwischen zwanzig schönen Französinnen, die man sich nicht einmal anschauen kann. Sie mich zum Glück aber auch nicht. Nur in jenen seltenen Momenten, wenn sich das Tor öffnet und die nächsten glühenden Steine Funken sprühend in den umgestülpten Hexenkessel hineinrollen.

Was für ein Glück, dass ich Anan – da wir ja seit gestern auch offiziell unzertrennlich sind – nicht in die indianische Männerschwitzhütte gefolgt bin. Nicht auszumalen, wie es mir dort jetzt erginge! Es reicht schon, dass sich mein Blutfluss von der Hitze angekurbelt, unbeirrbar einen Weg über die Plastikplane bahnt, auf der wir Schwitzschwester an Schwitzschwester kleben. Er wird seine verräterische Spur durch den ganzen Hexenkessel ziehen. Die sieht zwar im Augenblick keiner, dafür aber hinterher umso mehr ... Ich könnte mir einfach vorstellen, Charlotte Roche zu sein und genau dieses Szenario superaufregend zu finden: Am Ende unserer Reise werden zwanzig Französinnen und ich, alias Charlotte, wie neugeboren aus dem Kessel kriechen, mit Blut verschmiertem Hintern, weil wir drei Stunden lang gemeinsam in meiner Blutlache saßen. Das schweißt zusammen.

Aber ich bin noch nicht fertig mit meinem Horrorszenario. Weit und breit gibt es hier im Wald keinerlei sanitäre Anlagen und es fällt mir nicht leicht, dies hier zu gestehen: Ich blute hier nicht nackt im Dunkel der Nacht, sondern in meinem weißen Empirekleid. Wie konnte es nur so weit kommen?

Unsere Schamanin hatte es freigestellt, uns nackt oder bekleidet in den Schoß von Mutter Erde zu begeben. Und natürlich dachte ich in meiner kindlichen Naivität:

„Oh wie schön wäre es, als Christkind-Helferengelchen wiedergeboren zu werden!"

Der keltische „Cauldron" ist ein „Kessel der Alchemie". Und Weiß ist die Farbe der Transformation. Also musste mein zukünftiges Hochzeitskleid herhalten, das schon im Juragebirge die ersten Flecken abbekommen hat. Wie wird es wohl nach meiner Neugeburt aussehen? Haben die in Frankreich gute Bleichmittel? Ich habe jedenfalls auf der ganzen Strecke vom Nordosten in den Südwesten des Landes keinen einzigen Drogeriemarkt gesehen. Wo soll ich also in den nächsten drei Tagen hineinbluten? Kann nur hoffen, dass die anderen Schwestern hier ihr Frausein mehr auf dem Plan haben und mir aushelfen können. Wenn nach diesem Saunagang überhaupt noch jemand mit mir spricht. Denn ich werde hier nicht als Christkind-Helferengelchen aus dem Schoß von Mutter Erde heraussteigen, das steht fest, sondern wie das zur Schau gestellte Hochzeitsbettlaken einer königlichen Braut.

Flehend bitte ich Mutter Erde darum, mir einen Ausweg aus der Peinlichkeit zu zeigen. Eine Mündung, in die mein aktuelles Desaster hineinlaufen kann ... Wenn nichts mehr läuft, außer dem Blutfluss, ist Beten die beste Idee. Hätten die drei keltischen Bethen nicht anders gemacht ... „Beth" ist der zweite Buchstabe des Hebräischen Alphabets und bedeutet „Haus" ... Vor dem Haus war die Höhle ... Vor der Höhle das Erdloch ... „bethen" bedeutet demnach, mit Mutter Erde zu sprechen. Welche Mutter würde ihrem Kind eine sinnvolle Bitte abschlagen? Umso mehr, wenn deren Erfüllung zum Wohle aller Anwesenden ist.

Ich lege meine Hände auf die Plastikplane: „Bitte, hilf mir, Mutter. Zeige mir einen Ausweg aus der ultimativen Bloßstellung."

Da bemerke ich, dass ich genau über der Kante einer Plastikplane sitze, die an die nächste Plastikplane anschließt. Ich sitze quasi auf einer Erdspalte, wenn ich die Planen auseinanderschiebe. Meine Güte! Ich habe die ganze Zeit auf der Lösung gehockt. Danke! Danke! Danke! Schnell grabe ich mit meinen Fingern ein Erdloch und setze mich mit gerafftem Hochzeitskleid darauf. Lieber erdig als blutrot.

Ich atme tief auf und lasse innerlich los. Selbst die Erde scheint vor Erleichterung aufzuatmen.

Als ich blutverschmiert von meiner Reise ins Reich der Mutter Erde zurückkomme, schließt Anan mich lachend in seine Arme: „Chérie, du siehst großartig aus. Wie ein neugeborenes Baby!

Abschied von Köln

Während meiner Probezeit in Frankreich haben Anan, Gisèle und der gute, alte Opel Corsa alles getan, um mir meine neue Heimat schmackhaft zu machen. Ich wurde von Anan wie eine Königin hofiert, hunderte von Kilometern zu den schönsten Ecken des Landes chauffiert und von Gisèle leidenschaftlich bekocht. Anan hatte ihr gesteckt, dass ich zwar nett anzusehen sei, in Wahrheit aber unter schweren Mangelerscheinungen leide. Sagen Sie das mal einer französischen Mutter!

Als ich nach Köln zurückflog, um meine Wohnung zu räumen, hatte ich zwar keine Hutschachtel mehr an Bord, war dafür aber um drei Kilo schwerer.

Zur gleichen Zeit saß Anan in einem Flieger nach Kairo, um das „letzte Junggesellenabenteuer seines Lebens" anzutreten: Eine Pilgerreise ins Land der Pharaonen. Entlang der alten Einweihungspfade. Ich dachte, Pharaonen seien eher eine Sache für Jungs. Doch am Abend nach seiner Ankunft in Kairo teilte mir Anan freudig mit, dass er der einzige Mann einer dreizehnköpfigen Pilgerinnengruppe war.

Habe ich mich eigentlich schon mal über die miese Männerquote in den einschlägigen spirituellen Erwachungsseminaren ausgelassen? Und da ich meine Verlustängste offenbar immer noch nicht unter Kontrolle habe, setzte mir das Schicksal noch einen drauf: Für die alten Ägypter stellte der Nil das Rückgrat des menschlichen Körpers dar. Deshalb platzierten sie ihre Tempel und Pyramiden in Stromrichtung der aufsteigenden Chakren. Anans letzte Junggesellenreise würde sich also entlang der Kundalini-Linie bewegen. „Morgen beginnen wir mit dem Wurzel-Chakra", erzählte er mir per Skype. „In Aswan. Ich schicke dir einen Link zu unserer Route. Dann kannst du immer sehen, wo wir sind. Ich bin nämlich die nächsten sieben Tage nicht mehr erreichbar!" Zum Abschied beteuerte er noch, wie sehr er mich liebte.

Das war vorgestern. Heute widmet sich Anan im Tempel von Kom Ombo im Kreise von zwölf schönen Pilgerinnen der Öffnung seines Sexual-Chakras.

„Wer sagt dir eigentlich, dass sie schön sind?", fragt mich Lucy, während ich mit dem Aufzug in den Keller fahre, um dort meine Vergangenheit aufzuräumen.

„Na unter zwölf Frauen wird sich wohl schon die eine oder andere Schönheit befinden. Und da Männer in dieser Szene einen hohen Sammlerwert haben, wird Anan wieder einmal der König im surrenden Bienenstock sein. So habe ich ihn schließlich auch kennengelernt."

„Gönn' es ihm doch. Es sind seine letzten Tage in Freiheit!"

„Danke, das hilft mir jetzt echt."

„Gern geschehen."

Ich bin in echter Hochstimmung, als ich im Keller angelangt bin. Es wird Zeit, die nächste Fuhre zur Kippe zu fahren.

Das Wertstoff-Center Köln-Ossendorf ist neben dem Osho-Zentrum eine der effektivsten Therapieeinrichtungen dieser Stadt. Jeder, der seinen Lebensmüll gut sortiert loswerden will, ist hier herzlich willkommen. Vor allem, wenn man ausgefallene Skulpturen wie Gartenzwerge, Weihnachtsmänner oder Filmpreis-Trophäen dabeihat wie Bambis, Oscars oder den Golden Globe. Originelle Stücke werden auf der Auffahrt zu den Containern ausgestellt. Dankbar nimmt das Team der Schadstoffannahme solche Glamourgaben entgegen und die weniger glorreichen auch.

Meine beste Freundin Walter hat mir für dieses Projekt seinen Ford Fiesta Baujahr 81 geliehen. Ich fahre also insgesamt 25-mal zur Mülldeponie und bin mittlerweile per Du mit dem Personal, dessen Arbeitsanzüge ausgerechnet in der Farbe unseres Sexual-Chakras leuchten: orange.

Sieben Tage später habe ich etwas, worum mich bestimmt viele beneiden: einen leeren Keller! Anans Kronen-Chakra müsste jetzt auch gähnend weit zum Himmel geöffnet sein. Vermute ich mal, denn seit Kairo habe ich nix mehr von ihm gehört.

Mit dem allerletzten Stück in den Händen, das ich aus dem allerletzten Karton herausgeholt habe, stehe ich am Rande des Containers für gemischten Müll.

Es ist gar nicht so einfach, in sieben Tagen ein halbes Jahrhundert loszulassen.

Vor allem, wenn es die einzige Erinnerung an die Kindheit ist: Die erste Puppe meines Lebens. Ihr Name ist Susi.

Ich weiß gar nicht, wer sie mir geschenkt hat. Ich weiß auch nicht, wer ihr buntes Kleidchen gehäkelt hat. Die Motten eines halben Jahrhunderts haben daran gefressen.

Die letzten drei Jahrzehnte hat Susi in dunklen, kalten, einsamen Kellern verbracht. Einen weiteren Umzug will ich meiner haarlosen Baby-Puppe gerne ersparen.

„Es ist Zeit, sich zu trennen“, sagt eine innere Stimme.

„Es ist meine Puppe!“, schreit eine andere.

Und ich kann nicht mehr unterscheiden, welches die Stimme meines Herzens und welches die Stimme meines unbarmherzigen Verstandes ist. Seit einer Woche warte ich auf ein Lebenszeichen von Anan. Die Angst, ihn zu verlieren, hat die Liebe aus meinem Herzen verdrängt.

„Trennen! Trennen!“, schreit die Stimme des Verstands. „Er hat in Ägypten längst seine wahre Zwillingsseele gefunden! Schwarzes Ebenholz, statt überpinselte Grauanteile. Besser du trennst dich schon mal prophylaktisch. Noch besser, du trennst dich von allem. Beim Quantensprung in unser neues Bewusstsein können wir ohnehin nichts mitnehmen. Also, weg mit der Puppe und werde endlich erwachsen!“

Ich lasse Susi aus meinen Händen heraus in den großen Container hineinfallen. Sie dreht sich einmal um sich herum ... und landet auf dem Bauch unten im Müll. Da liegt sie nun wie ein hilfloses Baby. Langsam rollt die schwere, eiserne, mit Zacken bespickte Walze über den Müll, um ihn platt zu drücken ... Sie rollt immer näher auf Susi zu ... Mein Baby kann sie nicht sehen ... Die große Walze ... Sie kommt immer näher ... „NEEEEEEEEEEEEEEEEEEIN!!!!!!!!“

Als die schwere Walze meine Puppe erfasst, beginne ich hemmungslos zu schreien: „NEIN! NEIN! NEIN!“ Es ist nicht mehr die erwachsene Maria, die hier am Container steht. Es ist die kleine Zazie. Das Kind, das alles loslassen musste und nur ihre Puppe mitnehmen konnte, als Mama plötzlich fort war und alles so schnell ging: „Susiiii! Susiii! Susiiiii!“

Ich hänge über dem Container und strecke die Arme nach meiner Puppe aus. Nach meinem Kind. Nach meiner Mutter. Nach ... Ich weiß nicht mehr wonach. Da ist nur noch

Schmerz. Nur noch Weh. Mein Körper wird von tiefem Schluchzen überrollt. Ich spüre eine schwere Hand auf meiner Schulter:

„Kann man helfen?"

Es ist einer der Mitarbeiter des Wertstoff-Centers.

„Ich glaube, ich habe etwas weggeworfen, das ich lieber behalten wollte."

„Sowat jeschieht", sagt der Mann. „Solang et nit der Ehering war."

„Nein", sage ich und lege weinend meinen Kopf an seine Schulter. „Es war nicht mein Ehering. Es war meine Kindheit."

Auf der A57 von Ossendorf ins Stadtzentrum fließen hinter dem Steuer noch immer die Tränen. Da helfen auch die Scheibenwischer nicht weiter.

Ich weine um diese Stadt. Schon von Weitem sind die zwei Domspitzen zu sehen. Egal, über welche Autobahn man kommt, man landet immer automatisch im Zentrum.

Ich liebe Köln. Ich liebe unser Viertel. Unsere Bio-Kooperative am Eck, wo wir einkaufen gehen und unser Kaffeebüdchen über der Straße. Ich liebe es, jeden Morgen die erste Kundin in Hakans Backstube zu sein. Und ich liebe die Schiebetür vom REWE, die sich jeden Tag bis 23.59 Uhr für ihre Kunden öffnet!

Bevor ich diese Stadt verlasse, werde ich vorm REWE noch Blumen ablegen. Dort, wo viele Jahre lang Heinrich saß. Der beliebteste Obdachlose des Viertels. Jeder mochte ihn und man hat ihm gerne sein Kleingeld in den Plastikbecher geworfen. Heinrich musste nichts dafür tun. Nicht einmal ein Bettlerschild aufstellen. Es war seine Gegenwart, die einfach irgendwie gut war. Bis er eines Tages nicht mehr dasaß. „Der Heinrich ist an einer Überdosis gestorben", hieß es.

Und weil wir ihn alle so sehr vermissten, zündeten wir Kerzen an und legten Blumen auf seinen Stammplatz, von dem aus er jeden Tag unser geschäftiges Leben beobachtet hatte. Und dann hieß es plötzlich: „Der Heinrich lebt! Er ist im Krankenhaus." Sogar der Kölner Stadtanzeiger berichtete über das Blumenmeer im Belgischen Viertel zum Andenken an einen Obdachlosen, der gar nicht tot war. Es muss den Heinrich sehr berührt haben, als man ihm im Krankenhaus Fotos von seinem geschmückten Straßeneck zeigte. Denn wenige Tage später ist er tatsächlich gestorben. Aber dann hat keiner mehr Blumen und Kerzen zum REWE gebracht. Die Luft war irgendwie raus.

Wie soll man sich von so einer Stadt trennen? Und wer kann einen in so einem Moment trösten? Ich gehe in den Stadtgarten, zu meinem Mammutbaum. Ob er mich noch kennt?

„Hallo, alter Herr. War lange nicht da ... Und ich möchte dir sagen, dass ich auch nicht mehr lange bleibe. Ich gehe nach Frankreich. Und ich wollte dich fragen, ob ich jemanden abgeben könnte bei dir."

Ein großes Rauschen erfasst seine majestätische Krone. Als es sich gelegt hat, rede ich weiter: „Das Kind in mir kann nicht mehr aufhören, zu weinen. Ich glaube, es will lieber hierbleiben. Würdest du es für eine Weile aufnehmen? Ich werde alle vier Wochen zu Besuch nach Köln kommen."

Ich lege meine Brust an den warmen Stamm des Baumes. Ich höre mein Herz in seinem Stamm schlagen ... Da öffnet er die Tür zu seinem erhabenen Reich, damit ich mein inneres Kind zu ihm hineinschicken kann. Bevor der Baum sein Tor wieder schließt, dreht sich das kleine Mädchen noch mal zu mir um.

„Geh' ruhig hinein", sage ich zu der kleinen Zazie. „Du wirst es gut bei ihm haben. Und wenn ich wiederkomme, bist du bestimmt um zwei Zentimeter größer geworden."

Dann schließt sich das Tor. Ich bleibe noch ein wenig sitzen, an den Stamm gelehnt. So wie ich immer eine Weile vor der Tür des Kindergartens stehen blieb, nachdem Johannes in seinen gefilzten Hausschuhen darin verschwunden war. Weil ich mich von nichts und niemandem trennen kann. Am wenigsten von meinem Kind.

Chansons d'Amour

„Au révoir! A ce soir! Bonne journée! Je t'aime!"

Jeden Morgen um 7.00 Uhr bricht Anan mit unserem Opel Corsa nach Lyon auf. Dort behandelt er nun in mehreren Arztpraxen jene Patienten, bei denen weder medizinische noch heiltherapeutische Maßnahmen greifen.

Ist er weg, schließe ich schnell das Gartentor, um sicher zu sein, dass sich kein ungebetener Gast in unser kleines Reich einschleicht. Gisèle ist heute mit ihrer Wandergruppe im Jura unterwegs. Gestern Abend kam sie erst spät von einer örtlichen Tanzveranstaltung nach Hause. Morgen Vormittag geht sie zur Gymnastik, danach trifft sie ihre ehemaligen Arbeitskollegen zum Essen und übermorgen besucht sie schon zum dritten Mal in dieser Woche „Tante Aurelie". Anan und ich glauben, dass „Tante Aurelie" in Wahrheit „Tante Alibi" ist. Gisèle hat übrigens noch ein paar mehr Verehrer, die hier auch schon mal anrufen. Dann muss ich abheben und sagen: „Gisèle nix da ... weiß nix, weiß nix, ich nix verstehen!" – also auf Französisch natürlich.

Wenn Anan und Gisèle unterwegs sind, habe ich Haus und Garten für mich. Ich kann also in aller Ruhe meinen Morgenkaffee genießen und dabei gemütlich über die kulturellen Unterschiede zwischen Deutschland und Frankreich sinnieren. Sie sind nicht eklatant, aber man kann auch nicht an ihnen vorbeisehen ... Deshalb suche ich noch vor Beenden meiner Kaffeepause nach einem Staubsauger. Das deutsche Hausfrauen-Gen sitzt einfach zu tief. Ich kann an Wollmäusen, Spinnweben und Feinstaub nicht vorbeisehen, ohne aktiv zu werden. Wo verdammt ist schon wieder der Staubsauger in diesem Haus!?

In französischen Haushalten ist großzügiges „laissez faire“ angesagt, was die Pflege der Böden betrifft. Umso akribischer nimmt man es hier mit der Pflege des Körpers: Die Franzosen duschen in der Früh UND am Abend! Man duscht, bevor man zu Tisch geht, bevor man sich liebt und man duscht NATÜRLICH auch danach. Man duscht vor einer Reise und wenn man von einer längeren Fahrt nach Hause kommt, wegen des Staubs und dem Smog auf den Straßen. Wir duschen neuerdings auch aus energetischen Gründen. Ich komme also im Schnitt auf vier bis fünf Duschvorgänge am Tag. Würde ich ungeduscht beim Abendessen das Thema Energiesparen auf den Tisch legen, würde ich vollends das Klischee der deutschen Frau aus französischer Sicht erfüllen: groß, fleißig, gewissenhaft, nach harter Arbeit riechend, Funktionsunterwäsche, statt feinen Dessous. Es empfiehlt sich also in Frankreich, möglichst immer frisch geduscht möglichst oft zu erwähnen, dass ich Österreicherin bin.

Was haben die Französinnen, was wir deutschsprachigen Frauen nicht haben? Es liegt eigentlich auf der Hand: die attraktivere Sprache, die besseren Designer und die größere Achtung vonseiten der Männer.

Die Frau in Frankreich ist eine Königin, eine Göttin, ein himmlisches Wesen. Den französischen Jungs wird der Minnegesang bereits in die Wiege gelegt. Er hat er den französischen Chanson zum schönsten der Welt gemacht. Genau hier liegt das Geheimnis um den Zauber der französischen Frau.

Der verstorbene japanische Parawissenschaftler Masaru Emoto hat bewiesen, dass Wasser verändert werden kann. Sprichst du einer Karaffe mit Wasser eine Liebeerklärung aus, vollendet sich die kristalline Struktur des Wassers in Schönheit. Beschimpfst du diese Karaffe, verzerrt sich die Struktur der Wasseratome. Auf Menschen übertragen bedeutet das: Wir werden zu dem, was uns gesagt wird ... und schließlich zu dem, was wir selbst von uns denken.

„Comme tu es belle", flüstert mir Anan jeden Morgen ins Ohr. Langsam glaube ich selber daran. Die französischen Männer reden ihre Frauen schön. Im wahrsten Sinne des Wortes. Und hat man gerade mal keinen Mann, dann tut es auch ein guter Chanson. Jacques Brel, Georges Brassens, Yves Montands ... In Gisèles Haus laufen die Jungs den ganzen Tag rauf und runter.

Frankreich ist passenderweise dazu auch das Land der Marienverehrung. In jeder Dorfkirche wird Maria, die Mutter Jesu, als Himmelskönigin dargestellt. Ihr schlankes, zum Himmel strebendes, steinernes Bildnis schmückt viele zentrale Plätze. Sie ist auf Bergen, Feldern und in Weinbergen zu finden. Nicht demütig leidend, sondern stolz und gekrönt. Sogar mein Name, der in Österreich und Deutschland immer etwas verstaubt klang, hat in Frankreich eine ganz neue Farbe bekommen. Er zaubert jedem Gegenüber, dem ich vorgestellt werde, ein Lächeln ins Gesicht: „Ah! Une belle Marie!“ Hier fühlt er sich tatsächlich an wie ein Titel.

Die kostbarste Ikone der Nation jedoch ist Marie Madeleine. Maria Magdalena. Die „Legenda Aurea“, eine mittelalterliche Sammlung von Heiligengeschichten erzählt, dass Maria nach dem Ostergeschehen mit ihren Geschwistern Martha, Lazarus und einer dunkelhäutigen Dienerin namens Sarah in einem ruderlosen Boot ausgesetzt wurde, welches der Wind an die Küste Südfrankreichs trieb.

Wurde Maria Magdalena tatsächlich ins Exil geschickt? Oder hat sie das Heilige Land freiwillig verlassen, weil die Menschen dort nicht erkannten, wen sie ans Kreuz geschlagen hatten? Oder zog sie sich aus dem Kreis der konkurrierenden Jünger zurück?

Das Evangelium nach Maria Magdalena erzählt von großen Spannungen in der Gefolgschaft, nachdem Jesus nicht mehr unter ihnen war. Vor allem Petrus und sein Bruder Andreas ereiferten sich gegen die Frau, der Jesus seine Geheimlehren anvertraut haben soll. War es die Eifersucht ehrgeiziger Männer, die Maria in die schützenden Arme der Franzosen trieb?

„Arbeite nicht zu viel am Computer“, hatte Anan zum Abschied gesagt. „Geh’ auch mal raus in den Garten. Er wird sich durch deine Gegenwart verändern.“

Ich blickte ihn fragend an. „Ja“, nickte er, „Jeder Mensch hinterlässt seine Schwingung an einem Ort. Wenn du den heutigen Tag in unserem Garten verbringst, wird er am

Abend nicht mehr derselbe sein. Er wird die Erinnerung an deine Gegenwart in sich tragen. Er wird mir morgen früh, wenn Gisèle die Blumen gießt, erzählen: Marie war hier. Sie hat uns ihr unvergleichliches Lachen und ihre Freude geschenkt."

Der Flügelschlag einer Taube begrüßt mich, als ich endlich meinen Laptop schließe und den Garten betrete.

Sie bricht aus dem Geäst einer Libanon-Zeder und fliegt in den wolkenfreien Himmel hinein. Eine weiße Feder fällt in den Garten herab. Langsam sinkt sie, sich immer wieder um die Schwerkraft des Stiels drehend, zur Erde. Ich strecke meinen Arm aus, die Feder lässt sich wie ein Kuss des Himmels auf meinem Handrücken nieder. Ein angenehmer Schauer erfasst mich.

Als ich das Schattenreich der Zeder betrete, spüre ich Heimweh. Das Gefühl, im Exil gelandet zu sein. Ich stehe traumlos und mit leeren Händen vor Gott. Meine Tränen fallen in die trockene Erde eines Landes, das mir fremd ist und doch vertraut.

Die Sonne beginnt ihre orangefarbene Reise hinter die Hügel. Sie taucht die Berge in ein goldenes Licht. Bald werden Anan und Gisèle wieder zurück sein. Es wird Zeit, meine dritte Dusche an diesem Tag zu nehmen.

Ich wurde auf Engelsflügeln zu dir getragen!

„Ich glaube, Gisèle hätte das Haus gerne wieder für sich."

„Wie kommst du denn darauf?", meint Anan entrüstet. „Sie liebt es, uns zu bekochen!"

„Ja, aber sie hat auch ein Recht auf ihr eigenes Leben."
„Sie ist viel aktiver als wir!"
„Sie lebt ihre Hyperaktivität aber fast nur noch außerhalb dieses Hauses aus."
„Du meinst wir blockieren sie?"
„Vielleicht würde sie ‚Tante Alibi' gerne mal auf einen Tee zu sich einladen."
„Mein Vater ist gerade mal zwei Jahre unter der Erde!"
„Und Gisèle ist jetzt gerade noch im besten Alter, etwas Neues zu beginnen."
„Den Monsieur will ich mir vorher aber genau ansehen!"
„Dann müsstest du öfter mal auf den Friedhof zum Grab deines Vaters gehen."

Ich hatte irgendwann keine Lust mehr auf die „Gisèle nix da, weiß nix, ich nix verstehen"-Nummer und mich, als ich alleine im Hause war, mit Gisèles Verehrern am Telefon zu unterhalten begonnen: Monsieur Rousseau, Monsieur Doosry und Monsieur Fontaine. Drei durchaus sympathische Rentner. Seit sie wissen, dass ich nicht das sprachbehinderte Au-pair-Mädchen bin, sondern die zukünftige Schwiegertochter im Haus, geben sie sich natürlich besondere Mühe, am Telefon den bestmöglichen Eindruck bei mir zu hinterlassen.

Am besten verstehe ich mich mit Monsieur Fontaine. Seine Frau ist schon vor sieben Jahren gestorben. Immer noch besucht er täglich ihr Grab. So hat er Gisèle kennengelernt. Er liebt es, zu tanzen, zu kochen und er geht gerne ins Kino.

„Und wie steht es um ihre Lust am Reisen?", habe ich ihn das letzte Mal gefragt. Ich finde nämlich, Gisèle hat einen Mann verdient, der ihr die Welt zeigt: Rom, Venedig, Wien.

Auf meine Heimatstadt sprang Monsieur Fontaine besonders gut an: „Vienne! Quelle splendeur! Da wollte ich immer schon hin!“

„Finanzielle Mittel wären ausreichend vorhanden?“

„Mais oui! Meine Frau hat mir ein stattliches Erbe hinterlassen.“

Der Mann ist gebongt. Jetzt müssten nur noch Anan und ich das Feld räumen, damit Gisèle freien Lauf hat ...

Zugegeben. Auch ich brauche etwas mehr Raum. Der Sommer im Jura war zum Glück sehr lang. So konnte ich jeden Tag meine Yogamatte im Schatten unseres Apfelbaumes aufschlagen. Und unter den heranreifenden „Pommes de Bohémien“ reifte auch in mir eine Erkenntnis heran: Das Paradies kann auch auf 180 mal 60 Zentimetern stattfinden!

Aber jetzt, wo die Herbststürme um unser Haus ziehen, ist es doch etwas eng mit der Yogamatte geworden ... hinter Gisèles Sofa. Zum Glück sieht Anan das ein. Aber wohin? Vor allem: Wer würde uns schon eine Bude vermieten?

Da er die letzten fünfzehn Jahre in Südamerika gelebt hat, hat Anan in diesem Land keine Wurzeln geschlagen und als Heiler sowieso kein festes Einkommen. Ich bin seit einem halben Jahr vom Radar sämtlicher europäischer Meldeämter verschwunden und Vermieterinnen wie Frau Sommer, die mehr an der Filmografie eines Künstlers als an dessen Kontostand interessiert sind, scheinen in Frankreich ausgestorben zu sein.

„Wir ziehen nach Aude“, beschließt Anan.

„Aude?“

„Ein Department im ‚Land der Katharer‘.“

„Südfrankreich!“

„Dort unten, Chérie, herrscht Anarchie. Sie wollen sogar eine Art Tauschwährung einführen. Weil ohnehin keiner mehr Geld hat."

„Kann ich dann auch meine Aussteuer aus Köln holen?"

„Welche Aussteuer?!"

Bei meiner Wohnungsauflösung in Köln hatte ich beschlossen, in Ermangelung eines kompletten Porzellanservices zumindest eine Basisausstattung für unser erstes gemeinsames Zuhause vor der Kippe zu retten. Zusammengefasst kann man sagen: All das, was Herr Weizengras vor einem halben Jahr abfotografiert hat. Eine große Matratze, ein Schrank, zwei Kommoden, drei Ikea-Regale, ein Sofa, eine Schreibplatte und, nicht zu vergessen, die Kristalllüster an meinen Decken. Mithilfe zweier Studenten aus Nigeria habe ich meine zukünftige Aussteuer abgehängt, abgeschraubt, zusammengepackt und in ein Lager gebracht.

„Und was kostet uns das Depot jeden Monat?", fragt Anan.

„170 Euro."

„Bébé! Von dem Geld könnten wir uns eine Jurte im Wald mieten!"

„Aber passen da meine Möbel hinein?"

„Keine Sorge, Chérie. Wir finden dort unten schon was für deine Möbel."

Der „Kölner Flitzer" ist der netteste Vermieter von Kleintransportern in Köln. Eigentlich sind diese nur für Umzüge innerhalb der deutschen Staatsgrenze zugelassen. Aber das Zauberwörtchen „Aussteuer" hat hier offenbar denselben Effekt wie „Hochzeitsgeschenk" am Flughafenschalter. Ich darf meinen Kölner Umzugsflitzer für vier Tage nach Frankreich entführen. Zum Glück stehen auch meine nigerianischen Helfer wieder parat, um meine illustre Mitgift vom „Kölner Depot" in den „Kölner Flitzer" zu räumen.

„La vache!", ruft der eine. „Da soll dein ganzes Zeug rein?!"

Zwei Stunden später ist der Flitzer voll bis zur Decke ... und offenbar auch schwer überladen. Denn kaum habe ich die Stadtgrenze verlassen, eiert der Wagen: Auch wenn ich es gerne ignorieren würde, der Flitzer hat einen Platten.

Zurück an der Mietstation händigt man mir sofort einen neuen Wagen aus. Doch als der Servicemitarbeiter, der zum Umladen verdonnert wurde, den Umfang meiner Aussteuer sieht, fällt ihm zum Glück eine elegantere Lösung meines „Platten-Problems" ein ...

Zwei Stunden später befinde ich mich endlich auf der A1 in Richtung Luxemburg–Metz ... mit notdürftig geflicktem Reifen. Habe ich schon erwähnt, dass es für dieses Fahrzeug keine Auslandsversicherung gibt? Und dass auch der ADAC in diesem Falle nicht eingreift? Aber diese Mitgliedschaft habe ich ohnehin längst gekündigt.

Hier hilft nur Beten. Und das am besten nonstop. Nachdem ich mein christliches Repertoire durchhabe, singe ich Mantren. Buddhistische, hinduistische, vedische, tantrische. Danach aramäische Gesänge. Ich arbeite mich durch alle Weltreligionen. Ich bitte um Schutz und Segen für diese Fahrt, für mein neues Leben in Frankreich und für alles, was ich in Deutschland zurücklasse ... Und um die Tilgung meines Dispokredits ... Om bhur bhuva svaha tat savitur varenyam bhargo devasya ...

Da klingelt auf meinem Beifahrersitz das Telefon. Eine Rufkennung, die ich gut kenne. Aber seit langer Zeit nicht mehr gesehen habe.

„Papa?“
„Zazie? ... Wo bist du?“
„Auf dem Weg nach Frankreich.“
„Ein neues Filmprojekt?“
„Nein. Ich ziehe gerade um. Ich bin ... Ich bin mit einem Franzosen verlobt.“
„Gratuliere! Und? Ihr versteht euch?“
„Ja. Sonst wären wir ja nicht miteinander verlobt.“
„Und Johannes?“
„Lebt bei Hank. Ich werde ihn einmal im Monat besuchen. Stell dir vor, er ist dieses Jahr schon dreizehn geworden.“
„Und du wirst 50 im nächsten Monat. Hab ich recht?“
Dass ich bereits 51 werde, sag' ich meinem Papa jetzt nicht. Man kann bei einer Tochter im fortgeschrittenen Alter schon mal den Überblick verlieren. Vor allem, wenn sie vor mehr als dreißig Jahren fortgegangen ist.
„Ja, Papa“, sage ich stattdessen. „Ich hab jetzt ein halbes Jahrhundert durch!“
„Mail mir doch bitte deine Kontonummer.“
„Wie bitte?“
„Ich weiß, ich habe nicht viel für dich gemacht in deinem Leben. Aber zu deinem 50. möchte ich dir 5000 Euro überweisen.“
Ich bekomme zunächst gar keinen Ton heraus. Papa soll nicht merken, dass ich zu weinen beginne. Er kann mit „Gefühlsdingen“ nicht wirklich gut umgehen. Obwohl die Wasserwurzel seines Lebensbaumes so tief ist.
„Zazie? ... Bist du noch da?“
„Danke ... Papa ... Danke.“
„Du kannst es für deinen Neustart in Frankreich sicher gut gebrauchen.“
Ich würde meinem Vater so gerne noch sagen, wie sehr ich

ihn liebe. Und auch Freya. Trotz allem. Und wie sehr ich sie beide vermisse. Und wie schön es wäre, in diesem Leben wieder zusammenzukommen. ... Doch der Akku meines Handys ist leer. Und ich habe natürlich kein Aufladegerät dabei.

Es ist fast Mitternacht, als ich die Mautstelle von Lyon erreiche. Da ich kein Bargeld mehr habe, versuche ich es mit der Kreditkarte. 30,40 Euro sind fällig. Der Automat nimmt meine Karte nicht an. Ich versuch es mit meiner Geldkarte. Doch auch die Kölner Stadtsparkasse blitzt am französischen Automaten ab.

Ich gerate in Panik: Geldbörse und Handy-Akku sind leer. Und mein Konto offenbar auch. Umkehren kann man hier nicht und Anan wartet in einer Autobahnraststätte HINTER der Mautstelle. Von dort wollten wir gemeinsam nach Südfrankreich weiterfahren. Aber so wie es aussieht, wird das wohl nix ... Oh nein! Jetzt nimmt schon das nächste Auto Kurs auf meine Kreditkartenspur! Ich versuche dem Fahrer zu signalisieren, dass ich hier festhänge und er sich besser woanders einspuren sollte, doch der weiße Renault Clio rast mit einem Affenzahn heran, bremst im letzten Augenblick ab und geht – ich fasse es nicht – ... vor meinen Augen in Flammen auf!

Aufgeregt diskutierend springen die vier Insassen aus dem rauchenden Wagen.

Ich greife ruhig und gezielt nach meinem Laptop (bin solche Situationen ja gewohnt) und verlasse ebenfalls meinen Flitzer, der nun zwischen der geschlossenen Schranke und dem brennenden Clio eingesperrt ist. Der Fahrer ruft die Feuerwehr, der Rest der Besatzung rennt davon, um Wasser oder einen Feuerlöscher zu organisieren. Wie lange wird es dauern, bis das Feuer auf meinen nicht versicherten Flitzer übergreift?

Vor meinem geistigen Auge sehe ich meine letzte persönliche Habe verbrennen: Meine Möbel ... meine alten Tagebücher ... die Kiste mit Wolken-Omas Briefen, adressiert an ‚Ihro Hochwohlgeboren' ... mein Geschirr ... die berühmte Suppenschüssel ... und ... NEIN! Die kleine Erinnerungstruhe, in der ich Johannes' ersten Strampelanzug, sein erstes Kuscheltier, seine ersten Spielwürfel und seine ersten Schuhe aufbewahrt habe!

„Bitte!", stoße ich ein Gebet in den Himmel, „Mir ist mittlerweile alles egal. Aber lasst mich JOHANNES' SCHATZTRUHE behalten!"

Da öffnet sich plötzlich, wie von Geisterhand dirigiert, die Schranke der Mautstelle. Offenbar hat jemand über die Überwachungskameras meine prekäre Notlage bemerkt. Ich springe mit meinem Laptop zurück in den Transporter und flitze davon, ohne auch nur einen Cent Maut bezahlt zu haben.

Zehn Minuten später liege ich vor Erleichterung heulend in Anans Armen.

„Mein armer Schatz! War die Reise so schlimm?"

„Nein!", rufe ich glücklich. „Sie war himmlisch! Ich wurde auf Engelsflügeln zu dir getragen!"

Im Land der Katharer

Als im 12. Jahrhundert die Kirche in Rom in feudalem Reichtum erstickte, wuchs im Süden Frankreichs eine faszinierende Gegenbewegung heran: Die „guten Christen", später auch die „Katharer" genannt. Sie sahen die Urlehre

Jesu vom römischen Klerus verraten und wollten eine neue, eine „reinere Kirche“ erschaffen. Dass sie nicht nur den pervertierten Klerus, sondern auch die „Zahlung des Zehnten“ ablehnten, brachte das Gefüge der katholischen Kirche ins Wanken. Dies war die Geburtsstunde der Inquisition. Sie bekämpfte, was mit dem Teufel verbündet schien. Wie aber sollte man diesen völlig sex-, geld- und völlereifernen Freidenkern Südfrankreichs einen Bund mit dem Teufel nachweisen? Da musste schon gute Polemik her ...

Aus dem Griechischen entlehnt, wurden die „guten Christen“ auch die „Katharois“, die „Reinen“ genannt. Die Kirche jedoch setzte das Gerücht in Umlauf, der Name leite sich vom lateinischen „cattus“ – der „Katze“ ab. Dem Haustier des Teufels.

So wurden aus den „Reinen“ die „sündigen Ketzer“: „Sie küssen das Hinterteil des Teufels, der ihnen in Gestalt einer Katze erscheint!“

Die ersten Katharer wurden übrigens 1143 in Köln verbrannt. Ausgerechnet!

Mit den Fürsten Okzitaniens jedoch hatten die Katharer in dieser Region machtvolle Unterstützer. Die Revolution gegen den Papst weitete sich zu einem Unabhängigkeitskrieg des Südens gegen das französische Königreich aus. Nun schlugen Kirche und Staat vereint zu ...

Im ersten Kreuzzug gegen die Aufständischen wurde 1209 die gesamte Bevölkerung von Béziers massakriert. Der weitere Vormarsch der Kreuzritter war von brennenden Scheiterhaufen gesäumt. Die Burgen, Zitadellen und Festungsanlagen, in denen eine Hochkultur des christlichen Miteinanders erblüht war, fielen: Carcassonne, Lastours, Peyrepertuse, Aguilar, Termes, Puilaurens, Quéribus, Puivert ...

und schließlich das letzte Refugium der Katharer: die als uneinnehmbar geltende Festungsanlage Montségur.

Nachdem sie vor der Übermacht und der Ausdauer des päpstlichen Heeres kapitulierten, zogen 240 „gute Christen" freiwillig ins Feuer: Männer, Frauen und Kinder. Sie sollen noch gesungen haben, als sie schon brannten.

Seit vielen Jahren schon will ich eine Dokumentation über die Katharer und die Geburtsstunde der Inquisition drehen. Doch immer wieder kommt etwas dazwischen. Nun führt mich mein Leben dorthin. Direkt in das Herz des Geschehens, nach Aude.

Am Fuße der Pyrenäen und an der westlichen Mittelmeerküste gelegen, hält das Department Aude, was man als Nordosteuropäerin vom Südwesten Frankreichs erwartet: kristallklare Flüsse, grün bewaldete Hügel, kleine idyllische Dörfer und schroffe Felsformationen, auf denen die alten Ruinen von der besonderen Geschichte des Landes erzählen.

Seit den 1960er-Jahren zieht das Department neben Touristen auch Aussteiger, Öko-Freaks und internationale Anhänger der New-Age-Bewegung an. Stärkster Magnet ist der heilige Berg Bugarach: 1.220 Meter hoch und, wie es sich für einen mystischen Berg gehört, meist in Nebelschwaden gehüllt.

Der „Pic de Bugarach" ist tatsächlich eine geologische Kuriosität. Als vor Millionen Jahren die europäische auf die iberische Platte traf, schoben sich die ältesten Gesteinsschichten über die jüngeren. Die Geologen sprechen von einem „umgedrehten Berg". Die New-Age-Generation von einer Ufo-Landestation.

Willkommen im Land der Künstler, der Träumer, der Gesetzlosen, der Geldlosen und der Pioniere des neuen

Bewusstseins! Die Inquisition hat die Katharer und ihre Schriften verbrannt. Nicht aber den Geist des Aufbegehrens gegen Staat, Wirtschaft, Kirche und ein kaputtes System.

„Wo werden wir in Aude wohnen?", fragte ich Anan, als wir gemeinsam in den Süden hinunterfuhren.
„Nicht weit vom Berg Bugarach. In Mauds Haus."
„Maud? Wer ist Maud?"
„Eine alte Freundin von mir. Engländerin."
„Hm ... ist sie schön?", fragte ich vorsichtshalber mal nach.
„Ziemlich gut in Schuss würde ich sagen."
„Und was heißt das genau?"
„Na ja ... Maud ist Kundalini-Yogalehrerin."
„Okay, und wie alt?"
„Hm ... Maud ... müsste jetzt ... lass mich mal nachrechnen ... so um die neunzig sein."

Sie ist zierlich wie ein 12-jähriges Kind, dehnbar wie eine Puppe aus Gummi und zäh wie ein handgefertigter Bergschuh aus Leder. Ihr Haar ist so weiß wie frisch gefallener Schnee und ähnlich wie Wolken-Oma weigert sich auch Maud eine Brille zu tragen. Sie duscht jeden Morgen eiskalt und mixt danach für alle Mitbewohner frisch gepresste Gemüsesäfte. Damit wir noch älter werden als sie. Maud ist ziemlich erleuchtet ... wenn man von ein paar kleinen, liebenswerten Macken absieht.

Nachdem Maud in England vier Kinder großgezogen hatte, floh sie aus ihrem bürgerlichen Leben über den Atlantik und setzte sich als Yogalehrerin in Aude ab. Heute ist Mauds Haus am Rande eines reißenden Flusses inmitten des Städtchens Quillan Auffanglager für all jene, die auch einen Neustart im „Land der Gesetzlosen" wagen. Eine spirituelle Wohngemeinschaft mit strengen Regeln, an die man sich als Neuankömmling erst mal gewöhnen muss:

Kein Fleisch, kein Fisch – okay, kein Problem. Kein Lärm, keine Partys, kein Rock 'n' Roll – hm, verstehe. Kein Tabak, keine Drogen, kein Alkohol – Frankreich ohne Rotwein!? Und schließlich die härteste aller Regeln: KEIN KAFFEE.

„Sorry, Maud, das schaffe ich nicht."

„Doch. Ab 22.00 Uhr herrscht nämlich Nachtruhe im Haus. Das heißt: Du bist morgens gut ausgeschlafen und brauchst zum Bücherschreiben keine aufputschenden Drogen."

Anan und ich sind also exakt da angekommen, wo wir schon immer hinwollten: Von nun an werden wir gemeinsam ein rein spirituelles Leben führen. Unser Bett ist ohnehin viel zu eng für jede Art von Spaßveranstaltung. Es quietscht auch erbärmlich. Außerdem befindet sich unsere zwölf Quadratmeter Klause genau über Mauds Schlafzimmer. Maud hört zwar schlechter, als sie sieht, aber das will bei älteren Menschen nichts heißen: Sie hören immer genau das, was sie besser nicht hören sollten.

Zum Glück gibt es in der obersten Etage des Hauses noch einen großen Yogaraum. Anan und ich sind dort also meistens nachts anzutreffen ... auf einem Stapel rutschfester Matten. Und damit ich morgens nach dem „Hot-Yoga" halbwegs klar in den Tag, oder besser gesagt in meinen Laptop, hineinschaue, hat mein Liebster eine Espressomaschine für mich versteckt. Hinter dem Vorhang unserer Klause. Und eine Familienpackung Räucherstäbchen dazu.

„Bei euch duftet es immer so gut", schwärmen die anderen Hausbewohner, die auf der Leiter der Erleuchtung schon mindestens einen halben Meter weiter sind als wir. Vor allem Langzeitgast Bruno vom Zimmer direkt nebenan:

veganer Ernährungsexperte, Meditationslehrer und Autor spiritueller Erleuchtungsliteratur. Wenn sich Bruno zum Meditieren in sein Zimmer zurückzieht, schleichen alle auf Zehenspitzen durch das Haus, die Handys werden auf Flugmodus geschaltet und sogar die Waschmaschine im Keller wird auf Reset gestellt. Dann herrscht andächtige Ruhe und Maud beteuert jedes Mal flüsternd, wie glücklich sie ist, wenigstens einen Erleuchteten in ihrem Haus zu haben. Bestimmt hat sie heute Morgen unsere leeren Champagnerflaschen im Mülleimer gefunden: Anan und ich haben gestern Nacht auf den übereinandergestapelten Matten unseren ersten Jahrestag gefeiert. So ausgiebig, dass sich Anan jetzt nicht mehr bewegen kann. Muss wohl ein Hexenschuss sein. Vielleicht liegt es aber auch an unserem für heute geplanten Tagesausflug ...

Wir sind eingeladen, beim Aufbau einer neuen Jurtengemeinschaft zu helfen. Den zahlreichen Helfern und Helferinnen wurde eine „unvergessliche Nacht in einer mongolischen Jurte“ in Aussicht gestellt. Anan hat sofort zugesagt: „Eine romantische ‚Jurten-Ausnacht‘ könnten wir echt mal gebrauchen!“

Ich hingegen habe mich mit dem Argument „muss dringend mein Buch fertig schreiben“ aus der Jurtenaufbau-Affäre gezogen.

Doch nun, da Anans Rücken streikt, muss ich als Ersatz ran.

„Ich komme trotzdem mit“, sagt Anan. „Vielleicht kann ich ja doch irgendwie helfen.“

Der Jurtenplatz befindet sich auf einer wild verwachsenen Anhöhe mit Blick auf den Berg Bugarach. Das Grundstück gehört einer belgischen Aussteigerin, die drei Französinnen ein Plätzchen für deren mobiles Zuhause zur Verfügung gestellt hat. Es liegt abseits der befahrbaren Straßen und Forstwege. Die Zutaten zum Aufbau der Jurte müssen also über einen kleinen Trampelpfad nach oben geschafft werden. Hier sind starke Männer gefragt.

Als Anan und ich mit reichlich Verspätung zum groß angekündigten „Aufbau-Event“ kommen, werden wir freudig von den drei Französinnen begrüßt: „einer Alten“, die aussieht wie eine von der Sonne gegerbte Mongolin, „einer Dicken“, die aktuell ein Hüftproblem hat und einer jungen, halb afrikanischen „Schönen“.

„Ihr seid die Ersten!“, ruft sie. Oje! Anan! Hast du einen Unfall gehabt?“

Da sie zufälligerweise wie über 85 Prozent der zugereisten Einwohner von Aude Heilerin ist, entführt sie ihren „Kollegen“ zu einem schattigen Plätzchen, um sich erst mal um Anans armen Rücken zu kümmern.

Die Dicke verschwindet in einem Bauwagen, um das Mittagessen für die „Helfer“ vorzubereiten und die Alte erklärt mir, in welcher Reihenfolge das Baumaterial auf den Platz geschafft werden muss: Zuerst die tortenstückförmig zugeschnittenen Bodenplatten. Wie gut, dass ich in Wahrheit ein Mann bin, der schon schwerere Lasten auf höhere Berge geschleppt hat.

Vier Stunden später bin ich völlig geschafft, denn die ersten eingetroffenen Helfer des Tages scheinen auch die einzigen an diesem wunderschönen Sonntag zu sein. Das heißt im Klartext: Ich bin mit der alten Mongolin und den Bodenplatten allein. Aber es gibt ja hoffentlich bald mal was Gutes zu essen ... Salatblätter, Tomaten, Möhren und dazu ein paar verschrumpelte Rosinen. Ratlos schaue ich auf das Gericht, das uns die Dicke auf einer alten Picknickdecke serviert. Ist das die Vorspeise oder kommt da noch was aus dem Bauwagen?

Offenbar kann die afrikanische Magierin, die Anans Rücken auch nicht hingekriegt hat, zumindest meine Gedanken lesen:

„Wir leben von Rohkost."

„Ganz autonom", fügt die Alte hinzu.

„Nur von dem, was Mutter Erde uns gibt", schließt das „Dicke Hüftleiden" das dreifache Bekenntnis zu einem reineren Leben ab.

Anan ist ganz blass vor Schmerzen ... und Hunger.

„Lass uns abhauen", schlägt er vor, als wir gemeinsam hinter den Büschen austreten, „Du hast genug geschuftet! Nur wegen so einer blöden romantischen Feldnacht."

„Schau doch, die Wolken über dem Bugarach. Sie sehen wie Wellen aus. Das gibt noch Regen heute Nacht. Zumindest der Boden sollte gelegt und abgedeckt werden."

Das schwerste Bauteil ist die Eingangstür aus Massivholz. Sie ist so groß, dass auch die Dicke durchpasst. Zwar packt jetzt auch die schöne Medizinfrau mit an, aber drei Frauen alleine schaffen das nicht. Kopfschüttelnd macht sich die Alte schon mal vom Acker.

„Lass uns warten, bis jemand vorbeikommt", schlägt die Afrikanerin vor und lässt sich am Straßenrand sehr dekorativ in die Wiese hineinfallen. „Eine kleine Verdauungspause tut auch mal gut."

Ich setze mich neben sie. Obwohl ich, ehrlich gesagt, nicht weiß, was ich verdauen soll – außer der Gesamtsituation.

„Wovon lebst du eigentlich?", frage ich. Es interessiert mich tatsächlich, wovon all die coolen Aussteiger hier im Land der Katharer ihre monatlichen Fixkosten bestreiten.

„Ab einem gewissen Bewusstseinszustand stellt man sich diese Frage nicht mehr“, antwortet sie gelassen und kaut an einem Grashalm. „Das Leben sorgt für mich. Verstehst du? Das göttliche Bewusstsein. Bist du einmal im Flow, bekommst du alles, was du brauchst.“

„Wow“, denke ich schwer beeindruckt. „So weit bin ich noch lange nicht.“

Da kommt ein einsamer Wanderer die Straße entlang, ein fröhliches Lied vor sich hin pfeifend. Noch ahnt er nicht, wer ihn hierhergeschickt hat: Das G. G. G. – das Große Göttliche Ganze.

„Hey, könntest du uns vielleicht helfen?“, ruft ihm die dunkle Medizinfrau an meiner Seite zu. „Die Tür muss heute noch zu unserem Jurtenplatz hoch.“

Der Spaziergänger inspiziert mit wachsendem Unbehagen die Last, die Afrikanerin blickt unterdessen auf ihre Uhr. „Merde!“, ruft sie. „Schon so spät! In zwanzig Minuten beginnt in Puivert das Heiltrommeln für Mutter Erde! Désolée, aber ich muss jetzt echt los!“

Sie springt in einen bunt bemalten R4 und fährt mit klapperndem Auspuff davon.

Die schwere Tür schleppen der arme Wanderer und ich also alleine den Berg hoch. Wir brauchen eineinhalb Stunden. Weil mir das G. G. G. einen Helferengel mit Belastungsasthma geschickt hat.

Als die feudale Massivholz-Tür endlich den Jurtenplatz erreicht hat, sind die tortenstückförmigen Holzplatten zu einem kreisrunden Tanzboden zusammengefügt.

Anan sitzt zufrieden davor und wischt sich den Schweiß von der Stirn: „Gutes Timing!“, ruft er mir zu.

Ich fasse es nicht: „Wie hast du das bloß mit deinem Hexenschuss hingekriegt? In so kurzer Zeit!“

„Es brach mir das Herz, dich alleine schuften zu sehen. Also habe ich die Geister des Bugarach um Hilfe gerufen. Plötzlich waren die Schmerzen weg und alles ging wie von selbst."

„Kommt ihr morgen wieder?", fragen die Alte und die Dicke, die sich zum Abschied herzlich für unsere Hilfe bedanken.

„Désolé", sagt Anan. „Marie muss dringend ihr Buch fertig schreiben. Und ich werde sie dafür so richtig fett und feudal bekochen."

„Hey! Hallo! Ihr habt euren Gutschein vergessen!", ruft uns die Alte noch hinterher.

„Schon gut!", rufen wir und laufen lachend Hand in Hand den Berg hinab zu unserem Auto.

„Diese drei Frauen sind schon was Besonderes", sage ich zu Anan, als wir glücklich über unser gelungenes Tagwerk nach Quillan zurückfahren. „Sie haben ihr Dasein ganz in Gottes Hände gelegt und offenbar ist jeden Tag für sie gesorgt."

„Lass dich nicht blenden, Marie. Keiner lebt hier ausschließlich von Liebe und Licht. Die drei mongolischen Feldgöttinnen beziehen ihre Kohle auch bloß vom CAF."

„CAF?"

„Die Familienbeihilfekasse. Ich glaube, bei euch heißt das ‚Arz 4'."

Zu Hause angekommen, begrüßt uns Maud mit Zeigefinger am Mund: „Psssst! Bruno meditiert! Bitte jetzt nicht die Dusche benutzen!"

Wir schlüpfen heute also ungeduscht und reichlich verschwitzt unter die Decke. Egal. Für nächtliches Hot-Yoga sind wir heute ohnehin viel zu müde.

„Bonne nuit, ma Chérie. Ich bin stolz auf dich", flüstert Anan.

„Bonne nuit, mon Chéri. Ich bin auch stolz auf dich."

Da sind aus dem Nebenzimmer Schüsse zu hören. Nicht wirklich laut, sondern eher dezent.

„Was ist das?", fragt Anan und setzt sich auf.

„Das ist Bruno."

„Wie bitte?!"

„Er guckt Western."

„Ich dachte, er meditiert!"

„Er guckt immer Western, wenn alle glauben, dass er meditiert. Darum ist es ja dann auch immer so friedlich im Haus."

„Es tut mir so leid, Marie, dass ich dir kein besseres Leben bieten kann", flüstert Anan in dieser Nacht.

„Es ist alles gut, mein Schatz. Das Leben ist immer da am besten, wo es gerade ist."

Eine Einladung vom Schloss

„Willst du in die Ferne und hast kein Geld, stell dich einfach auf die Straße und stell dir vor, wo du hinwillst. Du landest bestimmt woanders."

„Weiser Spruch", sagt Lucy. „Könnte von mir sein."

„Ich habe noch einen auf Lager: ‚Je weiter wir unser Herz öffnen, desto weiter wird die Welt, durch die wir reisen. Denn in Wahrheit reist die Welt durch uns.'"

Diese Erfahrung habe ich kurz nach meinem Abitur auf dem Beifahrersitz eines albanischen Gurkentransporters gemacht. Da der Fahrer nicht besonders gesprächig war, konnte ich einfach geradeaus vor mich hin träumen ... Plötzlich fuhr ich nicht mehr auf der Autobahn, sondern die Autobahn fuhr durch mich. Anfangs war es nur ein Spiel, bis die Botschaft hinter der „verschobenen“ Sinneswahrnehmung bei mir ankam: Nicht ich lebe dieses Leben. Sondern das Leben lebt sich durch mich.

Ich war damals auf dem Weg von Wien nach Tirol, um endlich meine Großmutter mütterlicherseits kennenzulernen. Frizzis Mutter. Großmutter Maria.

Als ich sie das erste Mal angerufen hatte, klang ihre Stimme sehr offen und jung. Sie fragte, warum ich mich nicht schon früher bei ihr gemeldet hätte!

Ich bat sie, mir vom Tod meiner Mutter zu erzählen. Doch die Wunde, die dieser Verlust in ihr Herz gerissen hatte, war wohl zu groß. Das einzige, worüber die alte Maria sprach, war Frizzis große Spontaneität ...

„Sie meldete ihre Besuche nie an. Sie setzte sich einfach in Wien in ihren Mini und plötzlich stand sie vor meiner Tür. So war das Frizzi.“

Ich verstand die Erzählung als Aufforderung, meine Großmutter in Tirol zu besuchen. Spontan. Ohne Vorankündigung ...

Der albanische Gurkentransporter setzte mich bei St. Pölten an einer Raststätte ab.

Das nächste Auto, in das ich einstieg, war auf dem Weg nach Tirol, ganz nah von meinem Traumziel, dem Schloss meiner verlorenen Kindheit.

Der Fahrer war schwer beeindruckt, den Sprössling eines bekannten Adelsgeschlechts auf seinem Beifahrersitz zu haben und lud mich nach Ankunft bei seiner Familie zu einer „Brettljause“ ein – einer herzhaften Brotmahlzeit, die auf Holztellern serviert wird. So könnten seine Kinder eine echte Baroness kennenlernen! Anschließend würde er mich zum Schloss fahren.

Dort jedoch kam ich nie wirklich an.

Da es nach der Brettljause bereits 19.30 Uhr abends war, riet mir die Gattin meines Gastgebers, „die Frau Gräfin“ kurz über meinen bevorstehenden Überraschungsbesuch telefonisch zu informieren ...

„Hallo?“

Großmutter Marias Stimme klingt so anders als bei meinem ersten Anruf.

„Hallo, Großmutter! Ich bin's, das Zazie!“

„Wer?“

„Das Zazie!“

Danach herrscht Stille. So, als hätte sie noch nie etwas von mir gehört.

„Ja und was willst du von mir?“, fragt Großmutter Maria schließlich.

„Dich besuchen!“

„Aha! ... Ja, wann gedenkst du denn zu kommen?“

„Ich ... ich bin eigentlich ... schon da. Also besser gesagt: In zehn Minuten könnte ich bei dir sein.“

„In zehn Minuten!“, ruft sie entsetzt.

„Schneller schaff' ich es nicht.“

„Tut mir leid, aber du kannst jetzt unmöglich kommen.“

„Wie bitte?“

„Du kannst doch nicht einfach so unangemeldet hier hereinschneien!“

Es ist, als würde sich der Boden unter meinen Füßen auftun.

„Ich weiß nicht, wo ich heute Nacht schlafen soll", sage ich zitternd.

„Ja, was weiß ich ... Hier geht es jetzt jedenfalls nicht."

„Warum nicht?"

„Weil es nicht geht. Es geht einfach nicht!"

Damit ist das Gespräch beendet.

Betroffen blicken mich meine Gastgeber an. In ihrer guten, holzvertäfelten Stube hat sich der Abgrund meines Lebens aufgetan.

„Du kannst selbstverständlich bei uns schlafen", sagt die Frau und steht auf, um mir auf dem Kaminbett ein Nachtlager zu bereiten.

Als viele Jahre später die Einladung zu Großmutter Marias Beerdigung kam, nahm ich diese schließlich nach anfänglichem Zögern an.

Die ganze Familie meiner Mutter hatte sich zu diesem traurigen Anlass auf dem Schloss versammelt. Und man bedauerte, einander nicht schon viel früher kennengelernt zu haben. Da erzählte ich Onkel Cajetan die Geschichte von meinem missglückten Besuch vor vielen Jahren.

„Warum hast du mich damals nicht angerufen?", fragte er erstaunt. „Wir hätten doch genügend Gästezimmer im Schloss gehabt!"

Nun ist wieder eine Einladung aus Tirol gekommen. Und weil es schade wäre, seine Familie nur auf Beerdigungen zu sehen, werde ich mich auf den Weg nach Tirol machen. Selbst wenn es diesmal eine halbe Europatour ist. Aber immerhin muss ich die Strecke dieses Mal nicht mit einem albanischen Gurkentransporter zurücklegen ...

„Anan, sag, hättest du Lust, mit mir nach Österreich zu fahren?“

„Nach Wien?“

„Nein, nach Tirol. Mein Onkel wird siebzig. Er lädt uns zu seinem Geburtstagsfest ein. Ich habe gefragt, ob ich meinen Verlobten aus Frankreich mitnehmen darf. Man freut sich am Schloss, dich kennenzulernen.“

„Welches Schloss?“

Dies ist der Zeitpunkt, Anan darüber aufzuklären, dass er mit einer Baroness verlobt ist. Und dass die Feier, zu der wir geladen sind, drei Tage dauern wird. Und dass es für jeden dieser Tage einen Dresscode gibt. Casual Golf, semi formal und festlich elegant.

„Marie, verzeih, aber ich glaube, das musst du mir jetzt alles mal näher erklären.“

„Man sollte im Leben erste und dritte Klasse fahren können“, pflegte Wolken-Oma gerne zu sagen. „Weil es zwischen König und Bettler in Wahrheit keinen Unterschied gibt. Das musst du begreifen, Zazie, um Mensch zu sein.“

Das ist einfacher gesagt, als getan. Sich beispielsweise in Indien mit einem Erste-Klasse-Ticket auf das Zugdach zu setzen, ist bestimmt ein abwechslungsreiches Abenteuer. Sich jedoch mit einem Ticket der dritten Klasse Zugang zu einem Deluxe-Schlafwagen zu verschaffen, schon eine tief greifendere Erfahrung.

Anan und mir fehlt jedenfalls das passende Outfit für festliche Familienfeiern in Schlössern. Außerdem hat uns Anan bereits für besagtes Wochenende zu einem teuren Schamanen-Workshop in der Bretagne angemeldet.

„Ich habe die Kursgebühren allerdings noch nicht überwiesen“, sagt Anan.

„Und was soll das jetzt heißen?“

„Dass wir nach Toulouse fahren und einkaufen gehen.“

In der traditionellen Herrenboutique Soulery im Zentrum der „rosaroten Stadt“, gebaut aus hellem Backstein und Licht, haben die Verkäufer heute ganz schön zu tun.

Denn der Kunde mit der wilden Haarmähne hat nicht einmal die passenden Socken für einen Auftritt bei Hofe. Der Einsatz lohnt sich. Als Anan eine Stunde später von oben bis unten durchgestylt im dunkelblauen Anzug mit hellrosa Hemd, dezenter Krawatte und schokobraunen Brogues mit der unverkennbaren Lochverzierung am Schuhschaft aus der Umkleide tritt, ist dies erst der semi-formale Anfang ... denn im Smoking mit dunkelroter Bauchbinde, Fliege und glänzenden Boxcalfs an den Füßen sieht mein Verlobter wie ein französischer Filmstar auf dem roten Teppich von Cannes aus.

Auf „Casual Golf“ müssen wir leider verzichten, weil schon alleine die zweifache Abendausstattung für Anan unser gesamtes schamanisches Kursbudget auffrisst.

„Und was ist mit dir?“, fragt Anan betroffen, als wir die Herrenboutique mit riesigen Tüten verlassen. „Wir haben noch nicht mal ein Strumpfband für dich!“

„Keine Sorge. Auf Barneys Heuschober habe ich noch eine Kiste mit den nötigen Basics. Ich war nämlich vor zwei Jahren auch schon mal shoppen. Mit der besten Freundin meiner verstorbenen Mutter. In Andalusien.“

„Und was, wenn da die Mäuse drüber gegangen sind?“

Da meine Aussteuer zu voluminös für unser kleines Zimmer in Mauds Haus war, wurden meine Ökomatratze, mein Schreibtisch, meine Kristalllüster und die „andalusischen

Notfallklamotten für besondere Anlässe" in der Scheune eines Freundes untergebracht. Ich bezahle jeden Monat einen Kronleuchter Miete an Barney. Ich hoffe, er nimmt auch die Suppenschüssel, wenn die Lüster demnächst mal aus sind.

Zum Glück sind die Kleider noch trocken und ohne Spuren von Ungeziefer, wie sich herausstellt. Aber sie stinken bestialisch nach Kuhmist und Dünger.

„Wir brauchen noch einen Ring für dich", meint Anan, als wir alle unsere gekauften und geretteten Schätze in unserem Zimmer ausbreiten.

„Einen Ring?"

„Chérie! Du hast mich bei deiner Familie als deinen Verlobten angekündigt! Jeder wird sich fragen: Wo ist der Klunker an ihrem Finger?"

„Ich trage aber keinen Schmuck."

„Marie, glaube es mir: Du brauchst einen Ring!"

„Oje! Vielleicht sollten wir diese Veranstaltung in Tirol doch besser absagen."

„Das geht jetzt nicht mehr!", ruft Anan empört. „Ich habe mir soeben den ersten Smoking meines Lebens gekauft!"

Zwei Wochen später sitzen wir mit unseren gut verpackten Anzügen und Festroben im frisch geputzten Opel Corsa und fahren in Richtung Österreich – mit einem kurzen Abstecher zu Gisèle. Meine zukünftige Schwiegermutter hat nämlich für meinen Onkel den ältesten und besten Wein aus dem Weinkeller ihres verstorbenen Mannes geholt: einen „Vin jaune de Jura", Jahrgang 1984.

„Mit diesem edlen Tropfen werdet ihr euch im Schloss bestimmt nicht blamieren."

Kurz bevor wir weiterfahren, entdeckt Gisèle den Ring an meinem Finger.

„Mon Dieu! Was für ein prachtvoller Ring. Kinder, er muss ein Vermögen gekostet haben!“

Schnell schiebt mich Anan auf den Beifahrersitz unseres Wagens.

„Und was ist das für ein Stein?“

„Achat“, sagt Anan kurz angebunden und lässt heulend den Motor an.

„Und die Einfassung? Sind das echte Diamanten?“ Gisèle ist richtig aus dem Häuschen.

„Wir müssen jetzt los, Maman, sonst schaffen wir es nicht mehr bis zum Empfang. Au revoir.“

Aufgeregt winkt Gisèle unserem mit Anzugtaschen zuhängtem Auto hinterher. Sicher fragt sie sich jetzt, ob ihr Sohn im Lotto gewonnen hat.

Von der Baroness zur Nomadin

Als ich eines Sonntags vom Firmunterricht nach Hause komme, liegt auf unserem Küchentisch aufgeschlagen der Wiener Kurier. Papa muss eben noch darin gelesen haben. Jetzt ist er unterwegs mit dem Hund. Im Wohnzimmer kämpft Magda singend mit einem Berg Bügelwäsche. Mit einem starken Ziehen im Bauch nähere ich mich der aufgeschlagenen Zeitung ...

Unter der Rubrik „Gesellschaft“ gibt es wieder Neuigkeiten über die „wildeste Gräfin Österreichs“. Der Artikel füllt diesmal sogar eine ganze Doppelseite.

Das Frizzi hat einen bekannten englischen Schauspieler geheiratet. Und nicht nur die Hochzeit gibt Anlass zur Freude. Meine Mutter ist schwanger und überglücklich, ENDLICH ein Kind zu bekommen! Es steht da tatsächlich.

In wörtlicher Rede, unter Anführungszeichen: „Ich bin so glücklich, endlich ein Kind zu bekommen."

Es ist, als löse ich mich in diesem Moment auf. Als ob es mich nicht mehr gäbe, nein, nie gegeben habe. Das zarte Band, das ich zwischen meiner Mutter und mir gespürt habe, ist zerrissen, verschwunden in den Buchstaben der Zeitung, die vor meinen Augen verschwimmen. Ich spiele offenbar gar keine Rolle in ihrem Leben. In Frizzis Welt gibt es mich nicht, also kann ich diese auch nicht mehr betreten. Nicht einmal mehr in meiner Fantasie.

Da Onkel Cajetan anlässlich seines dreitägigen Festes unmöglich die ganze Familie auf dem Schloss unterbringen kann, wurden Nichten, Neffen und die unter „ferner liefen" in gemütliche Zimmer in einem Landgasthof einquartiert. Dort machen wir uns nach der 13-stündigen Reise erst mal frisch für „Stufe eins" des Festes.

Zum Glück habe ich auf der Fahrt mit offenem Fenster (die Klimaananlage war ausgefallen) wenigstens den Düngergeruch aus meinen andalusischen Klamotten gelüftet bekommen. Dafür sieht mein ohnehin schwer zu bändigendes Lockenhaar jetzt aus, als wäre darin ein Föhn explodiert. Doch für größere Stylingaktionen bleibt keine Zeit. Da wir unseren guten alten Opel nicht auf dem Schlossparkplatz zwischen Porsches, Bentleys, Mercedes S-Klassen und BMW-Limousinen parken wollen, haben wir noch ein gutes Stückchen zu laufen ...

Schließlich platzen wir genau in die Eröffnungsrede meines Onkels hinein. Aber da wir ja aus Südfrankreich angereist sind, wird das jetzt hoffentlich jeder verstehen. Für einen Moment ruhen alle Blicke auf uns. Ich könnte vor

Scham im Boden versinken. Da entdecke ich unter den illustren Gästen ein mittlerweile vertrautes Gesicht: Strahlend kommt Anna auf mich zu und schließt mich in ihre Arme. Wir beginnen zu weinen. Wie immer, wenn wir einander nach langer Zeit wiedersehen. Dann weinen wir um uns, unsere Mutter und unsere nicht gemeinsam gelebten Kinderjahre. Anna ist meine Halbschwester. Wir haben einander erst vor neun Jahren kennengelernt.

Sie ist das Kind, über dessen bevorstehende Ankunft ich vor vielen Jahren im Wiener Kurier las. Wenige Monate später hatte das Frizzi ein Mädchen zur Welt gebracht. Mein Leben lang war das „Schattenkind" in mir eifersüchtig auf diese zweite, „wahre Tochter", die schon vor ihrer Geburt im Scheinwerferlicht stand, ab dem Tag, an dem ich verschwand.

Irgendwann fasste sich ein gemeinsamer Cousin ein Herz und führte uns beide getrennten Halbschwestern endlich zusammen. Dies geschah am Flughafen von Wien.

Anna arbeitete damals als Stewardess, um ihr Psychologiestudium zu finanzieren und ich flog jede Woche zwischen meinem kleinen Sohn in Köln und meiner todkranken Wolken-Oma in Wien hin und her.

Als wir einander gegenüberstanden, brach alles Fremde zwischen uns wie eine unsichtbare Mauer zusammen und ich schloss mit meiner Halbschwester eines der wundervollsten Wesen dieser Erde in meine Arme.

Mit Aussicht auf die startenden und landenden Flugzeuge erzählten wir einander in einem Restaurant unser Leben im Zeitraffer. Auch Annas Kindheit war schwierig gewesen. Und auch sie hatte es schwer, irgendwo anzukommen in diesem Leben.

Anna war erst vier Jahre alt, als sich das Frizzi eines Morgens im Bett nicht mehr rührte. Was damals genau geschehen war, wusste auch Anna nicht wirklich. „Tabletten und Alkohol“, lautete das Ergebnis der Obduktion, die reichlich Raum für Interpretationen zuließ.

„Ich glaube nicht, dass sie sich das Leben genommen hat“, erzählte mir Anna.

„Ich habe sie so fröhlich in Erinnerung. Sie war immer lustig und hat viel gelacht.“

Dass die Schattenseite von Humor oft tiefste Einsamkeit ist, war mir früh klar geworden, aber das sagte ich Anna nicht.

Heute ist meine Schwester verheiratet, ausgebildete Yogalehrerin und Heilpraktikerin. Sie ist unglaublich schlank, hochgewachsen und strahlt mit ihrer reinen, durchscheinenden Haut und den kurzen blonden Haaren eine besondere, fast androgyne Eleganz aus.

„Du siehst wunderschön aus, Anna. Wie eine Romanfigur von Virginia Woolf!“

„Und du erst, Zazie! Ich finde es toll, wenn deine Haare aussehen, als sei gerade ein Föhn darin explodiert!“

„Wo ist dein Mann?“

„Er wird erst morgen kommen.“

„Dann möchte ich dir meinen Verlobten vorstellen. Er heißt fast wie du! Nur dass man seinen Namen nicht von hinten nach vorne lesen kann.“

„Bonjour, Anna“, sagt Anan und umarmt Anna. „I'm Yves.“

„Yves?“, fragt Anna verwirrt und sucht jetzt angestrengt nach der Namens-Parallele.

„Anan“, sage ich schnell. „Ich nenne ihn Anan. Aber zum heutigen Dresscode passt ‚Yves‘ einfach besser.“

Der erste Abend des Festes ist ein einziges Begrüßen, Umarmen, Händeschütteln, sich Vorstellen und einander mit Komplimenten Überschütten. Je mehr davon, desto besser! Wir sind das, was wir einander sagen. Und umso mehr, was wir im Stillen voneinander denken. Zufrieden und ernst blicken die Ahnen von ihren Gemälden herab.

„Muss man deinen Verlobten kennen?", fragt mich eine ältere Dame, die offenbar an ihrem Gedächtnis zweifelt.

„Warum?", frage ich sie erstaunt.

„Ist er kein französischer Schauspieler?"

„Yves ist Heiler von Beruf."

„Seltsam. Ich hätte darauf schwören können, ihn schon einmal gesehen zu haben!"

Innerlich muss ich schmunzeln. Denn eines ist mir sofort aufgefallen, als ich an Yves' Arm den „Saal der Ahnen" betrat: Anan hat genau dieselbe Frisur wie Johann Maximilian, der „Friedensstifter von Osnabrück". Bei diesem handelte es sich damals jedoch um eine Perücke, während Anans Ganga-Locken hundertprozentig echt sind.

Die Wurzeln seiner Familie liegen tatsächlich in Indien. Das hat mir Anan erst nach meiner „Adelsenthüllung" gestanden. Seine Ahnen trugen den Titel „Lokendra", was übersetzt „Weltenschützer" bedeutet.

Kein Wunder also, dass Yves auch hier schnell zum Bienenkönig und von den Damen umschwärmt wird. Und ich bin heilfroh, dass wir seinen ersten Abend auf deutschsprachigem Boden in einem Umfeld verbringen, in dem 95 Prozent der Anwesenden fließend Französisch parlieren.

Als die ersten Gäste an diesem Abend aufbrechen, habe ich endlich Gelegenheit, ein paar Worte mit meinem Onkel zu wechseln ...

„Herzlichen Glückwunsch zu deinem Geburtstag. Was für ein schönes Fest, ein gelungener Auftakt."

„Ich freue mich, dass ihr die weite Reise auf euch genommen habt."

„Onkel Cajetan, es tut mir sehr leid, dass ich unser Familienbuch noch nicht fertig geschrieben habe. Es kam mir in den letzten zwei Jahren so viel Leben dazwischen."

„Und?", fragt er mit Blick auf den kostbaren Ring. „Endlich angekommen, wie ich sehe?"

„Ja", sage ich. „Ich habe Yves zu meinem Weltenschützer erkoren."

„Guten Abend, Baroness."

Alf Amsel ist zu uns getreten. „Wann machen wir weiter mit unserem Projekt?"

„Bald", antworte ich, „sobald mein Roman fertig ist."

Bevor sich die erste Nacht dieses glanzvollen Festes dem Ende neigt, besuchen Anna und ich unsere Mutter in der Kapelle.

„Geht es dir auch so?", fragt sie mich flüsternd, als wir auf einer der harten Holzbänke Platz genommen haben. „Wir sind Teil dieser Familie und gehören doch nicht wirklich dazu?"

„Ja. Aber vielleicht ist das auch gut so. Wir haben nichts. Aber dafür sind wir frei, etwas ganz Neues zu machen."

„Ich würde so gerne noch mal in Ruhe studieren", sagt Anna. „Literatur. Ich glaube, ich hätte auch ein Talent zu schreiben."

„Bestimmt, Anna. Unsere Mutter hat uns statt Geld etwas viel Wichtigeres vererbt: Talent. Aber es ist schwierig, sein Talent sichtbar zu machen, wenn man ständig damit beschäftigt ist, ohne Geld in der Tasche zu überleben. Hör nie auf, an deine Talente zu glauben, Anna. Ich weiß, du wirst noch viel bessere Bücher schreiben als ich."

Fragend blickt Anna mich an.

„Ich glaube, ich habe die Bruchstelle in dieser Familie gefunden. Im Werk einer österreichischen Historikerin. Sie hat bei ihren Recherchen über das Leben der Frauen im historischen Hochadel in einem Schlossarchiv die Notizen einer Ahnin von uns gefunden. Ihr Name war ‚Maria Anna'."

„Maria Anna?"

„Sie lebte in der ersten Hälfte des 18. Jahrhunderts. Und sie durchlitt ein Martyrium an der Seite eines gewalttätigen Mannes. Vermutlich wollte sie mit diesen Notizen eine Scheidung vorbereiten, was damals in diesen Kreisen undenkbar war. Zu der Scheidung ist es schließlich nie gekommen. Maria Anna starb sehr jung. Bestimmt hatte ihre Gesundheit unter dem ständigen Missbrauch und den Schlägen gelitten. Das einzige Kind aus dieser unglücklichen Ehe starb wenige Tage nach seiner Mutter. Historisch ist dies der Moment, in dem Reichtum und Macht dieser Familie zu bröckeln begannen. Verstehst du? Nichts von dem, was wir tun, bleibt ohne Folgen. Nichts was in einer Familie geschieht, bleibt ohne Effekt für die nachfolgenden Generationen."

„Und was können wir tun?"

„Vielleicht hat das Frizzi mit den Namen ihrer beiden Töchter unbewusst einen Hinweis gegeben. Und als das Leben uns ‚Maria' und ‚Anna' endlich zusammenführte, hat die Zeit der Heilung begonnen. Jedenfalls für uns."

Annas kühle Hand liegt in der meinen.

„Ist dir kalt?"

Sie schüttelt lächelnd den Kopf: „Kalte Hände, warmes Herz."

„Stimmt!“, sage ich. „Nur die Liebe in unserem Herzen kann diese Welt retten.“

Der zweite Abend des prachtvollen Festes erstrahlt in noch größerem Glanze.

Im Schlosspark hat Onkel Cajetan ein Märchenzelt aufbauen lassen, um seine Gäste mit einem 7-gängigen Gourmetmenü im wahrsten Sinne des Wortes fürstlich zu bewirten. Erlesene Weine unterstützen die ausgelassene Stimmung. Arm oder reich, bürgerlich oder adelig – der Dresscode hebt alle Unterschiede auf. Für die einen stellte seine Erfüllung den gewohnten Griff in den Kleiderschrank dar. Für uns war er eine Herausforderung und völlig neue Lebenserfahrung. Doch nun, im wohlwollenden Schein der unzähligen Kerzen, gibt es keine Unterschiede mehr. Einzig die Sitzordnung legt offen, wer im Zentrum der Macht und wer außerhalb steht.

Meine Schwester, mein Schwager, Anan und ich nehmen unsere Plätze im Nebenzelt ein. Mit einem winzigen Stich im Herzen vielleicht. Aber als wir mit dem kostbaren Wein in unseren Gläsern auf die Liebe und unser aller glückliche Zukunft anstoßen, rückt alles in seine natürliche Ordnung. Wie meine Hormone in Anans Armen.

Außerdem spielen die drei Tafelmusikerinnen an jedem der Tische ihr Repertoire auf. Im Haupt- und im Nebenzelt. „You can leave your hat on ...“ Ihre scharfe Joe Cocker-Interpretation reißt nicht nur Anna und mich von den Stühlen. Und als immer mehr Gäste zu tanzen beginnen, lösen sich nicht nur Fliegen, Schlipse und Krawatten, sondern auch jegliche Sitzordnung in Musik und Lachen auf.

Wild wirbeln meine Locken um mein Gesicht und wie ein brennender Kreisel dreht sich um meinen Körper das Kleid aus kirschroter Seide. Schade, dass Franzi aus Andalusien nicht zu diesem Fest kommen konnte! Doch in dem schönen Kleid, das sie mir schenkte, sind auch das Frizzi und ihre treue Freundin an diesem Abend präsent.

„I can leave my hat on! ..." Ich drehe mich, ich springe, ich stampfe, ich fliege, ich spüre den Boden unter meinen Füßen.

Von unserem letzten Geld hat mir Anan in Toulouse das passende Schuhwerk für diesen Abend gekauft, wie ich es liebe: robuste, handgefertigte Stiefel, gegerbt von Sonne und Licht. Denn aus der Baroness, die viel zu früh aus ihrem Märchen herausfiel, ist eine Nomadin zwischen den Welten geworden. Und dazu braucht es gutes Schuhwerk an den Füßen. Für Grenzgänge und Quantensprünge sind High Heels von Valentino nicht zu gebrauchen.

„Und It-Bags?", fragt Lucy.

„Kommt ganz auf den Inhalt an."

„Warum? Alles ist doch letztendlich göttlich."

„Die Frage ist nur, wer die Führung im Spiel übernimmt. Der Schatten oder das Licht."

„Wow. Von wem ist der?"

„Ausnahmsweise von mir."

„Ich darf also mein It-Bag behalten?"

„Meinetwegen."

„Gott segne dich."

„Sag' mal Lucy, musst du eigentlich immer das letzte Wort haben?"

Epilog

„Und was machen Sie so beruflich?"

Zum Glück bekommt man diese Frage im Land der erleuchteten Sozialhilfeempfänger eher selten gestellt. Denn die korrekte Antwort würde sogar hier jeden entsetzen: „Ich arbeite zurzeit in horizontaler Lage meinen Verlobungsring ab."

Keine Sorge. Es ist nicht so schlimm, wie Sie jetzt denken. Aber vielleicht muss ich da etwas weiter ausholen, um das Märchen auch glücklich zu Ende zu bringen ...

Ich liege ausgestreckt im lichtdurchfluteten Yogaraum von Mauds Haus auf Anans Behandlungsliege und lausche dem Rauschen der Aude, dem Fluss, nach dem das Departement benannt ist. Tosend fällt sie über Stufen und Becken aus den letzten Ausläufern der Pyrenäen herab und zieht dann, immer noch reichlich aufgewühlt, an unserem Haus vorbei in unser malerisches Kleinstädtchen hinein.

So wirklich entspannt bin ich heute nicht. Frauen haben ja bekanntlich eine kleinere Blase als Männer, sind dafür aber weit empfänglicher für akustische Reize. Wasserrauschen wirkt daher besonders anregend auf unser anatomisch zu klein geratenes Organ. Deshalb sollte ich jetzt lieber an etwas anderes denken. Zum Beispiel daran: Wo werden Anan und ich heute Abend hingehen?

In Aude hat keiner Geld, aber dafür ist jeden Abend irgendwo irgendetwas los ...

Yoga-, Heiler- und Musikfestivals, mittelalterliche Tanzabende unter notdürftig geflickten Dächern, Kunstausstellungen in historischen Ruinen, Gesangsabende in verlassenen Kirchen, schamanisches Trommeln in freier Natur,

Klangschalenkonzerte, Vollmondmeditationen, Jahreskreisfeste, Levitations-, Erwachungs-, Channelingkreise ... Und der Eintritt ist überall frei. Man zahlt nichts, man verdient aber auch nichts. Außer vielleicht der Friseur. Aber von zehn Euro für waschen, schneiden, föhnen, legen wird auch der sich kein Segelboot kaufen können. Schnell war uns klar: Das Geld für Fixkosten und Extraträume muss außerhalb des Katharer-Einzugsgebietes verdient werden.

So kam Anan auf die Idee, seinen Patienten in Lyon Fernheilungen anzubieten.

Das bedeutet im Klartext: Ich lebe mein Leben zurzeit meistens horizontal. Anstelle der Patienten liege ich auf der Liege und versuche innerlich so leer wie ein Schilfrohr zu werden. Dann bitte ich Lucy, sich mit der Seele unserer Patienten zu verbinden und warte, bis sich meine bessere Hälfte aus dem Staub gemacht hat.

Nun beginnt Anans Part. Hoch konzentriert legt er komplexe Magnetmosaike auf meinen Körper, damit Nordpol und Südpol alles in Ordnung bringen, was beim Patienten im Ungleichgewicht ist. Manchmal kann das schon dauern. Ungünstig ist es, wenn vor dem Fenster unaufhaltsam der Fluss vorbeirauscht.

Heute liege ich für Lily Fleury auf der Liege. Lily ist die kleine Tochter des Juweliers aus Carcassonne, der den wunderschönen Verlobungsring an meinem Finger gefertigt hat. Den „echten". Der Klunker, den ich zur Geburtstagsfeier meines Onkels trug, war in Wahrheit eine Attrappe ...

Anan hatte der fehlende Verlobungsring an meinem Finger schlaflose Nächte bereitet. Zwei Tage vor unserem Aufbruch nach Tirol machte er sich auf den Weg nach

Carcassonne, um einen passenden Juwelier für sein Herzensanliegen zu finden. In einem versteckten Gässchen entdeckte er eine kleine Bijouterie mit dem verheißungsvollen Namen „Die Alchemie des Goldes."

„Lässt sich dieses Amulett zu einem Ring umarbeiten?"

„Das ist ja prachtvoll! Was ist das?"

„Mein schamanisches Krafttier."

„Eine wundervolle Goldarbeit! Es wäre schade, den Adler einzuschmelzen."

„Es ist ein Notfall. Ich brauche einen Ring für meine Verlobte. Das Auge des Adlers macht sich bestimmt gut als Dekostein. Was meinen Sie?"

„Ein Achtat?"

„Aus Brasilien. Er wird dort „Adlerstein" genannt. Bringt Balance in Körper und Seele. Meine Liebste kann das gut gebrauchen."

„Sie haben beruflich mit Heilung zu tun?"

„Ja", sagte Anan. „Aber man sollte das in Frankreich besser nicht auf seine Visitenkarte drucken. Was würde mich der Ring kosten?"

„Hm." Monsieur Fleury betrachtete erst den Adler, dann Anan und erwiderte schließlich: „Wissen Sie, unsere Tochter Lily ist ständig müde, hat Gliederschmerzen und isst kaum noch was. Wir waren schon bei so vielen Ärzten! Nichts hat geholfen."

„Das könnte eine verschleppte Borreliose sein."

„Sie meinen, Sie könnten unserer Lily helfen?"

„Ich kann nichts versprechen, Monsieur Fleury. Aber Marie und ich werden alles tun, damit ihr Kind wieder gesund wird."

„Der Ring geht auf meine Kosten", sagte der Juwelier. „Ich würde den Stein aber gerne, wenn Sie gestatten, mit

Diamantsplittern einfassen. Das gute Stück hätte dann Klasse, wenn Sie verstehen, was ich meine."

„Ich danke Ihnen sehr! Sie retten mich vor der größten Blamage meines Lebens! Kann ich den Ring morgen abholen?"

„Morgen!! Nein, Monsieur. Drei Tage müssen Sie mir schon geben."

Da erzählte ihm Anan von dem bevorstehenden Fest. Und dass er das Schloss meiner Ahnen nur mit einem Verlobungsring am Finger seiner Baroness betreten könne.

Vermutlich hat Monsieur Fleury schon öfter solche Geschichten gehört. Aber irgendetwas muss ihn wohl besonders berührt haben. Denn er holte aus einer Vitrine einen prachtvollen Achatklunker mit Diamanten. „Bringen Sie mir den Ring nach dem Fest wieder zurück. Bis dahin ist auch Ihr Original fertig."

Ich habe noch nie in meinem Leben Schmuck getragen. Doch der Verlobungsring, den mir Anan nach unserer Rückkehr aus Österreich schenkte, ist in Wahrheit ein Adler.

Auf seinen Flügeln schicke ich Lucy zu Beginn jeder Fernsitzung zu Anans Patienten. Heute nach Carcassone. Damit sich Lucy mit der Seele der kleinen Lily verbindet und ich eins werden kann mit dem Kind.

Es war die unstillbare Sehnsucht nach meinem eigenen Kind, die mich vor Jahren gelehrt hat, meine Seele reisen zu lassen. Sie besucht Johannes in der Schule, um ihm bei seinen Tests und Referaten zu helfen. Sie besucht ihn beim Abendessen mit Hank und streut heimlich Goldstaub ins Essen, damit da wenigstens ein paar Vitamine reinkommen! Sie fliegt durch unseren Laden und lässt ihre Goldspur in den Regalen, damit die Klangschalen noch schöner klingen und Segen in die Wohnungen ihrer Käufer bringen. Sie zieht lachend durch die Gassen des Belgischen Viertels und sucht im Stadtgarten den Mammutbaum auf, dem ich bei meinem Abschied von Deutschland mein inneres Kind anvertraut habe.

„Und?“, ruft sie ihm zu. „Ist es denn schon ein bisschen gewachsen?“

„Gut Ding braucht Weile“, antwortet der alte Herr dann gelassen. „Aber wie wäre es, wenn du mal bei Freya vorbeischaust? Die könnte auch mal ein bisschen Liebe und Anerkennung von dir gebrauchen.“

Bis heute habe ich mich nicht getraut, Magda um Verzeihung zu bitten. Es muss sie sehr verletzt haben, dass ich ihre Mutterliebe abgelehnt habe.

„Ich konnte nicht anders“, würde ich ihr so gerne sagen. „So wie auch du nicht anders konntest. Meinst du, wir beide können einander endlich verzeihen?“

Warum verletzten wir die Menschen, die wir am meisten lieben, immer am tiefsten?

Könnte ich doch alle Wunden, die ich meinem Kind, die ich Hank, die ich Freya und meinem Vater zugefügt habe, in Blumen verwandeln! Aus den Wunden meiner eigenen Kindheit ist schließlich auch ein Paradiesgarten gewachsen ...

Einmal im Monat fahren Anan und ich nach Lyon. Für einen Heiler ist es wichtig, ab und zu auch mal seine Patienten im Original auf seiner Liege zu haben. Ich fahre dann mit dem Nachtbus weiter nach Köln. 11,50 Euro kostet die 13-stündige Fahrt. Es ist die billigste Anti-Aging-

Maßnahme, die man sich als Frau in meinem Alter noch zumuten kann. Denn die Mitreisenden sind in der Regel knapp über achtzehn. Das färbt ab, ob man will oder nicht. Ich style mich für meine Nachtfahrten gerne der Altersgruppe entsprechend: Minirock, Overknees, Pippi-Langstrumpf-Zöpfe unter meiner dreifarbigen Rastamütze. Die Fahrer kennen mich schon. Und wenn der Bus von der französischen Drogen- und Terrorfahndung gestoppt wird, darf ich unseren deutschen Fahrgästen an Bord übersetzen, dass unser Gepäck jetzt durchsucht wird und sich die Weiterfahrt um gut drei Stunden verzögert. Dann werfe ich schon mal gerne meinen französischen Akzent mit ins Spiel ein. Erhöht den Sex-Appeal.

In Köln besuche ich Johannes, putze im Laden die Klangschalen, gestalte die Auslage neu, kümmere mich um die Spendenbriefe unseres Vereins und gehe abends ins „Oshos" zum Meditieren.

Das letzte Mal musste ich in der stillen Phase, in der man ganz frei von Gedanken sein soll, plötzlich an Wadud denken und bekam genau in diesem Augenblick einen Hustenanfall. Mit hochrotem Kopf verließ ich die Buddha Hall, um die anderen Meditierenden bloß nicht zu stören. Da der Reiz in den Lungen aber nicht nachließ, beschloss ich das Meditieren sein zu lassen und in „Oshos Garden" einen Tee auf den „Meister der Lebensfreude" zu trinken. Den Kopf tief im Mantelkragen vergraben, stieß ich vor dem Eingang – RUMS ... mit Atmo Wadud zusammen, alias Jérôme, für mich Frozen François.

„Aua!"

„Aua!"

„Du hier?"

„Du auch da?"
„Ich habe gerade an dich gedacht."
„Ah! Deshalb habe ich in der Buddha Hall einen Hustenanfall bekommen!"
„Sorry, aber für deinen Husten fühle ich mich jetzt echt nicht verantwortlich."
„Wie geht es dir? Gut siehst du aus!"
„Und du? Immer noch glücklich in Frankreich?"
„Komm, lass uns gemeinsam einen Tee trinken gehen."
„Mit Basilikum oder mit Minze?"

Ich war heilfroh, dass Waduds Wunden, die ich mit dem Beenden unserer Beziehung geschlagen hatte, halbwegs verheilt waren.
„Erleuchtung ist ohnehin nicht in einer Beziehung zu finden", sagte er.
„Ist es das, was du suchst? Erleuchtung?"
„Tun wir doch alle. Bewusst oder unbewusst sehnen wir uns nach einem Ausstieg aus dem ewigen Spiel."
„Wahrscheinlich hast du recht", sagte ich melancholisch. „Du warst auf der Erleuchtungsleiter schon immer ein paar Sprossen weiter."
„Na ja. Wenigstens hast du eine Beziehung."
„Und bei dir? Jemand in Sicht?"
„Ich gehe im Februar zu Mooji."
„Nach Rishikesh?!"
„Hm. Wollte heute den Flug buchen."
„Das ist wunderbar, Wadud. Großartig! Das ist das Beste, was wir in unserem Leben tun können: in der Gegenwart eines Erleuchteten baden!"
„Und du? Wohin geht deine nächste Reise?"
„Sieht gerade nicht so aus, dass ich dieses Jahr irgendwohin

reise. Ich muss endlich mein Buch fertig schreiben."
„Wie weit bist du denn schon?"
„Beim Epilog."
„Na dann hast du ja bald wieder Zeit für eine Reise, das Jahr fängt doch gerade erst an ..."

Wolken-Omas Haar wirkt heute jedenfalls etwas zerzaust. Kein Wunder bei dem Wind dort oben im Himmel. Durch das Fenster in Mauds Dachschräge beobachte ich die richtungsweisenden Zeichen der Natur.

Die Wolken ziehen Richtung Westen. Mit fünfundzwanzig Jahren bin ich von Österreich nach Deutschland ausgewandert. Mit fünfzig Jahren von Deutschland nach Frankreich weitergezogen. Wohin wird es mich in fünfundzwanzig Jahren verschlagen? Werde ich jemals mein Rentnerparadies finden?

„Vergiss es", sagt Lucy. „Du bleibst hyperaktiv, bis zum letzten Atemzug. Und danach fängst du wieder von vorne an."
„Schon zurück aus Carcassonne? ... Wie geht es der kleinen Lily?"
„Noch drei Sitzungen, dann ist die Kleine wohlauf."
„Meinst du, mein Verlobungsring ist dann abbezahlt?"
„Ach, schon lange! Monsieur Fleury arbeitet bereits an Anans nächstem Projekt."
„Welches Projekt?"
„Na was schon. Denk mal ein bisschen nach!"
„Ach echt!?"
„Ja, echtes Roségold. Für beide. Sorry, sollte eigentlich eine Überraschung sein."

Als mir Anan nach der letzten Fernheilung des Tages vom Behandlungstisch runter hilft, kann ich kaum noch gerade stehen. So sehr drückt meine Blase.

„Ich habe eine Überraschung für dich, Marie“, sagt er feierlich.
„Tut mir leid, Schatz. Aber ich muss jetzt erst mal aufs Klo.“
„Nein“, sagt Anan. „Ich kann es nicht länger zurückhalten.“
Inbrünstig sinkt er auf seine Knie und schlingt die Arme um mich, was meiner Blase nicht wirklich Erleichterung verschafft. Mit aller Kraft kneife ich alles zusammen.
„Dann muss es wohl etwas sehr Dringendes sein.“
„Ich habe zwei Flugtickets für uns gekauft.“
„Wohin, Anan? Schnell bitte, ich halte es nicht mehr aus!“
„Es soll unsere Hochzeitsreise werden.“
„Liebster, ich platze!“
„Ich hoffe, es wird dir gefallen.“
Ich kann nicht mehr, ich gebe auf ...
„Es geht es nach ...“
„Oh nein!“
Ich renne auf die Toilette und verriegle die Tür, um erst mal das Malheur zu beseitigen.
„Marie, alles in Ordnung?“ Besorgt klopft Anan gegen die Tür. „Chérie, bitte hör’ auf zu weinen! Ist doch alles gar nicht so schlimm. Wenn wir erst mal verheiratet sind, wird alles gut. Außerdem kann ich mit meinen Magneten auch Inkontinenz heilen.“

„Ist das dein Ernst? Willst du so dein Lebensmärchen beenden?“
„Warum nicht? Wird jede Frau, die ihre Rückbildungsgymnastik geschwänzt hat, erleichtert aufatmen lassen: Es ist auch dagegen ein Kräutlein gewachsen.“
„Ja, aber vielleicht wollen die Leute gerne noch wissen, wohin eure Reise geht?“
„Ich kann ja einen Fortsetzungsroman schreiben.“

„Jetzt komm, das ist nicht fair! Sag schon: wohin?"

„Okay. Ich sage es dir. Aber nur, wenn du danach deinen Mund hältst. Ich möchte auch mal das letzte Wort haben. Zumindest am Ende MEINER Geschichte!"

„Versprochen."

„Ehrenwort?"

„Hm."

„Also gut. Es geht nach ... Trommelwirbel ... Brasilien."

„Natürlich, warum bin ich da nicht selbst drauf gekommen! Er hat da seit zwei Jahren seine 250XT Yamaha unbenutzt rumstehen!"

„Lucy!!!"

ENDE

AMEN (gez. Lucy)

Danke Merci Danke

Als Erstes danke ich dir, Magnus. Du hast während deiner sehr besonderen Beratung im Stadtgarten mein zerstörtes Urvertrauen in meine Kreativität wieder aufgebaut. Statt insolvent zu gehen, habe ich meine Schulden ans Finanzamt bezahlt und überdies noch das von dir prophezeite Buch geschrieben. Was so ein Ökotensor alles ausrichten kann! Ich bin sicher, du wirst nicht nur als Insolvenzberater ganz vielen Menschen helfen.

Danke dir, Atmo Wadud. Für die schöne gemeinsame Zeit, in der wir uns gut so gehalten und gestützt haben. So konnte ich tatsächlich zu schreiben beginnen ...

Danke, Karl, dass du immer an mich geglaubt hast und glaubst. Du warst auch der Erste, dem ich Textproben zu lesen gab. Dass du dich ausgerechnet über Lucy schlapp gelacht hast, hat mir Mut gemacht, weiterzuschreiben. Du warst mein Leuchtturm in dieser mehr als stürmischen Zeit.

Lieber Mario, du bist ein begnadeter Musiker und mein spiritueller Lehrer. Ich habe so viel bekommen von dir! Und jedes Mal, wenn ich drohte, erneut in eine Krise zu stürzen, klingelte das Handy und du warst dran: „Na, was ist Maria, wie steht es?“ Mit deiner Hellsichtigkeit hast du meine Seele aus ihren dunkelsten Abgründen befreit.

Liebste Marta, liebste Mum!!! Ich habe es erst in Goa verstanden, dass du seit über dreißig Jahren immer an meiner Seite bist. Und dass deine Liebe für mich immer da ist. Egal, was ich tue. Wie bei einer Mum eben. Ich liebe dich.

Anan, mon amour. De rives de Ganges tu m'as amené dans une nouvelle vie pleine de splendeur intérieure. De cet espace divin j'étais capable de regarder avec paix dans ma vie passé. Ton amour a guéri mon cœur, mon corps et mon âme. Dans ta présence ma vie est rentrée à sa norme divine. Merci, Chéri.

Ma chère belle mère, je vous remercie de votre grand amour maternel, de votre générosité et votre joie de vivre! De votre maison et votre jardin, qui sont devenue mon refuge. Je vous aime „si beaucoup"!

Liebste Johanna! Ich habe in dir nicht nur eine Verlegerin für meine Hörbücher, sondern auch eine Seelenschwester und Herzensfreundin gefunden. Möge unser so wertvoller Austausch und unsere wunderschöne Zusammenarbeit ein Licht in dieser Welt anzünden!

Liebe Helma, lieber Wolfgang! Mit eurem Geldgeschenk vor zweieinhalb Jahren habt ihr mich ins Flugzeug nach Indien gesetzt. Danke von Herzen für eure Freundschaft und Großzügigkeit! Ich hoffe und bete, euch nun mit diesem Buch etwas zurückgeben zu können.

Liebe Anne, vor zweieinhalb Jahren prophezeite mir „Dr. Sonnfrieds Ökotensor“ einen Verlag, in dessen Namen sich das Wort „Gold“ finden würde. Und tatsächlich: Du hast in meinen Lebenstrümmern bereits den Palast erkannt. Ich danke dir von Herzen für dein Vertrauen und für die GOLDENE Zeit der Zusammenarbeit! Bei AURUM hat mein Lebens-Roadmovie endlich eine Heimat gefunden. DANKE.

Ursula „Usch‘“ Kollritsch! WOW! Was für ein Lektorats-Weltwunder! Denn du hast mein Gesamtuniversum betreut. Und du hast es mit deiner Begeisterung zum Leuchten gebracht. Deine ungebremste Freude am Leben, an Worten, an Geschichten und Literatur hat mir so geholfen, lebendige Literatur zu erschaffen! MERCI! MERCI! MERCI! Und: Ich bin schon gespannt auf deinen nächsten Roman.

Liebe Bridget, danke für deine Weisheit, deine Lebenserfahrung, deine wunderbaren Säfte und das Refugium in deinem „irren Haus“ ☺.

Liebe Gaby! Auch dir von Herzen Dank für einen Anruf im rechten Moment. Für deine Hilfe und all deine Geschenke – dessen größtes der innere Friede ist, den ich schließlich mit meiner Mutter schließen konnte.

Und auch der zweiten Gaby in meinem Leben möchte ich von Herzen danken: Deine wunderschöne Dokumentation über mein Leben war auch ein wichtiger Anstoß zu diesem

Buch. Weil ich durch die Bilder, die du erschaffen hast, mir mein Leben von außen ansehen konnte. Und mit einem Mal wurde alles Schwere so leicht und zauberhaft. Danke Gaby für dieses Werk.

Danke, Papa, dass auch du genau im richtigen Augenblick angerufen und mich von meinen letzten Schulden befreit hast. Es tut mir leid, dass ich dir und Mama keine andere Tochter sein konnte. Aber vielleicht haben wir ja noch eine gute gemeinsame Zeit in der Zukunft? Ich liebe euch beide von ganzem Herzen.

Auch meinem Onkel und seinem wundervollen Historiker für die schönen gemeinsamen Stunden im Schloss ganz herzlichen Dank.

Danke, Johannes. Danke, Hank. Anstelle von Worten sei euch an dieser Stelle mein tiefster Dank gewiss. Meine Liebe wird immer mit euch sein.

Lieber Walter, was für ein Segen, so einen guten Freund an meiner Seite zu haben! Du bist die Nabelschnur zu meinem „alten Leben". Als ich einmal gar kein Geld hatte, meinen Sohn zu besuchen, hast du die Michael Horbach Stiftung in Köln angerufen, um Reisegeld für mich zu erbitten ...

Lieber Michael Horbach, ich danke Ihnen für Ihre spontane Unterstützung, die mir geholfen hat, die Verbindung zu meinem Sohn, zu meinen Freunden und zu meinem geliebten „Kölle“ weiter zu halten. Vielleicht kann ich mich ja mit diesem Buch wieder nach Deutschland „zurück schreiben“ ...

Abschließend bedanke ich mich bei den MitarbeiterInnen des Finanzamtes Köln-Mitte. Denn selbst wenn ich in diesen zwei Jahren der Steuerrückzahlung und Steuervorauszahlung wirklich gehungert habe, weil mir die Möglichkeit eines Pfändungs-Schutkontos erst am Ende unserer gemeinsamen Geschichte klar wurde – so waren sie im persönlichen Kontakt immer freundlich. Ich bin stolz darauf, meine Steuerschulden bezahlt und somit auch meinen Beitrag zur Behebung der Staatsverschuldung Deutschlands geleistet zu haben. Und das meine ich jetzt ausnahmsweise mal ernst.

Möge Segen sein

P. S.: Lucy möchte sich schnell noch bei Greg Zimmermann bedanken, der uns so tapfer geholfen hat, aus dem Buch auch noch ein Hörbuch zu machen! Auch wenn du mit dem ganzen ‚spirituellem Kram‘ nichts am Hut hast: Für uns wirst du immer der ‚G. G. G.‘ sein: der Große Göttliche Greg.

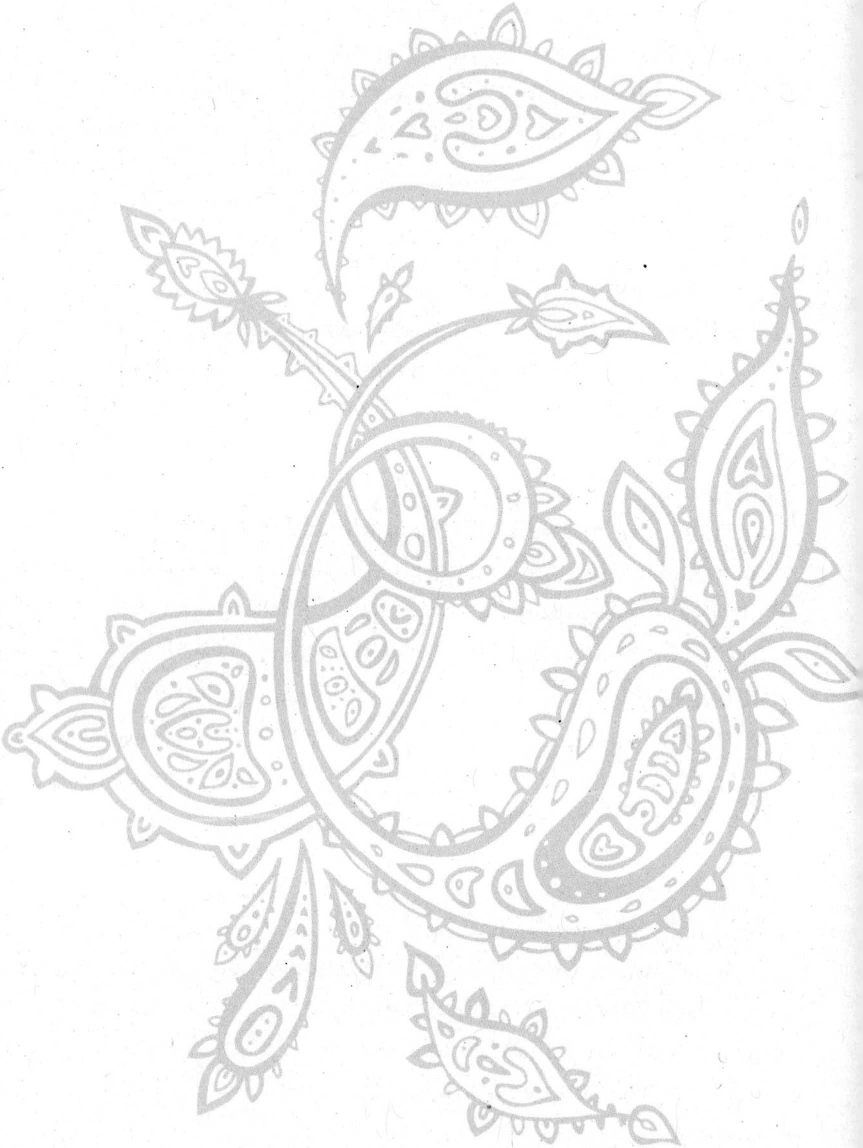

Über die Autorin

Maria Blumencron wurde 1965 in Wien geboren. Bereits im Alter von neunzehn Jahren unternahm sie ihre erste low-budget-Reise nach Indien. Danach absolvierte sie am Konservatorium der Stadt Wien eine Schauspielausbildung, arbeitete zwölf Jahre lang an verschiedenen österreichischen und deutschen Bühnen und in Fernsehserien.

Das Schicksal der tibetischen Flüchtlinge brachte Maria hinter die Kamera. Für ihre erste Dokumentation „Flucht über den Himalaya" erhielt sie fünfzehn internationale Filmpreise.

Heute ist Maria Autorin zahlreicher Bücher und Drehbücher. Sie ist Filmemacherin Multivisionsreferentin und leitet spirituelle Reisen nach Indien, Brasilien und Frankreich.

Maria ist Mutter eines Sohnes und Patin jener sechs Flüchtlingskinder, deren Flucht sie vor fünfzehn Jahren für das ZDF dokumentierte. Als Mitbegründerin der Hilfsorganisation Shelter108 e. V. verhalf sie bis zum heutigen Tag über 800 tibetischen Kindern und Jugendlichen zu deutschen, österreichischen, Schweizer und Südtiroler Paten und hat zahlreiche Projekte in Indien und Nepal aufgebaut.

Der Bayerische Rundfunk widmete Marias bewegtem Leben eine „Lebenslinie" mit dem Titel „Mutterseelenallein". Ihre lebenslange Suche nach der eigenen Mutter, die während ihrer frühen Kindheit für immer verschwand, wurde schließlich zur Suche nach dem weiblich-göttlichen Aspekt in uns. In ihren neuesten Arbeiten beschäftigt sich Maria mit den Frauen der Jesusbewegung, insbesondere mit „Maria aus Magdala" und der „Mutter Maria".

www.maria-von-blumencron.de
www.shelter108.de

DAS HÖRBUCH – Maria von Blumencron liest bewegend, eindringlich und humorvoll

Am Ende der Welt
ist immer ein Anfang

Ungekürzte Autorenlesung

ISBN 978 3 86266 072 8

2 MP3-CDs, 19,99 €

ca. 600 Minuten

Für ein Leben in Freiheit

Flucht über den Himalaya

Autorenlesung

ISBN 978 3 86974 227 4

4 CDs, 12,99 €

248 Minuten

Hunderte Kinder aus Tibet kämpften sich jedes Jahr über die eisigen Pässe des Himalaya. Ihr Ziel: die Schulen des Dalai Lama in Nordindien. Dort, so hoffen ihre Eltern, erwartet sie eine bessere, freie Zukunft. Die engagierte Dokumentarfilmerin Maria Blumencron hat sechs Kinder auf ihrer Flucht begleitet.

Über den Verlag

Altes Wissen NEU! Wilde Freiheit
Meditation Kreativität Spirituelle Lebenspraxis
Eltern&Kinder Gesundheit
Universelles Bewusstsein AURUM Sinnfindung
Yoga Mystik
Persönlichekeitsentwicklung Hochsensibilität
Buddhismus Heute! Weisheit der Natur
Traditionelle Wege Big Mind

Mit Liebe fürs Detail und für die Umwelt

Bei der Auswahl der Inhalte, die wir präsentieren, achten wir auf Originalität, Kompetenz, Praxisrelevanz und Qualität. So können wir mit Herz und Seele hinter unseren Büchern, Hörbüchern, Filmen und den anderen Produkten stehen, die wir mit viel Liebe und Aufmerksamkeit bis ins letzte Detail fertigen.

Wir leisten einen aktiven Beitrag zum Umweltschutz und verbrauchen nur wirklich notwendige Ressourcen – so sparsam wie möglich. Wir drucken überwiegend auf 100% Recyclingpapier oder produzieren unsere Titel klimaneutral. 99% unserer Fertigung findet in Deutschland statt, so haben wir kurze Transportwege und unterstützen die lokale Wirtschaft.

Inspirationen, interessante und wertvolle Neuigkeiten, Wahres, Schönes & Gutes sowie wichtige Termine können Sie regelmäßig in unserem Newsletter erfahren oder hier: **www.facebook.com/weltinnenraum**

weltinnenraum.de

J.Kamphausen | Mediengruppe